国外食品药品法律法规编译丛书

U0746160

FDA
药品与生物制品
管理办法指南（一）

主　编　梁　毅

中国医药科技出版社

图书在版编目（CIP）数据

FDA药品与生物制品管理办法指南. 1 / 梁毅主编. — 北京：中国医药科技出版社, 2018.1

（国外食品药品法律法规编译丛书）

ISBN 978-7-5067-9389-6

Ⅰ.①F⋯　Ⅱ.①梁⋯　Ⅲ.①药品管理法－美国－指南②生物制品管理－法规－美国－指南　Ⅳ.①D971.221.6-62

中国版本图书馆CIP数据核字(2017)第148725号

注
扫描书中二维码，可阅读英文原版

美术编辑　陈君杞
版式设计　大隐设计

出版　中国医药科技出版社
地址　北京市海淀区文慧园北路甲 22 号
邮编　100082
电话　发行：010-62227427　邮购：010-62236938
网址　www.cmstp.com
规格　710×1000mm $^1/_{16}$
印张　27
字数　316 千字
版次　2018 年 1 月第 1 版
印次　2018 年 1 月第 1 次印刷
印刷　三河市国英印务有限公司
经销　全国各地新华书店
书号　ISBN 978-7-5067-9389-6
定价　69.00 元

国外食品药品法律法规
编译委员会

本书编委会

主　编　梁　毅

副主编　余　正　于　泳　李亦兵　黄　勇　曹　珣
　　　　　秦　垚

编　委（按姓氏笔画排序）

序

食品药品安全问题，既是重大的政治问题，也是重大的民生问题；既是重大的经济问题，也是重大的社会问题。十八大以来，我国坚持以人民为中心的发展思想和"创新、协调、绿色、开放、共享"的五大发展理念，全力推进食品药品监管制度的改革与创新，其力度之大、范围之广、影响之深，前所未有。

党的十九大再次强调，全面依法治国是国家治理的一场深刻革命，是中国特色社会主义的本质要求和重要保障。法律是治国之重器，良法是善治之前提。全面加强食品药品安全监管工作，必须坚持立法先行，按照科学立法、民主立法的要求，加快构建理念现代、价值和谐、制度完备、机制健全的现代食品药品安全监管制度。当前，《药品管理法》的修订正在有序有力推进。完善我国食品药品安全管理制度，必须坚持问题导向、坚持改革创新、坚持立足国情、坚持国际视野，以更大的勇气和智慧，充分借鉴国际食品药品安全监管法制建设的有益经验。

坚持食品药品安全治理理念创新。理念是人们经过长期的理论思考和实践探索所形成的揭示事物运动规律、启示事物发展方向的哲学基础、根本原则、核心价值等的抽象概括。理念所回答的是"为何治理、为谁治理、怎样治理、靠谁治理"等基本命题，具有基础性、根本性、全局性、方向性。理念决定着事物的发展方向、发展道路、发展动力和发展局面。从国际上看，食品药品安全治理理念主要包括人本治理、风险治理、全程治理、社会治理、责任治理、效能治理、能动治理、专业治理、分类治理、平衡治理、持续治理、递进治理、灵活治理、国际治理、依法治理等基本要素。这些要素的独立与包容在一定程度上反映出不同国家、不同时代、不同阶段食品药品安全治理的普遍规律和特殊需求。完善我国食品药品安全管理法制制度，要坚持科学治理理念，体现时代性、把握规律性、富于创造性。

坚持食品药品安全治理体系创新。为保障和促进公众健康，国际社会普遍建立了科学、统一、权威、高效的食品药品安全监管体制。体制决定体系，体系支撑体制。新世纪以来，为全面提升药品安全治理能力，国际社会更加重视食品药品标准、审评、检验、检查、监测、评价等体系建设，着力强化其科学化、标准化、规范化建设。药品安全治理体系的协同推进和持续改进，强化了食品药品安全风险的全面防控和质量的全面提升。

坚持食品药品安全治理法制创新。新时代，法律不仅具有规范和保障的功能，而且还具有引领和助推的作用。随着全球化、信息化和社会化的发展，新原料、新技术、新工艺、新设备等不断涌现，食品药品开发模式、产业形态、产业链条、生命周期、运营方式等发生许多重大变化，与此相适应，一些新的食品药品安全治理制度应运而生，强化了食品药品安全风险全生命周期控制，提升了食品药品安全治理的能力和水平。

坚持食品药品安全治理机制创新。机制是推动事物有效运行的平台载体或者内在动力。通过激励与约束、褒奖和惩戒、动力和压力、自律和他律的利益杠杆，机制使"纸面上的法律"转化为"行动中的法律"，调动起了各利益相关者的积极性、主动性和创造性。机制的设计往往都有着特定的目标导引，在社会转型期具有较大的运行空间。各利益相关者的条件和期待不同，所依赖的具体机制也有所不同。当前，国际社会普遍建立的食品药品分类治理机制、全程追溯机制、绩效评价机制、信用奖惩机制、社会共治机制、责任追究机制等，推动了食品药品安全治理不断向纵深发展。

坚持食品药品安全治理方式创新。治理方式事关治理的质量、效率、形象、能力和水平。全球化、信息化、社会化已从根本上改变经济和安全格局，传统的国际食品药品安全治理方式正在进行重大调整。互联网、大数据、云计算等正在以前所未有的方式改变着传统的生产、生活方式，而更多的改变正在蓄势待发。信息之于现代治理，犹如货币之于经济，犹如血液之于生命。新时期，以互联网、大数据、云计算等代表的信息化手段正在强力推动食品药品安全治理从传统治理向现代治理方式快速转轨，并迸发出无限的生机与活力。

坚持食品药品安全治理战略创新。战略是有关食品药品安全治理的全局性、长期性、前瞻性和方向性的目标和策略。国家治理战略是以国家的力量组织和落实食品药品安全治理的目标、方针、重点、力量、步骤和措施。食品药品安全治理战略主要包括产业提升战略、科技创新战略、行业自律战略、社会共治战略、标准提高战略、方式创新战略、能力提升战略、国际合作战略等。食品药品管理法律制度应当通过一系列制度安排，强化这些治理战略的落地实施。

坚持食品药品安全治理文化创新。文化是治理的"灵魂"。文化具有传承性、渗透性、持久性等。从全球看，治理文化创新属于治理创新体系中是最为艰难、最具创造、最富智慧的创新。

食品药品安全治理文化创新体系庞大，其核心内容为治理使命、治理愿景、治理价值、治理战略等。使命是组织的核心价值、根本宗旨和行动指针，是组织生命意义的根本定位。使命应当具有独特性、专业性和价值性。今天，国际社会普遍将食品药品安全治理的是使命定位于保障和促进公众健康。从保障公众健康到保障和促进公众健康，这是一个重大的历史进步，进一步彰显着食品药品监管部门的积极、开放、负责、自信精神和情怀。

中国的问题，需要世界的眼光。在我国药品安全监管改革创新的重要历史时期，法制司会同中国健康传媒集团组织来自监管机构、高等院校、企业界的专家、学者、研究人员陆续翻译出版主要国家和地区的食品药品法律法规，该丛书具有系统性、专业性和实用性、及时性的特点，在丛书中，读者可从法条看到国际食品药品治理理念、体系、机制、方式、战略、文化等层面的国际经验，期望能为我国食品药品监管改革和立法提供有益的参考和借鉴。

焦 红

2017 年 12 月

编译说明

当今世界，美国在生物制药产业具有显著优势，研发能力和产业生产质量控制现状领跑全球。美国拥有世界上约一半的有实力的生物制药公司和生物制品专利，美国食品和药品管理局（简称 FDA）也是世界领先的药品监管机构。1901 年，在美国圣路易斯接种的白喉抗毒素被破伤风疫苗污染，造成 13 名儿童死亡；同年在美国新泽西州 9 名儿童接种了受污染的天花疫苗后死于破伤风，因此 1902 年美国颁布了世界上第一部生物制品法案——《生物制品控制法》（Biologics Control Act）。随后，1938 年颁布的《联邦食品药品和化妆品法案》（Federal Food，Drug and Cosmetic Act）和 1944 年颁布的《公共健康服务法》（Public Health Service Act）都明确了生物制品的监管法规。作为世界最具影响力的监管机构，FDA 近些年出台了一系列监管法规、指导性文件以鼓励生物类似药的健康快速发展，降低消费者的用药成本，并加强美国生产厂商参与全球生物制品市场的竞争力，也为相关产品在美国进行有效注册指明方向。我国生物制药产业虽然起步较晚，但发展迅猛，目前正处于转型关键时期。国内很多有实力的企业、组织，甚至个人看到了生物药品的发展前景和潜力，也逐步开始关注和涉及生物医药领域。因此，无论是相关企业还是药品监管部门，有必要学习借鉴 FDA 的生物制品管理法规，不断提高自身的研发、生产和监管水平，促进我国生物制药行业的健康发展。

根据查阅，FDA 的生物制品法规统一收编在《美国联邦法规汇编》（CFR）第21篇（食品与药品篇）第I大章（食品与药品监管）第F小章（生物制品）目录下。FDA为更好地落实生物制品法规，专门发布了配套的行业指南文件，帮助有关生物制品生产企业理解和遵守生物制品法规要求。本书在全面汇总整理FDA生物制品指南的基础上，按照生物制品的种类，分别编译了普通生物制品管理办法指南、过敏原制剂指南、血液制品指南、细胞与基因疗法指南、组织制品指南、疫苗与相关生物制品指南和异种移植指南。为方便阅读，编译中对指南文件结构和内容做了如下调整。

第一，FDA指南文件，体现FDA对某一主题最新的见解，并不具有法律的强制性，除引用了专门法规或法定要求之外，其余仅作建议供行业参考。指南中"应该"（should）一词意指"建议"，而非"强制要求"之意。鉴于上述指南声明具有共性，仅在此特别说明，在编译中从原文删除。

第二，指南的原结构基本保留，根据内容分章节略加整理，不影响内容的完整性和理解。基于篇幅和内容架构的考虑，指南附录均未编译，如有需要，可参考原指南附录。

第三，由于《联邦食品药品和化妆品法案》是（以下简称《法案》）美国国会通过的一系列法案的总称，它赋予FDA监督监管食品安全、药品及化妆品的权力。因此本书若非特殊说明，均简称为《法案》。

第四，由于生物制品涉及的法规均源自《美国联邦法规汇编》第21篇第I大章第F小章，在文中不再重复表述，凡未列明法规出处的均为该章下内容。

第五，本书对原指南的编号方式进行了调整，原指南"I."对应本文中"一、"，原指南"A."对应本文中"（一）"，原指南"1."

对应本文中"1.",原指南"a."对应本文中"(1)",原指南"i."对应本文中"1)"。为表达简洁,原指南正文中的参考段落编号形式均未调整,例如原指南和本书中参考 IV.B,即参考第四部分第(二)点内容。

据了解,到目前为止,国内尚没有对美国生物制品指南进行全面翻译的出版物,但是,随着生物医药产业的发展,关注美国生物制品监管法律法规包括指南的专业人士会越来越多,相关翻译出版物业会越来越多,相信也会出现相关出版物术语杂乱表达各异,影响读者理解,因此有必要推出规范化的美国生物制品指南系列汇编,为生物制品研发、生产行业、监管部门和监管人员提供规范化的参考资料,加深生物医药行业和监管单位对生物制品监管政策的正确理解,加速与国际惯例接轨与国际化协调,促进我国生物医药行业的现代化和国际化进程。

翻译中术语以及专业名词以全国自然科学名词审定委员会公布的名词以及相关法律法规使用的术语为准。药物名称以 2015年版《中华人民共和国药典》、2015 年版《中华人民共和国药典临床用药须知》和现行版《中国药品通用名称》为准。本书涉及生物医药领域较新、较广,因译者团队能力所限,有疏漏和不足之处,希望业内专家指正,以便我们进行不断改进。

目录

FDA

第一章
行政指南

第一节 | 个体患者的扩展用药申请：FDA-3926 表格

Individual Patient Expanded Access
Applications, Form FDA 3926

一、简介

本指南介绍了 FDA 供给具有执照的医生使用的 3926 号文件表(个体患者的扩展用药——新药临床试验申请)，以满足个体患者在治疗过程中对临床试验阶段的新药用药需求。"体恤使用"和"批准前使用"有时也会在临床研究阶段药物治疗患者的文本中使用，然而 FDA 法规中未定义或描述这些术语。个体患者的扩展用药申请允许临床研究以外用途的临床研究阶段的新药或者已批准的可及性受风险评估与降低计划限制的药物用于患有严重或紧急危及生命疾病或病症且没有可比较或满意的替代疗法进行诊断、监测或治疗的患者。FDA-3926 表格为个体患者扩展用药，包括紧急使用提供了精简的替代选择，即在法案 21CFR312.23 的要求下提交新药临床试验扩展用药申请。本指南和 FDA-3926 表格并不适用于其他类型（包括医疗器械）的扩展用药申请。

二、背景

扩展用药指的是使用临床研究药物的主要目的是诊断、监测或治疗患者，而不是为了获得药物临床试验信息。FDA 在使用研究性药物治疗那些缺少替代疗法，患有严重或立即威胁生命的疾病或病症的患者方面有着悠久的历史。FDA 在 2009 年修订了药品临床试验申报的法规，去除已有的治疗使用的规定，在 21 CFR 312 部分中创建 I 部分，以巩固和扩展有关研究性药物治疗使用的扩展用药的各种规定。

I 部分描述了扩展用药的 3 种类型；

● 个体患者的扩展用药，包括紧急使用（21 CFR 312.310）；

● 中等规模患者群体的扩展用药（通常规模典型的治疗 IND 或治疗方案小——作为方案由 IND 申请人提交给现有的 IND）（21 CFR 312.315）；

● 用通过治疗 IND 或治疗方案来实现更广泛治疗目的的扩展用药（用于更大的患者群体）（21 CFR 312.320）。

除修订后的法规主要意图在于增强那些缺少替代疗法，患有严重或立即危及生命的疾病或病症的患者扩展用药和获得治疗用研究性药物的程序的意识和知识。法规也希望能够适时提高治疗用研究性新药的有效性，保护患者的安全，避免在已批准的市场下发展研究性药物所带来的干扰。

法规描述了扩展用药授权使用必需满足的标准，扩展用药意见书的要求，保障患者的安全以及保存药物临床试验或研发中安全性和有效性的有用数据。

（一）个体患者的扩展用药

FDA 允许临床研究以外的研究性新药，或是经批准的可及性由风险评估与降低计划限定的药品用于个体患者的扩展用药。标准参见 §312.305（a）（适用于扩展用药的各种类型）和 §312.310（a）（特别适用于个体患者的扩展用药，包括紧急使用）中的标准。

§312.305（a）的适用标准中，FDA 必须明确以下几点：

● 待治疗的患者具有严重或立即危及生命的疾病或病症，并且没有可比较的或满意的替代疗法来诊断、监测或治疗；

● 潜在的患者有利于判断治疗的潜在风险，这些风险在待治疗的疾病或病症的情况下是有可能发生的；

● 提供使用的研究性药物不会干扰发起、实施或者完成临床调查，临床调查可以支持扩展用药使用的市场批准，否则会影响扩展用药使用的可能。

§312.310（a）的适用标准中，FDA 必须明确以下几点：

● 患者的医生必须确定可能的风险，研究性药物的风险不能比疾病或病症的可能风险大；

● FDA 必须确保患者不会在其他 IND 或方案中获得研究性药物。

有关这些决定的更多信息请参照行业指南治疗用研究性药物的扩展用药——问题和解答。此外，FDA § 312.305（b）法规中规定了所有类型扩展用药请求的提交要求。312.310（b）部分包含了个体患者扩展用药请求额外的提交要求。医生在提交个体患者扩展用药的请求时，要满足现有 IND 中的提交要求，如果医生从药品临床试验申报持有者（例如药品生产商或制药企业）（§ 312.305（b）（1））处获得许可，通常由研究性药物的生产商持有该许可。如果获得许可，医生应当随后向 FDA 提供授权书。

312.305（b）（2）中规定封面页必须满足 § 312.23（a）中的要求。这一规定适用于 312 部分中从 § 312.23 中涉及参加临床试验的大多数患者的商业药品临床试验申报，到医生对个体患者使用研究性药物等多种申请类型的提交要求。FDA1571 表格（药品临床试验申报）目前被申请人用于提交各种类型的药品临床试验申报。然而，FDA 担心医生在完成 FDA1571 表格和提供相关文件时，在个体患者扩展用药的要求方面可能会遇到困难，因为 FDA1571 表格不是针对个体患者扩展用药的请求。

精简个体患者扩展用药临床试验申请的提交过程，FDA 形成了 3926 表格，供医生在申请允许临床研究以外用途的临床研究阶段的新药或者已批准的可及性受风险评估与降低计划限制的药物用于患有严重或紧急危及生命疾病或病症且没有可比较或满意的替代疗法进行诊断、监测或治疗的患者。FDA 通常接受符合 § 312.23、§ 312.305（b）和 312.310（b）药品临床试验申报提交要求的完整 FDA3926 表格。FDA 要求 FDA3926 表格第 10 部分进行检查并由医生签字，此要求与 § 312.10 豁免 312 部分中新药临床试验申报提交的额外要求一致，包括 FDA1571 和 1572 表格提供的其余信息（调查者的声明，提供身份和资质指导临床调查研究)。FDA 认为对于个体患者扩展用药药品临床试验申报免除额外要求是合理的,因为医生不遵守这些要求也不会对患者构成重大和不合理的风险,且对于当局评估药品临床试验申报也不是必需的。

FDA3926 表格也可用于个体患者扩展用药临床试验申报中某些后续的提交文件,包括以下几种:药品临床试验申报最初的安全性报告的书写(§312.32(c));药品临床试验申报后续的安全性报告的书写(§312.32(d));年度报告(§312.33);扩展用药使用的总结(完成治疗)(§312.310(c)(2));治疗方案的改变(§312.30);一般信件或应对 FDA 要求的信息(§312.41);针对临床(§312.42(e))。

(二)个体患者的紧急扩展用药

根据 §312.310(d),在紧急情况下要求在治疗患者前有一份书面意见书,对个体患者扩展用药使用研究性药物的请求可以通过电话(或其他快捷的通信手段)反映到 FDA 相关审查部门。FDA 官员可以通过电话授权紧急使用,只要医生解释扩展用药使用将如何满足 §312.305 和 §312.310 的要求,并且同意在 FDA起始授权扩展用药使用的 15 个工作日内提交一份扩展用药申请(§312.310(d)(2))。医生可以在申请扩展用药时选择使用FDA3926 表格。

三、请求个体患者扩展用药时的注意事项和监管要求

当一名有执照的医生想要获得临床调查研究以外的研究性药物,或者已批准的可及性受风险评估与降低计划限制的药物,医生应

当首先确保满足获得研究性药物的要求。

为了获得研究性药物，医生应当从药品临床试验申报申请人处获得授权书（例如商业申请人或药品生产商）。授权书允许 FDA 参考药品临床试验申报申请人已经提交给 FDA 的信息（例如商业药品临床试验申报）。在未获得授权书的情况下（例如，提供药物的企业没有向 FDA 提交药品临床试验申报），医生应当联系 FDA 相关审查部门确认扩展用药提交需要的信息。如果个体患者扩展用药临床试验申请是已批准的可及性受风险评估与降低计划限制的药物，医生也应当联系 FDA 相关审查部门。然后医生要向 FDA 审查部门提交一份个体患者扩展用药临床试验申请，也可以选择 FDA3926 表格。可在 FDA 网站咨询审查部门的信息：

http：//www.fda.gov./NewsEvents/PublicHealthFocus/
ExpandedAccessCompassionateUse/ucm429610.htm.

根据个体患者扩展用药药品临床试验申报，提交药品临床试验申报的医生被认为是申请人的调查者（§312.3 中被定义），在某种程度上有责任遵守申请人和调查者的责任，都适用于扩展用药的使用，包括提交药品临床试验申报的安全性报告、年度报告、保存足够的药物处置记录。21 CFR312 部分以及相关指南文件中描述了申请人和调查者的责任，例如行业指南"调查者的责任——保护研究课题的权力、安全和福利"。

21 CFR 50 部分中对知情同意的要求适用于扩展用药临床试验申报的患者，在开始治疗前必须获得患者的知情同意，包括紧急使用的情况，除非其适用于 21 CFR 50 部分中的例外情况。此外，21 CFR 第 56 部分中有对伦理审查委员会的要求（参照（§312.305

（c）（4）），除了紧急使用的情况，在扩展用药临床试验申报下治
疗病人前必须获得伦理审查委员会的批准（在这种情况下，伦理
审查委员会必须在 5 个工作日内通知是否准许扩展用药紧急治疗
使用（§56.104（c））。

FDA3926 表格和附带的说明见 FDA 网站：

http：//www.fda.gov/AboutFDA/ReportsManualsForms/default.htm.

四、处理 FDA3926 表格的程序和时间表

在非紧急的情况下，FDA 在接收到 3926 表格后（即药品临床试
验申报）将给每个药品临床试验申报分配编码，并允许进行治疗
使用或临床试验终止（参照 §312.42）。FDA 收到填好的 3926 表
格后，将通知药物临床试验申报生效（即研究性药物的治疗可
以继续进行），若没有通知，则在收到表格后的 30 日生效。FDA
通常会确认申请人完成了提交。如果不允许治疗使用继续进行，
FDA 通常会电话通知（或者其他快速的交流方式）最初做出这个
决定的医生，并且后续会有一份手写的书信描述 FDA 处置药品临
床试验申报的决定的原因。

如果在书面提交之前出现紧急情况和扩展用药使用要求的授权，
医生必须解释扩展用药使用将如何满足 §312.305(a)和 §312.310
(a)的要求，正如前文"二、"中的描述。在这些情况下，FDA
可以授权研究性药物的扩展用药使用，在 FDA 接受书面提交（包
括授权书）之前可以进行治疗，但是医生必须在 FDA 扩展用药
使用授权的 15 个工作日内提交扩展用药意见书（§312.310（d））。
当治疗涉及研究性药物的紧急使用，以及治疗前不能获得伦理审

查委员会批准的情况下，只要伦理委员会在治疗的 5 个工作日内通知扩展用药使用，治疗就可以无需其批准而进行（§ 56.104）。

当包含机密信息时，FDA 和供应商之间的安全电子邮件对于非正式沟通是有帮助的（比如机密患者的信息）。想要在 FDA 建立机密电子邮件的患者需要发一封电子请求至 SecureEmail@fda.hhs.gov.

五、1995 年的文书削减法案

本指南包含根据 1995 年文书削减法案中对信息收集的规定，必须经过管理和预算办公室的审查（44 U.S.C.3501–3520）。完成信息收集所需要的时间估计为每次响应 45 分钟，包括审查指令、搜索现有的数据源、收集所需的数据、完成和审查信息收集的时间。发送关于负担预计的评论，或减轻负担的建议至：医疗政策办公室、药品审评与研究中心、食品药品管理局，新罕布什尔州大道 10903 号。

本指南也指之前在 FDA 法规中找到的经批准的信息收集。21 CFR 第 312 部分中信息收集经过管理和预算办公室的批准，控制编码是 0910–0014。

若能显示当前有效的管理和预算办公室的控制编码，则一个机构可以既不是执行者或申请人，也不要求某一个人作出信息收集的回应。信息收集的管理和预算办公室控制编码是 0910–0814（有效期至 2019 年 4 月 30 日）。

第二节 | **药效综合汇总**
Integrated Summary of Effectiveness

一、简介

本指南描述了新药申请或生物制剂许可申请药效综合汇总的建议内容。虽然生物制剂许可申请提交中没有要求药效综合汇总，申请者最好能提供药效综合汇总，因为它可以表现一致性评价和药物的优点。

本指南中的建议反映了 FDA 目前关于信息的想法，一份药效综合汇总应当包含行业信息以提供完整的分析，该分析提供临床试验上可观察到之外的见解。本指南不适用于《公共卫生服务法》监管下的生物制品医疗器械。

药效数据综合汇总代替了第二章 G 部分，行业指南"临床和统计部分申请的格式和内容指南"。它还包含了 2.7.3 部分的概念框架和临床疗效的总结，ICH 行业指南 CTD 格式 M4E——疗效。

二、背景

药效综合汇总是对研究药物有效性的一个全面的综合分析。其目的在于描述关于有效性、优劣势的可用信息，并且强调重要信息的缺失。通常而言，药效综合汇总的分析首先基于申请中的临床有效性数据，但也可能包括与药效相关的其他数据源。这些资料包括非临床研究，临床药理学研究（如药代动力学、药效学和体外研究）描述剂量反应、量效、药物之间及药物与疾病的相互作用（如肾脏功能障碍），药物设备组合的人为因素研究，阐明药物活动的体外研究。

1985 年以来，21 CFR 314.50（d）（5）（v）中规定药效综合汇总作为新药申请的一部分，但除了以下列出的组成，法规没有详细描述药效综合汇总的具体组成。根据 21 CFR 314.50（d）（5）（v），药效综合汇总必须包含：

● 一份完整的数据总结，以显示每个声称指示有效性的大量证据；

● 支持标签上剂量和管理部分的证据，包括支持推荐的剂量和剂量间隔的证据；

● 有效性数据分析了性别、年龄、种族群体，识别特定子组的任一修改剂量；

● 其他治疗中的患者群体的有效性数据，如肾功能衰竭患者或患有不同程度疾病的患者。

临床和统计指南首先说明了药效综合汇总的目的。第二部分 G 有效性数据汇总，指南中说明：

"个人控制的研究在很大程度上代表自己有能力根据法律要求提供有效性的证据。这部分应提供结果的概述，表示满足经批准的监管要求，即代表足够的和控制良好的研究，尤其当结果不一致或边缘化时。比如，申请人解释寻求依靠单一研究的基础。同样重要的是，这部分应包括研究之间不同结果的检查，治疗群体的效果，所有来源的剂量反应信息，任一替代药物的有效比较以及其他信息，这样可使所有药物有效性的性质被充分定义，使药物的使用者尽可能获得有关如何使用药物及预期效果的信息。"

当局解释监管不仅仅指关于主要有效性研究的结果和设计的讨论，也详细阐述了有效性信息的相关来源。这些分析通常分为两大类：①比较个别研究以更好地了解整体效果（参照"个别研究结果比较"第三部分 C.1）；②使用更多力量进行汇总分析，观察人口和其他亚种群中药物有效性的本质、剂量反应、发病及持续时间的影响（参照"一个以上研究的数据汇总分析"第三部分 C.2）。

三、药效综合汇总的格式和内容

药效综合汇总的格式（包括标题部分）是灵活的。在许多情况下（包括以下所述），药效综合汇总密切关注 SCE 的格式。尽管申请者应注意以下建议的内容，他们应该选择最适合申请的格式。申请者可以咨询相关审查部门，讨论药效综合汇总的特定计划。

文章中应包含个别研究和汇总数据的表格和数据，这对研究结果的理解至关重要（比如显示重要终点分析结果的表格和数据）。

冗长的表格、详细的终点评估和统计方法的介绍应放在附录中，而不是药效综合汇总的主体部分。对于电子通用技术文件，应在药效综合汇总主体部分提供超链接表格。

当一个申请中包含多份附带多表格的药效综合汇总时，每份药效综合汇总应有各自的附录表格。

FDA 认为有必要阐述 SCE 内容中有关药效综合汇总的范围和目的。药效综合汇总是独立的，详细分析了多个来源相关数据的全面检查，旨在对给定的药物提供大量有效性的数据，描述有效性相关的额外信息，比如剂量反应，影响了人口亚群或反应时间。药效综合汇总应当提供累积信息的完整分析，帮助指导新药的有效使用。相反，SCE 是对药效综合汇总所报告的重要发现的精要，包括个别实验报告和有效性的全面证据。SCE 不需要包含药效综合汇总中没有讨论或解释的信息或数据。

在一些情况下，如果 SCE 内容限制范围内包括相关数据，SCE 可以作为药效综合汇总。这种方法对相对简单药物的研究计划是可行的，比如依靠单一充分、较好控制的临床试验或者相似设计的几个实验。关于 CTD 格式的应用，根据行业指南"有效性和安全性的综合总结：通用技术文件中的位置"，模块 5 第 5.3.5.3 部分应包括药效综合汇总，模块 2 第 2.7.3 部分包括 SCE。

（一）个体研究的清单和简要结果

与药物有效性相关的所有研究的表格清单应在这部分提供。制表和研究描述将被作为一系列分析和个人研究比较的概述，以及用于汇总结果的分析。除了已完成的研究，清单中应包括正在进行的研究和已结束的研究（没有可用结果的研究）。清单应包括作为全文综合报告和简要报告的研究，以及仅在已出版的医疗文献上报告的试验。积极研究和普通研究都没有显示应包括有效性。所有已完成的较好控制的研究，应有一份清单对其进行简洁的描述，不论这些研究是否支持有效性。对于每项研究，应当简要描述其重要的设计特征和结果，包括预期的终点和统计学分析。类似的研究可以一起描述，但要提供个体研究结果。这些简要的研究描述应包含参考文献或完整研究报告的电子链接。每项研究介绍中应提供足够的细节，以便理解研究设计和发现的重要方面，包括（适用的）治疗比较、样本大小、人口研究、研究网站的编码和位置、研究药物的剂量和支配、治疗持续时间、一级终点和重要二级终点的结果。在所有情况下都应当提供观察到结果和预计的影响（比如，基线药物和安慰剂对血压的改变、无进展生存治疗和肿瘤研究的操作杆、反应百分比、风险概率），以及置信区间和 P 值。

（二）研究设计的分析

本部分应包含对所有旨在评估药物有效性研究的，讨论和批判其重要设计特征，无论其数据是否支持有效性的结论。用来分析对照研究的结果的重要分析特征和统计方法应尽可能代表一组研究，以支持其有效性。也应代表研究之间的重大相似和不同（如设计、人口、记录、持续时间、终点）。个体研究的报告应更加详细地讨论这些问题。

重要设计特征的例子如下（参照 ICH E3 的其他重要研究特征）：

● 重要的纳入和排出标准定义了研究人群，例如：

— 疾病特征（如严重性、持续时间）；

——人口特征；

——病史和联合治疗；

——治疗所允许、要求或不允许的。

●有效性研究包括人口之间潜在的差异，以及销售时整个患者群体期望接受药物（比如治疗老年人常见疾病药物的研究，排除 75 岁以上的患者）。

●控制的类型

——安慰剂；

——不治疗；

——有效性；

——剂量反应；

——历史。

●每组使用的特定治疗（如剂量、频率）。

●如果研究时的疾病或病症允许，介绍如何选择联合治疗。比如，是否留给研究者去选择？有什么局限性？组别中有什么特殊治疗的要求吗？应标注治疗组之间的联合疗法允许的差异。

●特定的辅助治疗（如非甾体类抗炎药、质子泵抑制剂、药物控制高血压）。

●主动控制治疗的选择，特别要注意在非劣效性设计中使用主动控制的选择，支持不变的假设（即有理由相信主动控制药物在目前研究中的影响可能与过去研究中的影响类似）。

●终点的选择（一级和二级），特别要注意替代终点的有效性，异常临床或患者的评估。

●审判委员会评估终点。

●研究持续时间；治疗持续时间。

●盲法和潜在弱点的使用（如片剂封闭在胶囊中，研究药物的气味）。

●剂量选择和剂量反应评估。剂量反应设计可以包括随机固定剂量的反应、强制调整和可选择的调整。如果固定剂量的研究有调整项或允许向上或向下调整，应当详细说明。

●随机（如分层、不分层、分配率）。

●使用改进的方法以识别事件发生的高概率（预后浓缩），或反应的高可能性（预前浓缩），包括随机的停药设计（预前浓缩的一种）。使用的任何药物基因学与蛋白质学都应被介绍。

●其他浓缩调动的使用（如安慰剂磨合，意味着鼓励合规，排除高基线可变的受试者，使用更少的变量，保留策略）。

●自适应特性。

●数据监测委员会及其特定责任。

●计划的终点，包括一级和二级终点。

●统计分析的预定计划包括：

— 一级药效终点的计划分析；

— 计划序列分析；

— 用具体的定义分析人口（如受试者、治疗方案）；

— 处理缺失数据的方法；

— 当分析一个以上终点或亚种群时，控制研究中 I 类型错误率的方法；

— 临时计划分析。

●研究开始后研究设计的重大改变，并指出它们在研究之前还是之后发生。

— 试验期间一级终点的改变；

— 去除或添加治疗设备；

— 纳入和排除标准的改变；

— 样本大小的调整；

— 计划自适应特征。

（三）有效性结果的全面分析

综合分析是指使用所有对照试验的相关数据及其他资源（如临床药理学试验），以加强对有效性全面论证的理解。综合分析包括仔细检查个体研究的结果，以及适当结合定量分析（汇总分析）。汇总分析不是个体研究分析的替代。相反，汇总分析提供了研究不同人群和给药方案中对反应更清晰的认识。研究中反应的差异应当被描述。

药效综合汇总部分应用分析方法的基本原理，提供有效性研究全面、完整、深入的分析。所有研究旨在评估有效性，无论数据是否支持有效性的结果。同时应讨论相关研究的结果是否在一定程度上有所加强。

个体研究被视为充足的和控制良好的调查，显示药物的作用。这些研究提供了有效性的大量证据。申请者应描述研究设计的任一方面，并表现出研究问题是否充分，共同解释个体研究为什么应被视为充足的和控制良好的调查。

有效性的整体证据应经过检验，包括评估研究之间的一致性，比如亚种群结果、累积分布的影响（即不仅仅是影响）、发病时间、持续时间的影响。

支持性数据的作用应适当地介绍（比如动物标本的数据、药理作用、生物指标或相关疾病的研究），比如依靠单一充分的和良好控制的临床试验，实验的不同指标支持所有条件的批准。

一般而言，申请者应在药效综合汇总的该部分提供以下信息。

●讨论共同的证据显示了什么，包括临床局限性。

●讨论所有研究旨在支持功效，包括在药效终点不能得到统计数据，如果可能的话，解释结果中观察到的差异。

●讨论完整的研究，包括：①由于缺乏药效、相关的安全信号或其他理由，研究终点提前；②正在进行的研究（如长期扩展试验）。

●支持有效性的个体研究的影响大小估计、置信区间和 P 值。仅仅有 P 值的介绍是不够的。

●评估终点的临床意义，包括亚种群的影响和剂量反应。

●一些更具说服力理由的研究。

●缺失数据出现的问题以及怎样解决这些问题。

●研究特点提出了特定的分析难题（如有效性规模、病历的结论、复合终点）。

●除了计划一级终点的影响，对研究的评估显示了开始时间的影响和累积分布的影响（参照第三部分 F，开始时间的影响，持续性或忍耐力的影响，反应的分布及其他信息）。

作为有效性相关经验的全面总结的一部分，药效综合汇总的该部分应包括有关该药物其他研究的结果，无论是否公开，无论是否是由申请人进行的研究，申请人必须知道这些研究。需特别指出的是：

●对随机、双盲的对照性临床研究提出指示；

●对随机、双盲的对照性临床研究作出密切相关的指示；

●临床研究探索剂量反应。

此外,药效综合汇总的该部分应包括相关临床药理数据的讨论（包

括人口 P 值和量效模型数据）。这些数据说明了接触反应的关系，有助于更好地描述剂量反应，有时候也可以解释亚种群的差异。除了比较评价试验中的接触反应，通常也会对整体数据作出接触反应分析。这些分析在单一研究中不能发现关系。

有效性研究的认识的任何局限性都应引起特别注意，例如比特定用途持续时间短的研究，药效影响小的研究，一些采用明显充分设计，或依靠一个替代终点但失败的研究。因此，如果要求有效性基于替代终点，应对选择终点的基础进行讨论，并支持临床结果的有效性预测。如果替代终点有效，并建立在已批准的药物基础之上，就不需要讨论。比如降压药、口服降糖药、低密度脂蛋白降低药物通常在被批准的基础上分别显示对血压、血糖、糖化血红蛋白、低密度脂蛋白胆固醇的影响，没有影响生存和发病率的特殊药物的新证据。然而，任何异常的替代终点应被讨论和支持（即之前未被 FDA 作为论证基础）。

如前所述，有效性结果的分析通常应包括两种：①个体研究结果的比较；②来自一个以上研究的数据的整体分析。

1. 个体研究结果的比较

应总结、检测和比较所有对照研究的结果，并适当使用表格和数据（如树状图）。患者群体（如人口统计资料、疾病严重性）、控制组别、剂量、暴露时间、纳入和排除标准、终点和统计方法的重要相似点和差异应被识别。申请人应描述研究状态下（如标准治疗的差异）盲法的质量和变化的差异，以及其他重要的因素。

表格显示了主要研究的设计特征、项目编码、基线价值和主要成果的价值。

运用统计学论证所提出的观点，包括研究结果的一致性，个体研究，P 值和置信区间。削弱观点或存在局限性的发现（如失败的或负面的研究，包括停止中期分析无效的研究）非常重要，应被描述。

研究结果之间的比较应集中于预先设定的一级终点。然而，当所有研究的重要数据是共同的（即使不是一级终点），这些数据的分析可以提供重要的一致性评价。例如，在多个时间点评估一系列研究中重要变量的变化，分析比较结果应显示同一个时间点，即使研究之间主要分析的时间点不同。研究采用复合终点时，临床上很少发生重大事件（如死亡），比较研究中事故发生的频率或概率。如果结果有着重要的时间作用，研究结果可以用数据显示每项研究中时间的改变，即使不是一级终点。重要的二级终点也应有所展示，尤其是可以转化成一级终点的。

需要类似控制（如安慰剂控制、主动控制）的研究通常应一起讨论。共同分析的图形是有帮助的。树状图可以用来显示一个公共轴线的研究结果。这些图可以显示个体研究的 P 值和置信区间。

类似设计的研究之间的成果如果有重大差异，应该显示和讨论这些差异。人口统计学、疾病的定义、疾病的阶段、疾病严重程度、治疗前情况、药物剂量或分配、观察的方法等因素的不同都可能造成这些差异。意料之外的研究条件（如与治疗标准的差异）可以解释有效性的差异。这些分析经常提出未来探索的问题，而不是提供明确的答案。

2. 来自一个以上研究的数据的整体分析

结合所有研究信息的分析也应作为药效综合汇总的一部分。与个体研究概述相对比，这些分析应该通过集中主要数据或汇集来自个体研究的共同成果来进行。怎样最好地进行集中分析有多种方法可以使用，没有定论。申请者应当解释使用的分析方法并说出这个选择的理由。在适当的时候应该使用正式的 meta 分析程序，阐述产生有效影响的估计和相关不确定性。

应当集中数据检测人口（如年龄、性别、种族和民族）和其他特征（如存在特定的疾病和治疗）的影响，个体研究中很少受试者有这些支持有意义结论的特征。第三部分 D "亚种群结果的比较"中讨论了这些亚种群的分析。研究层面的总结数据或受试者层面的数据完成了集中分析。

个体研究之间的差异会影响集中分析的有效性和可解释性。不同研究需要特别注意：

● 重要研究人口或疾病特征（如持续时间、严重性、具体指标和症状、之前的治疗、并发症和治疗、预后或预测的生物标志物）；

● 治疗规范，包括评估有效性、具体测试过程的方法（如运动测试的方法、肺功能检测）；

● 研究设计特点（如研究持续时间、研究大小、剂量、治疗的分配比例和用药频率）。

临时的临床开发计划虽然包括不止一个研究的药效计划分析，但这些分析仍是不常见的。比如新药申请要包括两个大型的心血管预后研究，每个检查把心脏的不良反应作为一级终点（如心血管死亡、非致命的心脏病发作和脑卒中）。对这两个研究的死亡率进行预先规划的分析被指定为研究计划的一部分。因为在研究计划中，对两个及以上研究进行预先规划的药效分析是少有的，药效综合汇总描述的大部分集中分析事实上是探索性的。他们的目的是在不止一个研究中探测趋势数据（比如在针对疾病的亚组、多个剂量的趋势）。

（四）亚种群结果的比较

根据 21 CFR 314.50（d）（5）（v），亚种群评估可以识别该种群药物的有效性信息的差异。这些差异一旦被发现，就非常重要。亚组分析应当被视为安全性和药效全面评估的一部分，通常不能解释特殊亚组中数据的统计意义。为此，对亚种群治疗效果的完整分析应当总结、比较药效综合汇总中描述的对照研究的结果，集中分析个体研究中有代表性的亚组。尽管所有的对照试验应汇集这些分析，除了显示总体治疗效果的研究外，申请人还应提供一个单独分析。

根据 21 CFR 314.50（d）（5）（v），亚种群分析应当包括主要人口因素的定义（如年龄、性别、种族或民族），也可以通过其他预定义或相关的内在和外在因素，或地区来分析（如疾病严重程度、之前的治疗、伴随的疾病、伴随的药物、喝酒抽烟情况、体重、肾脏或肝脏功能）。对于连续变量（如年龄、体重、肌酐清除率），除了使用固定的分割点进行分析（如年龄大于 75 岁），亚组分析应考虑小数点后四位。

通过综合分析检查人口亚种群和其他相关亚种群的个人研究之间可观察到的治疗效果的一致性。比如，有效性数据如果产生于美国内外的试验，应比较美国人口和非美国人口的结果。亚种群的评估可以加强有效性的明显变量，这需要进一步的调查和讨论。

然而，应承认这些分析是有局限性的。重要的是，应注意综合分析的目的不是在独立研究结果不理想时为特定结论提供基础，或试图提升有效性证据。

如上所述，综合的亚种群分析应包括个体研究（亚种群足够大是有益的）和集中分析。对于更大的亚种群（如性别亚组），个体研究结果应有并行的总结和比较。

为了便于直观比较，可以用树状图和表格摘要表示结果，显示置信区间和 P 值。树状图可以显示大量试验的结果和元分析，评估二分法测心血管终点（即事故：是 / 否）。它们也可用于显示集中数据的亚组分析，数据来源于改善疾病或病症的试验。

在大多数情况下，相较于个体研究分析，研究中数据集中的亚种群分析可以更充分有力地评估差异。应显示各研究中集中数据的定量分析。指导分析时要考虑到包括和省略研究不能显示效果。亚种群之间的差异在整个研究中是一致的，从临床角度可以作出一个假设，未来的研究可以检测有意义的规模。在一些结果具有说服力的情况下，描述亚种群影响的差异是非常重要的。

（五）与建议剂量相关的临床信息的分析

这部分需要提供所有数据的综合总结和分析，包括来源于个体剂量反应临床研究、相关集中分析和临床药理学研究的数据，属于剂量反应或血液水平的有效性关系（包括剂量血液水平关系）。这些数据提供重要的推荐剂量，包括剂量间隔的选择。个体研究结果和交叉研究分析将用于支持推荐剂量（包括起始和最大推荐剂量、剂量滴定的方法、剂量时间表、关于剂量个体化的任何其他指令），在此应作出总结。这些结果和分析应包括相对简单的剂量反应的描述，或血液水平关系，以及非线性药代动力学、迟发效应、忍耐力或酶诱导引起的任何确定的偏差。应说明和评估数据的局限性（如滴定法设计是用来代替固定剂量的设计）。

讨论 P 值或药效学反应的不同，可以参照模块 2 中 2.7.2 部分"临床药理学研究的总结"。由于年龄、种族、民族、疾病或其他因素的不同，导致了剂量反应关系的差异。即使没有发现差异也应说明评估差异的方法。比如特定亚种群的研究，通过研究药物的亚种群、血液水平测定来分析有效性结果。

（六）时间的影响、持久力或忍耐力的影响、响应分布
应显示时间对于对症治疗和影响成果的药物（如心血管研究结果、肿瘤研究）的影响。最好用图形来表示（如随时间变化，药物与安慰剂之间症状的不同，心血管研究和肿瘤研究结果的 Kaplan-Meier 曲线）。

治疗的效果会由于耐受性问题（经历过不良反应和拒绝治疗的受试者），抗药性或耐受性的发展（随着时间推移失去疗效），或疾病自身缓解而减弱。申请者应当提供受试者的数量，其有效性数据应长期有效，以及剂量、曝光的持续时间和停止的原因。

分析的重点在于有效性和 / 或耐受性的持续性影响，应当专门收集有效性数据。例如，随机提取研究是评估持续性效果的有效方法。对照研究应当与其他不严谨的研究区分清楚，比如开放的扩展研究。安全性部分应适当提出取消反弹效应的相关数据。

除了意味着研究中的药物影响，应检查和显示出个体的响应分布。使用柱状图或累积分布曲线可以显示治疗组和对照组多种不同变

化的结果（如日益恶化的病症或有效性措施改变的受试者数量或百分比，0~10%、10%~20%、20%~30% 等，病症的改善或有效性措施的改变），显示了治疗组和对照组所有研究的影响。

（七）探索性调查

探索性分析的结果是基于终点、亚种群患者、方案中没有指定的数据的。这些分析可以提供重要的见解或产生未来研究检查的假设。

第三节 | 药品供应链安全法案（DSCSA）的实施：药剂分配产品的追踪要求

DSCSA Implementation : Product Tracing Requirements for Dispensers

一、简介

本指南解决了药品流通供应链中药剂分配的准备问题，符合 FD&C 法案第 582 部分（21 U.S.C. 360eee-1（d）（1））关于交易信息改变、交易历史和事务声明（产品追踪信息）的规定。对于药剂分配、药品流通供应链中产品的追踪要符合 2015 年 7 月 1 日生效的 FD&C 法案 582（d）（1）部分的要求。

2015 年 7 月 6 日，FDA 联邦公报（80 FR 38449）上出版了"有效性通知"，宣布名为"药品供应链安全法案的实施：药剂分配产品追踪的要求——合规政策"的指南文件。本指南根据 FD&C 法案 582（d）（1）部分，介绍了 FDA 关于执行产品追踪信息要求的想法。指南指出在 2015 年 11 月 1 日之前，FDA 不打算采取措施反对如下两种情况的药剂分配：①根据 FD&C 法案 582(d)(1)（A）（i）部分，交易前或交易时没有收到产品追踪信息，接受了产品的所有权；②根据 FD&C 法案 582（d）（1）（A）（iii）部分，没有获取和维护产品追踪信息。如下所述，FDA 正在 2016 年 3

月 1 日之前把这项合规政策扩展到交易。本指南第四部分提供了合规政策的细节部分，以及 FDA 对药剂师和与药剂师进行交易的贸易伙伴的期望。

二、背景

2013 年 11 月 27 日，药品供应链安全法案签署成为法律。其中第 202 部分增加了 FD&CA581 和 582 部分，提出了产品追踪的新定义和要求。药品供应链安全法案概述了到 2023 年 11 月 17 日建立电子可交换系统，这将识别和追踪在美国发行的某些处方药。这个系统可以加强 FDA 保护美国消费者的能力，通过从药品流通供应链来改进对潜在危险药品的检测和清除。

2015 年开始，根据 FD&CA582（b）（1）,（c）（1）,（d）（1）和（e）（1）部分的要求，当从事涉及某些处方药的交易时，贸易伙伴（生产商、批发分销商、药剂分配和重新包装者）要提供后续购买者的产品追踪信息。贸易伙伴还需要获取产品追踪的信息，并且在交易后不少于 6 年内保存有效信息。

FDA 咨询其他适合的联邦官员和药品流通供应链的利益相关者，根据 FD&CA582（a）（2）（A）部分公布了名为"药品供应链安全法案中某些人用药、成品药、处方药的追踪信息变换的标准：如何交换产品追踪信息"的指南草案。该草案确立了有关某些人用药、成品药和处方药的每项交易的产品追踪信息相互交换的法规，通过扩展或使用当前的系统和流程，为电子或书面形式。

三、本指南的范围

本指南适用于参与"产品"交易的药剂分配，FD&CA581（13）部分定义了"产品"一词。

四、药剂分配产品追踪的要求——合规政策

FD&CA582（d）（1）部分对产品追踪的要求在2015年7月1日生效，并且FDA在2015年7月6日出版了一份指南文件，指出在2015年11月1日之前，不会采取措施反对如下两种情况的药剂分配：①根据FD&CA582（d）（1）（A）（i）部分的要求，没有收到产品追踪信息时接受了产品的所有权；②根据FD&C法案582（d）（1）（A）（iii）部分，没有获取和维护产品追踪信息。然而，有些药剂分配——主要是小剂量，担心独立的药店和卫生系统到2015年11月1日将不符合这些要求。因此FDA认识到这些药剂分配需要更多时间与贸易伙伴合作，以确保通过药剂分配获得和维护582部分要求的产品追踪信息。

根据FD&CA582（d）（1）（A）（i）部分的要求，FDA不打算采取措施反对某些药剂分配，他们在2016年3月1日之前接受没有产品追踪信息的产品所有权。本合规政策没有扩展到582（b）（1）、（c）（1）和（d）（1）部分的要求，其他贸易伙伴（如生产商、批发分销商和重新包装者）向药剂分配提供产品的追踪信息。此外，根据582（d）（1）（A）（ii）部分的要求，本合规政策也没有扩展到药剂分配必须提供产品追踪信息后续所有者的交易，包括交易历史。如果药剂分配在取得产品所有权之前没有收到产品追踪信息，FDA建议药剂分配从之前的所有者处获取信息。FDA认为产品追踪信息作为药剂分配的重要工具，满足了582（d）（4）

部分中识别可疑产品，隔离产品，调查该产品是否合法的义务。

2016 年 3 月 1 日之前，根据 FD&CA582（d）（1）（A）（iii）部分的要求，FDA 不打算采取措施反对没有获取和维护产品追踪信息的药剂分配。

本合规政策没有扩展到 FD&CA 的其他要求，包括 582 部分，比如可疑和非法产品（包括隔离、调查、通知和保留记录）的验证，只与经授权的贸易伙伴进行交易的相关要求。

第四节 | 药品和生物制品的加速审批程序

Expedited Programs for Serious Conditions – Drugs and Biologics

一、简介

以下四个程序旨在促进和加快新药审批的发展，解决在治疗严重或危及生命的病症时未满足医疗需求的情况：快速通道、突破性疗法、加速批准和优先审评（参照"四、加快程序的概述"）。本行业指南的目的在于为这四个程序的FDA政策和过程信息提供单一来源，以及可以加速审批的药品的标准。

二、背景

本指南中介绍的程序是为了帮助确保严重疾病的治疗已经过批准，并且只要得出结论该治疗有利于证明其风险，就可以提供给患者。当局首次正式阐述了312E部分的规定（21 CFR 312 部分），关于加速新疗法审评效率的想法。第六部分的规定是为了加快用于治疗严重疾病新疗法的审批，尤其在没有令人满意的治疗方法时，同时保持安全性和有效性的适用标准。法规早就呼吁关注承诺治疗这些疾病的药物，包括申请人向FDA咨询有效试验设计的药物，可能依靠可控二期研究获得有效性证据的药物。

第六部分的规定承认，与其他疾病相比，患者和医生通常愿意接受治疗危及生命和使人严重衰弱疾病所带来的更大风险和副作用。支持这些原则的四个主要程序是快速通道、突破性疗法、加速批准和优先审评（在本指南中指当局的加速程序）。

通过使用当局的加速程序，FDA 根据第六部分申请罕见疾病药物的理念，FDA 认为药物发展的某些方面对于常见疾病是可行的，而对于罕见疾病也许不可行，疾病越严重，研究的挑战往往越大。FDA 将继续在这些情况下灵活调整，以应对每一种疾病带来的特殊挑战。

三、加速程序的概念

本指南主要介绍了这几个程序，快速通道、突破性疗法、加速批准和优先审评，在第四部分进行总结，第五、六、七部分分别作了详细介绍。这四个加速程序代表了努力解决未满足治疗严重疾病的医疗需求，在接下来的段落中进行讨论。

（一）严重病症

1. 疾病是否严重
FDA 解释了"严重"这一术语，因为在过去它目的是加速批准和治疗用研究性药物的扩展用药。扩展用药的法规中定义了严重的疾病或病症：

与发病率有关的疾病或病症对日常运作有实质性的影响。短暂的自限性疾病发病率通常不高，如果是持续性或复发的疾病，发病率不一定是不可逆转的。疾病或病症是否严重是临床判断的问题，根据生存、日常作用或不及时治疗时疾病的可能性等因素，将变得更严重。

注意：基于本指南的目的，术语"状况、疾病和病症"可以交换使用。所有满足 §312.81（a）提出的危及生命定义的病症，也将是严重的疾病。

2. 药物是否治疗严重疾病

参考第四部分，加速程序的法律法规合格标准要求药品应当用于治疗严重疾病。为满足这个标准，药品必须对严重疾病或病症的严重方面生效，比如对严重表现或症状的直接影响或其他预期效果，包括以下内容：

●诊断产品旨在某种程度上改善严重疾病的诊断或检测，会起到更好的效果；

●产品旨在减轻或防止严重的疾病相关副作用（如严重感染的患者接受免疫抑制治疗）；

●产品旨在避免或减少严重疾病有效治疗时严重的副作用（比如，比现有癌症治疗有更少心脏毒性的产品）；

●产品旨在预防严重的病症或减少发展为更严重或更晚期疾病的可能性。

（二）有效治疗

根据本指南的目的，FDA 通常将"有效治疗"（以及"现有的治疗和疗法"）作为：

● 正在考虑新药的相同指示在美国经过批准或许可；

● 有关当前美国治疗标准。（SDC）

正在开发的产品的有效治疗，FDA 对其测定通常集中于反映特定指示的当前治疗标准（包括疾病的阶段）。在评估当前的治疗标准时，FDA 认为权威科学机构的建议基于临床证据和其他反映当前临床实践的可信信息。当药物开发方案针对更广泛的疾病人群时（如通过基因突变鉴定的一个子集），其治疗标准通常被认为是可用的治疗，除非有证据显示治疗标准在子集中没那么有效。

在新药开发的过程中，可以预见的是，治疗标准在给定的条件下可以逐步形成（例如，新疗法或关于有效疗法的新信息）。在每个申请人打算使用的加速程序的相关监管时，FDA 将决定有效治疗的构成（比如，快速通道和突破性疗法通常在开发的早期阶段，生物制剂许可申请或新药申请提交的优先审评，生物制剂许可申请或新药申请期间的加速批准）。FDA 鼓励申请人在与 FDA 交流过程中，考虑与当局讨论有效的疗法。

在适当情况下，FDA 在决定有效疗法时，可以咨询特定的政府雇员或其他专家。

根据 FD&CA（21 U.S.C. 355-1）505-1 部分，当确定药品是否授予加速批准或经过风险评估与降低计划批准时，包括保证患者安全使用的措施，被认为是有效的治疗，将应用以下原则：

● 如果基于一个替代终点或中间的临床终点和临床受益的药物将被授权加速批准，而其临床效益还没有被批准后的研究证实，药品可以被认为有效疗法（参照下文"三"）；

● 如果由于限制销售和正在开发的新药的研究人群，药品被授权加速批准，在受限制的分配方案下有资格接受批准的药品可以认为是有效的疗法。类似地，根据保证患者安全使用的措施和风险评估与降低计划，如果正在开发的新药的研究人群有资格接受批准，则该药品也被认为是有效的疗法。

（三）未满足医疗需求

通过有效疗法未充分解决治疗或诊断的条件，即未满足医疗需求。包括需要立即定义的人群（即有限或无限治疗严重病症）或社会的长期需求（如解决抗菌药物耐药性的发展）。

1. 没有有效的治疗

如果没有治疗严重疾病的有效方法，显然未满足医疗需求。

2. 有效的治疗

当存在有效治疗的条件，新的治疗通常被认为可以解决未满足的医疗需求，如果该疗法：

● 对病情严重的结果有影响，有效治疗的影响还未知（例如，当有效治疗已经显示出对症状的影响时，但没有显示对改善的残疾或疾病进展的影响）；

●与有效治疗相比，对疾病严重结果有改善（例如，新药单独或与有效疗法共同治疗的优势（在一个附加研究中有所表现））；

●可以有效地与其他关键试剂共同使用，这些关键试剂不能与有效疗法共同使用；

●提供同等的治疗效果，并且①有效治疗时避免发生严重毒性反应；②不太严重的毒性反应是正常的，避免导致治疗严重疾病时停药；③减少了潜在的有害的药物相互作用；

●提供等同于有效治疗的安全性和有效性，记录有益，比如改善遵从性，这将很好地改善结果；

●解决紧急或预期的公共卫生需要，比如药品储存。

在一些疾病环境下，某种药物没有提供直接功效或有效治疗的安全性优势，但是有着提供充足的公共卫生益处能够满足医疗需求的优势。比如，在经批准的疗法的条件下，发生适度的反应率或显著的特异质反应，药物的新作用机制（但可以比较安全性和有效性）对于部分患者会提供潜在的有效治疗的优势。在这样的情况下，新的作用机制应当很好理解疾病病理生理学的关系。此外，在合理基础上得出一个结论，与有效治疗相比，相当一部分患者对新药有不同的反应。因此，甚至在没有文件记录功效或安全性优势时，机制的多样性在疾病环境下也有优势，因为随着时间推移药效降低甚至失效。

比如，感染性疾病药物或靶向癌症疗法的新作用机制，在疾病人群中出现类似于有效疗法的功效，有益于不再对有效疗法作出反应的患者。因此，FDA 打算进行一对一的比较，显示出有效疗法的一系列潜在优势。

3. 唯一的有效疗法经加速审批程序的批准还未被验证，该程序基于替代终点或中间的临床终点和临床效益

如本节第七部分和第三部分中"（二）"所述，FDA 认为在一般情况下，由于临床效益可能不会在批准后的确证试验中被证实，所以最好有一个以上的治疗经过加速审批条款的批准。如果唯一的疗法经过加速审批的授权，并且基于替代终点或中间的临床终点和临床效益还未被批准后的研究所验证，FDA 将把产品视为解决未满足医疗需求。

四、加速程序的概述

表 1-1 提供了四个加速程序的概述。特定程序的细节在以下章节中可以找到。注意药物开发项目可以获得多个加速程序。

表 1-1 FDA 加速审批程序的比较

	快速通道	突破性疗法	加速批准	优先审评
程序本质	指示	指示	审批路径	指示
参考	FD&C 法案 506（b）部分，增加 1997 年的 FDA 现代化法案 112 部分，以及 2012 年的 FDA 安全与创新法案 901 部分修订版	FD&C 法案 506（a）部分，增加 FDA 安全与创新法案 902 部分	21 CFR 314 部分，H 部分 21 CFR 601 部分，E 部分 FD&C 法案 506（c）部分，FDA 安全与创新法案修订的 901 部分	1992 年的处方药费用法案

续表

	快速通道	突破性疗法	加速批准	优先审评
合格的标准	用于治疗严重疾病的药物；非临床或临床数据表明解决未满足的医疗需求的潜力 被指定为合格的传染病药物[1]	用于治疗严重疾病的药物；初步的临床证据表明，药物可以实质性改善有效疗法的临床重要终点	用于治疗严重疾病的药物；通常提供一个有意义的具有优势的有效疗法；证明替代终点的效果很可能预测临床效益，或临床终点的效果可以在不可逆转的死亡率或发病率之前被估量，预测不可逆转的死亡率、发病率或其他临床效益（即中间临床终点）	治疗严重疾病的药物的申请（原始的或功效的补充）；如果得到批准，安全性或有效性将得到重大改善 根据505A[2]部分和儿科研究报告，对改变标签的建议的补充 被指定为合格的传染病药物[3]的申请 药物申请或补充要提交的优先审评券[4]
提交请求的时间	在药品临床试验申报时或之后 在理想情况下，不晚于生物制剂许可申请前或新药申请会议	在药品临床试验申报时或之后 在理想情况下，不晚于二期会议结束	申请人通常与审查部门讨论开发和支持期间加速批准的可能性，比如，使用计划终点作为审批的依据，并讨论验证试验，这些通常在批准时已经进行	与原始的生物制剂许可申请，新药申请和功效补充一起提交
FDA回应的时间轴	60日内收到的请求	60日内收到的请求	未规定	60日内收到的原始的生物制剂许可申请，新药申请和功效补充
特征	加快开发和审评 滚动式审查	对有效药物强化指导 组织承诺 滚动式审查 其他加速审评的行动	根据替代终点或中间临床终点的效果进行批准，很有可能预测药物的临床效益	上市申请的短时间审查（6个月与10个月的标准审查比较）[5]
其他注意事项	如果指示不再符合快速通道[6]的资格标准，可以撤销	如果指示不再符合突破性疗法[7]的资格标准，可以撤销	宣传材料 确证试验验证和介绍不可逆转的死亡率、发病率或其他临床效益的预期效果 需要加速撤离	指示将在原始的生物制剂许可申请，新药申请或功效补充申请时被分配

① FDA 安全与创新法案第八章 "抗生素激励计划" 激励人用抗菌和抗真菌药物的开发，以治疗严重的和危及生命的传染病。根据 "抗生素激励

计划"，如果符合法规中的标准概述，药物可能被指定为"合格传染病产品"。被指定为"合格传染病产品"的药物有资格根据法规进行快速通道和优先审评。然而"合格传染病产品"的指定已经超出本指南的范围。

②根据 FD&C 法案 505 部分，补充申请提出了依据儿童研究报告改变标签，这部分应当被视为优先审评的补充，FD&C 法案 505A 每个部分根据《儿童最佳药品法案》5（b）部分修订。

③参照以上脚注。

④与优先审评券一起提交的任何申请或补充将被分配为优先审评。优先审评券将授予申请人，如 FD&C 法案 524（a）（3）和（a）（4）部分中的定义，以申请治疗或预防某些热带疾病的药物，以及根据 529（a）（3）部分的定义申请治疗罕见的儿童疾病的药物。

⑤作为《处方药申报者付费法案》第五章中承诺的一部分，FDA 已经建立了审评模型"程序"。该程序适用于所有小型企业的新药申请和原始生物制剂许可申请，包括申请时重新提交 2012 年 10 月 1 日至 2017 年 9 月 30 日之间的拒绝文件。根据该程序通过 FDA 的申请，《处方药申报者付费法案》将在 60 日备案审查期内得出结论，即在 FDA 收到最初的提交文件开始。

⑥如果指示不再支持新数据，或不再继续药物开发程序，申请人也可能撤销快速通道（参照原指南附录 1 的 A.5 部分）。

⑦如果指示不再支持新数据，或不再继续药物开发程序，申请人也可能撤销突破性疗法（参照原指南附录 1 的 B.5 部分）。

五、快速通道

FD&C 法案 506(b)部分提供指定的药物作为快速通道产品"…… 如果它的目的是，是否单独或结合其他药物一起治疗严重的或危及生命的疾病，它表明解决未满足这样的疾病或病症医疗需求的潜力。"本规定旨在促进开发和加快审评药物，以治疗严重的和危及生命的疾病，这样经过批准的产品可以迅速上市。该部分介绍了资格标准和快速通道的特征。附录 1 介绍了快速通道的过程。

（一）快速通道的资格标准

快速通道适用于药物（不论是单独还是与其他药物共同使用）及其正在研究的具体用途。如果快速通道或请求的对象是该组合，则"药品"一词指两种或两种以上的药物。在适当情况下，FDA 可能授予指定经批准的药物的新用途开发。

1. 严重病症

参照本节"三、加速程序的概念，（一）严重病症"。

2. 表明具有能够解决尚未被满足的医疗需求的潜力

信息需要表明具有能够解决未满足的医疗需求的潜力。在快速通道指定的药物开发阶段，在开发的早期，非临床模型活性的证据、机制原理或药理数据可以被用于表明这样的潜力；开发的后阶段，有效的临床数据可以表明能够满足尚未被满足的医疗需求。参照本节"三、加速程序的概念，（三）未满足医疗要求"。

（二）快速通道的特征

1. 加速开发和审评

有机会频繁互换快速通道产品的审查小组。这包括与 FDA 的会议，包含新药药品临床试验申报前的会议，第 1 阶段的结束会议和第 2 阶段的结束会议，以讨论研究设计、安全性数据支持批准所需的程度、剂量反应问题和生物标记的使用。

可以适当安排其他会议（比如，讨论加速批准、新药申请的结构和内容，以及其他重大问题）。

此外，如果生物制剂许可申请，新药申请可以获得功效补充并提交有临床数据的支持，这样的产品有资格进行优先审评（参照本节"八、优先审评"）。

2. 申请部分的提交（滚动式审查）

如果 FDA 决定对申请人提交的临床数据进行初步评估，快速通道产品也许有效，当局会考虑在申请人提交完整申请之前审查上市申请的部分（参照原指南附录 2）。

六、突破性疗法

FD&C 法案 506（a）部分提供指定的药物作为突破性疗法产品"…… 如果它的目的是，是否单独或结合其他药物一起治疗严重的或危及生命的疾病，初步临床证据表明，这种药物可以在现有疗法的一个或更多临床重要终点上有实质性改进，比如在临床开发早期，观察大量治疗效果。"重要的是要认识到，突破性疗法指定的标准不同于药物批准的标准。临床证据首先要支持突破性设计。与此相反，在所有药物情况下，FDA 将审查提交的完整数据，以支持作为突破性疗法的药物设计，并决定药物在批准上市前是否安全有效。本部分介绍了资格标准和突破性疗法的特征。原指南附录 1 介绍了突破性疗法的过程。

不是所有产品都被指定为最终的突破性疗法，根据指定的初步临床证据显示有效疗法的实质性改进。如果之后的数据不再支持这个指示，FDA 可以撤销指示。因为 FDA 提供大量的工作资源，尤其是与申请人的突破性疗法产品紧密相关的资源，当局应关注突破性疗法药物的资源的开发程序，符合程序的资格标准（参照原指南附录 1 中 2.5 部分）。

（一）突破性疗法的资格标准

突破性疗法适用于药物（不论是单独还是与其他药物共同使用）及其正在研究的具体用途。如果突破性疗法或请求的对象是该组合，则"药品"一词指两种或两种以上的药物。在适当情况下，FDA 可能授予指定经批准的药物的新用途开发。

1. 严重病症

参照本节"三、加速程序的概念，（一）严重病症"。

2. 现有（有效的）疗法

参照本节"三、加速程序的概念，（二）有效治疗"。

3. 初步临床证据

不同的信息可以支持快速通道，包括理论基础、机制原理（基于非临床数据）或非临床活性的证据，突破性疗法需要初步临床治疗效果的证据，可以代表治疗严重病症的有效疗法的实质性改进。突破性疗法的目的在于，初步临床证据意味着足以在实质上改进有效疗法的有效性或安全性，但在大多数情况下不足以确立批准目的的有效性和安全性。FDA 期望这些证据通常来源于一期或二期试验。非临床信息应支持药物活性的临床证据。在所有情况下，初步临床证据表明，药物可以代表有效疗法的实质性改进，涉及到足够数量的患者是可信的。然而，FDA 认识到数据不能在指定时间内被明确。

在理想情况下，初步临床证据指有效疗法的实质性改进，源于对研究性药物和临床测试的有效疗法（或安慰剂，如果没有有效疗法）进行比较，或比较新疗法附加的 SOC 或单独的 SOC 研究。FDA 鼓励申请人在开发的早期阶段获得一些初步的比较性数据。其他类型的临床数据也有说服力，包括单组研究，比较有充分证据的历史经验的新疗法。通常情况下，只有当新疗法和历史经验之间有较大差异时，FDA 希望这些历史对照数据具有说服力。例如，肺功能下降是疾病的一个主要表现，单组研究数据显示，如果没有有效疗法能提高肺功能，一种新的药物显著增加肺功能是有说服力的。数据表明与历史对照的反应时间（比如，有效疗法的历史响应率）相比，抗癌药物显著增加总体的响应率，这也是有说服力的。申请人考虑历史对照的使用应咨询 FDA 的 ICH 行业指南"对照组和临床试验相关问题的选择 E10"，以便更详细的讨论。

4. 显示临床重要终点的实质性改进
为了支持突破性疗法，初步临床证据必须表明，药物可以显示有效疗法的一个或多个临床重要终点的实质性改进。

"实质性改进"是判断现有疗法的改进是否具有实质性的问题，依靠药物对临床重要终点（包括效果的持续时间）的重大影响，以及观察治疗严重病症或疾病的严重方面的效果的重要性。一般情况下，初步临床证据应当显示出有效疗法的明显优势。

证明实质性改进的方法包括以下几种。

● 直接比较新药的有效疗法，显示了更大或更重要的反应（例如，控制治疗通常只导致部分反应）。这样的试验可以在首次治疗的患者，或不能对有效疗法作出反应的患者身上实施，也可作为失败疗法的比较（如伦理上可接受的）或不作为对照研究。

●如果没有有效疗法，当与安慰剂或有详细记录的历史控制比较时，新药在重要成果上显示出实质性和临床有效的效果。

●与对照研究中的有效疗法或详细记录的历史控制相比，在有效疗法中添加新药导致更大或更重要的反应。这样的试验可以在首次治疗的患者或不能对有效疗法作出反应的患者身上实施。

●新药对疾病的原因有实质性和临床意义的效果，相比之下有效疗法仅治疗疾病的症状，初步临床证据指明药物有长期改善病情的效果（例如，与临时的临床效果相比，持续的临床效果有利于有效疗法）。

●新药逆转或抑制疾病的发展，与有效疗法只改善症状不同。

●新药有重要的安全性优势，并与严重的不良反应有关，与有效疗法比较有类似的功效。

"临床重要终点"是基于突破性疗法的目的，FDA认为临床重要终点通常指测量不可逆转的死亡率或发病率的影响的终点，或代表疾病严重结果的症状。它也可以指不可逆转的死亡率、发病率或严重症状的建议，包括以下几种。

●确立的替代终点的效果通常被用于支持传统的批准。

●替代终点或中间的临床终点（参照本节"七、加速批准，（二）

加速批准终点，2. 中间临床终点"）的效果很可能被视为预测临床效益（即加速审评的标准）。

● 与有效疗法相比，有类似功效的证据表明其能显著提高安全性（比如，肿瘤剂较少的剂量限制毒性）。

突破性疗法的请求中，申请人应提供将终点或其他发现视为临床重大发现的理由。

在少数情况下，如果强烈建议潜在疾病的临床意义效果药效学的生物标志物可以被认为是临床的重要终点，在这样的情况下，申请人应当提供支持药效学生物标志物的证据。这些证据应当包括：①在一定程度上理解疾病的病理生理学；②生物标志物与疾病过程是否存在因果关系；③药物对生物标志物影响的时间因素（比如，生物标志物可以早于替代终点进行测量，用于加速审评）。此外，药物对药效学生物标志物的影响通常也有强有力的证据。在疾病环境下的突破性疗法中（没有有效疗法），如果没有证据支持，FDA 更多地依据药效学生物标志物。

（二）突破性疗法的特征

1. 一期开始的有效药物开发计划的强化指南

正如之前讨论的，突破性疗法通常意味着药物的效果与有效疗法相比好的多。在这样的情况下，突破性疗法的开发计划比其他正在研究的治疗疾病的药物时间短。然而，FDA 认为一个压缩的药物开发程序，仍然必须具有充分的数据，以证明药物的安全性和有效性满足审批的法定标准。药物开发程序的省略部分对于决定是否延迟、甚至阻止上市批准是必要的。

申请人可以通过很多方法设计有效的临床试验。FDA 将寻求确保，被指定为突破性疗法的申请人的产品，及时接收建议并相互沟通，以帮助申请人尽可能高效地指导药物开发程序。在这些相互作用下，当局可能会建议，或申请人可能会提出另一种临床试验设计（比如，采用适应性设计、富集策略、交叉设计、历史对照），或数据监测委员会临时分析。这些试验设计可能会导致更小或更高效的试验，完成所需的时间更少，并且有助于减少暴露在不那么有效的治疗下的患者数量（即有效疗法的对照组）。这种方法在罕见即疾病的研究中也许更加有帮助。比如，单组试验对于病理生理学及病程明确的罕见疾病是一个重要的选择。

FDA 期望审查小组和申请人在整个药物开发中相互影响，解决开发的不同阶段中的重要问题。此外，申请人应当在药物开发的其他方面迅速开展（如制造，参照本节"九总则，（一）生产和产品质量方面的注意事项"），开展必要的护理诊断（参照本节"九总则，（四）伴随式诊断"）。

2. 涉及高级管理人员的组织承诺

FDA 打算加快开发和突破性疗法的审查，涉及高级管理人员，经验丰富的审查，监管卫生项目的管理人员积极主动、协作、跨学科的审查。FDA 在适当的时候也计划分配一个跨学科项目审查小组，促进药物开发程序的有效审查。跨学科项目的领导将成为审查小组成员和科学评估团队之间的联系人（例如，医疗，临床药理学，药理毒理学，化学、制造和控制部分，合规部分，生物统计学），促进内部相互作用的协调，并通过审查部门的监管卫生项目管理者与申请人沟通。

3. 部分申请的提交（滚动式审查）

FDA 已经确定，突破性疗法指定的药物可以获得滚动式审查。因此，申请人提交临床资料进行初步评估后，如果 FDA 确定突破性疗法也许有效，当局在申请人提交完整申请之前考虑审查上市申请的部分（参照原指南附录 2）。

4. 加速审查的其他活动

此外，如果生物制剂许可申请、新药申请或功效补充提交的临床数据支持，这样的产品有资格进行优先审评。

七、加速批准

FDA 安全与创新法案加速批准的法规，FD&C 法案 506（c）部分提供了 FDA 授予加速批准：

"…… 用于严重或危及生命的疾病或病症的产品，…… 该产品对替代终点有预测临床效益的效果，可早于不可逆转的死亡率或发病率测量临床终点，这很有可能预测不可逆转的死亡率或发病率或其他临床效益，考虑到严重程度、稀有性或流行条件以及缺少有效的替代疗法。"

授予药品的加速批准，上市后的确证试验要求验证和介绍对不可逆转的死亡率、发病率或其他临床效益的预期效果（参照下文 "（四）加速批准的条件，2. 确证实验" 部分）。

本部分介绍了加速批准的资格标准、相关术语和条件。FDA 安全与创新法案规定，促进加速批准的广泛使用，加快治疗患者的严重病症。FDA 认为新规定为有疗效法的加速审批提供了灵活性（参照下文"（一）加速批准的资格标准，2. 有效疗法的优势"部分）。同样提供了有关临床终点使用的说明（这里指中间的临床终点），作为加速批准的基础（参照下文"（二）加速批准终点，2. 中间临床终点"部分）。此外，新规定明确表示，FDA 有权使用生物标志物或其他科学方法或工具，结合其他数据，考虑药物或其他证据的开发，确定一个终点是否能合理地预测临床效益（参照下文"（三）加速批准证据的标准"）。FDA 应当考虑，"…… 严重程度、稀有性或流行条件……"考虑是否授予加速批准，FDA 安全与创新法案强化了监管机构的长期承诺有关证据的灵活性，要求在有限的选择下支持批准治疗严重或危及生命疾病的产品。

加速批准通道主要用于病程较长的疾病，要求在很长一段时间内测量药物的临床效益。例如，加速批准已被广泛用于药物的批准，以治疗各种癌症和艾滋病，可以迅速评估用于肿瘤生长或病毒载量的效果，但是表明对生存或发病率的效果，以及表明大型试验典型病程的持续时间时通常需要很长时间。当预期的临床效益仅可由非常大的研究来证明时，加速批准在紧急疾病环境下也有潜在帮助，因为需要进行评估以证明临床效益的临床事件往往很少发生。例如，加速批准可以用于紧急条件下，替代终点的影响在少数患者身上显示出来，但是更多研究需要显示临床成果的影响，如存活。

FDA 鼓励申请人在开发早期与当局交流，关于药物加速批准的潜在资格，建议替代终点或中间临床终点、临床试验设计以及计划和指导确证试验。申请人寻求加速批准也需要药物开发其他方面的迅速开展（如制造，参照本节"九、总则，（一）生产和产品质量方面的注意事项"），以及开展必要的护理诊断（参照本节"九、总则，（四）伴随式诊断"）。

（一）加速批准的资格标准

授予产品加速批准时，FDA 确定支持批准的终点的效果——替代终点或中间临床终点，很有可能预测临床效益。这种方法的理论风险是患者将处于药物的影响下，可能最终不能提供真实的临床效益。此外，与获批的传统典型药物相比，临床试验范围更少，更小或时间更短，这意味着关于罕见或延迟的不良反应的信息较少。临床效益的不确定性是否被验证，以及未发现风险的可能性是药物加速批准的首要原因，这些药物旨在治疗严重疾病，并且可能提供有效疗法的有意义的优势。

1. 严重病症

参照本节"三、加速程序的概念,（一）严重病症"部分。

2. 有效疗法的优势

加速批准规定，药物的加速批准只能提供超过现有疗法的有意义的治疗。FDA 安全与创新法案 901 部分要求 FDA"...... 考虑 ...... 可用性或缺少替代疗法。"

修订后的 506（c）部分说明了当局在管理加速批准程序中的灵活性。例如，与有效疗法相比的替代疗法功效，有不同的作用机制，在疾病环境下增加临床价值，大量患者对新疗法有不同的反应。本节"三、加速程序的概念,（三）未满足医疗需求"部分讨论未满足的医疗需求，在提供的例子的情况下，一种药物可以提供有效疗法的有意义的优势，包括有时候也许不能证明直接的功效或安全性优势。本节"三、加速程序的概念,（二）有效治疗"部分介绍了组成有效疗法的部分，确定一种药物是否提供了有意义的优势。

3. 证明终点能合理地预测临床效益的影响

下文"（二）加速批准终点"部分讨论了这些终点。确定一个终点是否能合理地预测临床效益的基础，在下文"（三）加速批准证据的标准"部分讨论。

（二）加速批准终点

终点的两种类型可以作为加速批准的基础：①替代终点可以合理地预测临床效益；②临床终点可以早于不可逆转的死亡率或发病率测量，可以合理地预测不可逆转的死亡率、发病率或其他临床效益的效果（也可参照下文"（四）加速批准的条件,2.确证实验"部分）。基于本指南的目的，这些类型的终点分别指替代终点和中间临床终点。

临床终点是直接测量药物疗效的一个特征或变量——对患者的感受（如症状缓解）、作用（提高流动性）或幸存的影响。

临床效益是一个积极的治疗效果，对特定的疾病有临床意义。临床效益必须权衡治疗的风险,以确定对患者是否有全面的效益（即一个积极的效益风险简介）。

1. 替代终点

基于加速批准的目的，替代终点是一个标志物，如实验室测量、X射线影像、体征或其他测量，可以用来预测临床效益，但它本身不适用于临床效益测量。根据证据支持标志物能力的强度来预测临床效益，标志物可以作为替代终点预测临床效益（经验证的替代终点可以用于传统批准），替代终点很有可能合理地预测药物的临床效益（也因此可以用于加速批准的依据），标志物的证据不足以支持替代终点（因此不能用于支持传统的上市申请的或加速批准）。

FDA 使用替代终点支持加速批准，其中包括以下方面。

● 血浆中艾滋病毒载量的长期抑制显示，减少艾滋病的发病率和死亡率作为传统批准的依据。病毒载量的短期抑制在过去作为替代，支持加速批准，因为它很有可能合理地预测死亡率或发病率的影响。在一些情况下，显示病毒载量短期抑制的数据可以支持完全批准。

● 血液细菌清除率通过实验室测量血液中的细菌，被视为可以合理地预测临床感染程度。

● 6个月随访治疗的结果很有可能合理地预测肺结核的感染程度。

● 减少患者体内的铁储备，地中海贫血造成的铁过量很可能合理地预测体内铁过量造成的输血相关的不良反应。

● 某些类型的癌症中，肿瘤缩小的影像学证据（反应率）很有可能合理地预测整体存活率的改进。

2. 中间临床终点

基于加速批准的目的，中间临床终点是治疗效果的一种测量，可以在药物对不可逆转的死亡率或发病率产生影响之前被测量，并且被认为很有可能合理地预测药物对不可逆转的死亡率、发病率或其他临床效益的效果。关键问题是传统批准是否将证明治疗效果作为批准依据。用于治疗严重疾病的产品的批准，是基于临床终点而不是通常在传统批准过程采用的不可逆转的死亡率或发病率。依据这些临床终点的批准将被视为快速批准通道，为了证实所预测的临床效益，必须确定不可逆转的死亡率、发病率或其他临床效益。尽管 FDA 依据中间临床终点加速批准的经验有限，FDA 认为中间临床终点通常用于支持以下情况的加速批准。

●研究表明慢性疾病环境下的相对短期临床效益，评估临床效益的可靠性对于传统批准至关重要，但是短期效益很有可能合理地预测长期效益。

●临床终点表明临床效益很有可能合理地预测疾病环境下不可逆转的死亡率或发病率，有必要确认不可逆转的死亡率或发病率的影响（例如，有效疗法已经确立了不可逆转的死亡率或发病率的影响）。

FDA 使用中间临床终点支持加速批准，其中包括以下方面。

●基于约 13 个月复发率的研究，多发性硬化症疗法被批准，但是作用的持久性尚未确定。根据加速批准，要求申请人继续现有的试验，在销售后 2 年确认观察效果的持久性。

●依据延迟分娩的证据批准治疗早产的疗法。根据加速批准，要求申请人指导上市后的研究，以证明改善长期产后效果。

FDA 将不会授予满足传统批准标准的产品以加速批准。申请人认为依据中间临床终点的加速批准的开发程序，应当与合适的审查部门在药物开发早期讨论他们的开发程序。

（三）加速批准证据的标准

被授予加速批准的药物必须满足安全性和有效性的法规标准，与传统批准的标准相同。对于有效性，其标准是基于充分和良好对照的临床调查的实质性证据。对于安全性，标准是有充分的信息去确定药物是否安全，根据标签上提出的条件、建议或意见来判断。根据加速批准，FDA 可以依靠特殊的证据，比如药物对替代终点的影响，作为批准的基础。FDA 仔细评估这些证据，以确保任何有关临床效益替代影响的关系，能够通过附加的批准后研究或试验解决。加速批准的申请应当包含有可能合理地预测药物临床效益的替代终点或中间临床终点的证据。

确定一个终点是否有可能合理地预测临床效益是判断的问题，取决于疾病、终点、预期效果之间关系的生物合理性，并且有经验证据来支持这种关系。经验证据包括"流行病学、病理生理学、治疗学、药理学或其他使用生物标志物开发的证据，比如其他科学方法或工具。"然而仅仅有药理活性的证据是不够的，应当提供临床数据以支持替代终点或中间临床终点效果与临床效果之间的关系是合理的。

在判断药物对给定终点的影响是否有可能合理地预测临床效益时，FDA 会考虑所有相关证据，有需要的话可以咨询外部专家。本指南提供了一些重要因素的概述，识别和评估替代终点或中间临床终点的预期潜力。然而本指南不能处理支持这样一个结论的具体的临床证据，特定的替代终点或中间临床终点很有可能合理地预测临床效益或不可逆转的死亡率或发病率，因为这些证据是特定的病历，不可一概而论。

1. 对病程的理解
替代终点经常被用于以下的测量，例如：

●疾病的潜在原因（例如，高尿酸和痛风，高血压和高血压性心脏病，低甲状腺素和甲状腺功能减退，氨水平高和高血氨症）；

●预测最终结果的影响（例如，肿瘤收缩可能推迟症状的发展，改善生存，利尿有望改善心力衰竭的症状，血清肌酐和肾小球滤过率（如果不是短暂或可逆的）的影响可以作为替代预测慢性肾脏疾病的影响和延缓晚期肾病的发生）；

●病理生理途径导致临床结果（例如，低水平的生物标志物增加了丢失的酶或凝血因子的替代品）。

在这些情况下，疾病的病理生理学的解释程度对于确定一个终点是否有可能合理地预测临床效益是一个重要的因素。如果疾病过程很复杂，有多种病理生理学或因果关系很难解释，这对于确定替代终点的影响可以代表有意义的影响也许很困难。比如，对于一些较易解释的酶的缺陷，取代缺失的酶可以预测临床效益。相比之下，其他酶缺陷可能涉及不能很好地解释病理生理学或因果关系，酶替代以血液水平来衡量，而不是组织的水平，否则不能合理地预测病程或治疗结果。

已经确立的一些影响，疾病相关的生物标志物也许有一点或没有能力预测临床效益，或者说它们预测临床效益的能力取决于疾病或干预。例如，患者发热引起的一种传染性疾病，服用非甾体类抗炎药后患者体温下降，不能预测药物对疾病的影响。然而，患者体温下降也许是抗生素对疾病的影响。类似地，在前列腺癌中，前列腺特异性抗原水平上升可能是肿瘤负荷的结果。因此，前列腺特异性抗原可能与前列腺癌的进展和死亡风险有关。然而，前列腺特异性抗原增加和疾病进程、发病率之间的关系不一致。因此，药物降低前列腺特异性抗原水平的能力不能用于预测药物的临床效益。

2. 理解药效与病程之间的关系

众所周知，药物对替代终点的影响程度可以预测疾病的效果，因为其效果对因果关系或临床结果是至关重要的。有时候这种关系可以通过流行病学来评估，这是最有说服力的，通过了解药物对替代终点的影响也会影响临床结果。因此，各种药物引起血压降低一再表明，可以降低高血压人群中风和心血管疾病的发病率。类似地，杀死引起感染的细菌或病毒以治疗感染性疾病，肿瘤在一段时间内持续萎缩可以改善癌症患者的生存。这些替代终点的反应由此对病程有积极的影响。

考虑识别和评估替代终点的因素，包括以下几点。

● 可靠的和一致的流行病学证据是否支持终点和预期临床效益的关系。

● 如何准确地定义终点和临床结果直接的流行病学关系。例如，终点的异常程度对应于临床结果的好坏，如血压和低密度脂蛋白胆固醇（异常性与临床结果的相关性越强，影响终点的基础越强，越能够合理地定义对临床结果的影响）。

● 替代终点的影响是否能预测其他药物的临床效益。如果药物是同种类型或药理性质密切相关的类型，这个因素通常更有说服力。尤其是罕见疾病，文献中的信息可能有限，缺少深入的流行病学或历史数据，很少或没有经验用其他药物来解释替代终点或中间临床终点。FDA 可以咨询外部专家有关替代终点和中间临床终点的问题，对于特定疾病缺少历史数据。

（四）加速批准的条件

1. 宣传材料

除非当局另有通知，申请人必须向当局提交预审期间所有宣传材料的副本，包括促销标签以及广告，在批准销售的 120 日内用于传播或出版。批准销售后 120 日，除非当局另有通知，申请者必须在标签初始传播或广告最初出版的计划时间之前至少 30 日，提交宣传材料。

2. 确证试验

对于授予加速批准的药物，要求上市后进行确证试验并描述对于不可逆转的死亡率、发病率或其他临床效益的预期影响。这些试验必须严格评估完成。

FDA 已经解释了严格评估完成的要求意味着上市后的试验旨在验证临床效益，必须尽可能地及时促进临床效益是否被验证。上市后试验的方案应尽可能早地开展，并且确定试验的期限；比如，应当规定登记和试验完成的时间。FDA 和申请人之间应对确证试验的设计和指导达成一致。

如果一个产品在开发期间很明显是在替代终点或中间临床终点的基础上被加速批准，应在提交上市申请时进行确证试验。如果在上市申请提交前后还不清楚，替代终点或中间临床终点将成为加速批准的建议依据，在批准之前应当对这些试验的设计和指导达成一致。

一般情况下，确证试验会评估直接衡量临床效益的临床终点。例如，确证试验的人群通常与支持加速批准的研究中的疾病人群相同。然而在一些情况下，加速批准带来的药物商业可用性，可能使其难以招收相同疾病人群的患者。在这样的情况下，确证试验可以指导不同但相关的人群以验证预期的临床效益。这在肿瘤学领域是很常见的，晚期疾病的药物加速批准后，确证试验指导相同癌症的早期阶段。

也有例子表明，相同替代终点的额外评价（更长的持续时间）被用于支持相同人群的加速批准（而不是一个临床终点），可以作为临床效益的强有力证据。例如,治疗艾滋病时,相对较短时间(24周)的病毒载体的影响很有可能合理地预测支持加速批准的临床效益。较长的（1年）病毒载体抑制的影响对于终身治疗环境下持久的临床效益更有说服力。

用试验的后期效果以验证先前支持加速批准的相同试验的效果，相同的临床试验可以用于支持加速批准和验证、描述临床效益。在这样的情况下，方案和数据分析计划应当清楚地解释替代终点数据的分析，以支持加速批准，随机试验以获得临床终点的数据，作为验证临床效益的依据。当使用相同的试验支持加速批准和验证临床效益时，在某些情况下，验证临床效益的数据在加速批准时基本完成。

3. 撤回加速批准

FDA 可以撤回药物批准或加速批准下的指示，例如：

●要求试验验证产品的预期临床效益，而这种产品不能验证这样的效益；

●其他证据表明，使用条件下产品不能显示安全性或有效性；

● 申请者不能指导药物进行调查批准后试验；

● 申请者传播错误的或误导的相关产品宣传材料。

如果试验不能验证临床效益或没有表明充分的临床效益以调整药物相关（例如，显示一个非常小或效益持续时间短于预期观察到的替代终点的效果）的风险，药物的批准可以撤回。

如果 FDA 认为有理由撤回，当局可以要求申请者在 §314.150（d）下撤回批准，或通知申请者，FDA 建议撤销批准听证机会通知。听证机会通知通常规定了批准撤回的建议理由。收到听证机会通知后，申请人在 15 日内提交一份听证会的书面请求。如果申请人在 15 日内没有提交请求，就放弃了听证机会。申请人也可以要求当局撤回加速批准的申请。

八、优先审评

如果药物治疗严重疾病，药物申请将收到优先审评，批准之后会提供安全性或有效性的重大改进。此外，本节"四、加速程序的概述"中特定的法律规定了各种类型优先审评的申请。优先审评旨在管理评估这些申请的全部注意事项和资源。本部分介绍了优先审评的资格标准和特征。原指南附录 1 介绍了优先审评的过程。

（一）优先审评的资格标准

1. 严重病症
参照本节"三、加速程序的概念，（一）严重病症"部分。

2. 成为显著改善安全性或有效性的潜力

在具体分析的基础上，FDA 建议确定药物的新药申请、生物制剂许可申请或功效补充文件是否对治疗、预防或诊断严重病症的安全性或有效性有显著改善。显著改善如以下例子所示。

● 治疗、预防或诊断病症有效性改善的证据；

● 消除或大幅削减限制治疗的不良反应；

● 患者依从性增强的记录，预计将改善严重的结果；

● 新亚种群安全性和有效性的证据。

尽管这些证据来自于上市产品和研究性药物的临床试验的比较，优先审评可以依据其他科学有效的信息。一般而言，如果有有效疗法（参照本节"三、加速程序的概念，（二）有效治疗"部分），申请人应当比较临床试验中有效疗法的研究性药物，试图证明有关安全性或有效性的优势。另外，申请人可以显示药物有效治疗不耐受患者或无效应患者的能力，有效疗法或说明药物可以与其他临床药剂有效共同使用，而不能与有效疗法结合。尽管这些通常基于随机试验，不过其他类型的对照也有说服力，比如历史对照。

（二）优先审评的特征

优先审评意味着 FDA 的目标是在接受上市申请的 6 个月内采取措施（标准审查要求 10 个月内）。《处方药申报者付费法案》申请者的审查期在第四章的 FDA 计划中进行介绍。

九、总则

与当局的交流是加速程序的重要方面。FDA 将尽力向申请人有关加速开发程序的调查提供及时的反应。申请人及时回应 FDA 的调查也同样关键。这适用于正式会议和相关调查，书面资料和其他相互交流。除多种类型的正式会议和当局提供给申请人的信件外，本部分也强调了申请人对加速程序的其他注意事项。

（一）生产和产品质量方面的注意事项

产品申请人接受药物加速开发需要继续更快速的生产发展计划，以适应临床计划的加速步伐。申请人的产品质量和 CMC 小组应当在早期与 FDA 开始沟通，以确保生产开发计划和提交的时间满足当局对许可或上市申请的期望。

当申请人接受药物加速开发时，他们应当准备一个商业生产计划建议，确保批准时产品的优质性。这个建议应当估计市场需求和商业生产发展计划，还应考虑生产设备和工艺验证的生命周期。此外，建议要包括制造能力开发的时间线，以临床发展计划为目标。在初期讨论接下来的目标中，在开发期间频繁交流通常会促使生产开发目标和产品质量目标的达成。

这些产品的申请人应当允许提前提交 CMC 部分以及时审查，重要的是为了审查活动。与申请人和合同制造商协调是非常必要的，确保生产设施和设备准备好接受申请的临床部分审查期间的检查。在提交之前，与 FDA 产品质量审查小组的全面会议促进了加速程序指定的产品质量评估。

尽管申请人必须确保批准时优质产品的有效性，FDA 可以行使一些类型的灵活性，如生产信息预计提交的时间和某些成分的审批（例如，稳定性的更新、验证策略及检验计划及扩大生产）。灵活性水平在考虑以下具体案例的基础上决定：①产品特征；②疾病和医疗需求的严重程度；③生产过程；④申请人质量系统的稳健性；⑤申请人基于风险的质量评估能力。FDA 考虑申请人对于上市后综合计划的提议，考虑计划元素适当作为上市后的承诺或要求。例如，FDA 将考虑临床表现的影响，比如安全性和免疫原性。申请人应当满足当局，在新药申请或生物制剂许可申请会议之前尽可能快地讨论提议的计划。

（二）非临床注意事项

为了确保及时提交和审查非临床数据，申请人应当提早开始与 FDA 沟通他们的非临床研究计划。如研究方案调整，研究的顺序和时间安排，以及特定研究的需求（例如，长期毒性）等注意事项，对于药物加速开发非常重要。FDA 将向申请人提供适当和及时的非临床数据开发指南，支持上市批准或许可的申请。

（三）临床检查注意事项

申请人应当预测当局检查临床试验的需要，如果适用的话包括生物利用度或生物等效性研究的分析成分。在申请审查过程的早期，申请人应准备应对当局计划性检查，检查结果可用于通知审查部门，使申请人有时间解决重要的检查发现。选择临床检查的网站，对审查者很重要的是及时获得充分和准确的生物制剂许可申请，新药申请或补充提交的数据。申请人应提早开始与 FDA 沟通检查计划和指导的要求信息。

（四）伴随式诊断

利用本指南描述的一种或多种加速程序的开发计划，可能涉及到一种体外伴随式诊断装置。申请人使用其中一种产品的加速程序应咨询 FDA 关于这一问题的指南。

第五节 | 上市前申请和生物制品器械许可申请的申报者付费和退款

User Fees and Refunds for Premarket Approval Applications and Device Biologics License Applications

一、简介

提交上市前审查期间，FDA 和行业的行动会影响审查时间。2012年的《医疗器械申报者付费法案》(MDUFA III)、《联邦食品药品和化妆品法案》授权 FDA 收集审查在 2012 年 10 月 1 日收到的某些上市前提交的申报者付费，包括上市前申请和某些生物制品许可申请。从申报者费用获得的额外资金将使 FDA 及其合作的行业，改善医疗器械审查的过程以符合某些绩效目标，以及改善医疗器械审查过程的实施。

本指南文件的目的是指出：①上市前申请和生物制品许可申请受到器械申报者费用的管制；②例外的申报者费用；③可能导致已支付的申报者费用退款的行为。本文件包含《医疗器械申报者付费法案》改善过程的影响。

二、需交申报者付费的上市前申请类型

按照 FDA 安全与创新法案修订的 FD&C 法案，以下几种类型的
上市前申请需交申报者费用：

- 初始的上市前申请；
- 模块化的上市前申请；
- 上市前报告；
- 上市前申请的许可协议；
- 小组跟踪补充；
- 180 日的补充；
- 实时补充；
- 30 日的条款；
- 定期报告。

（一）初始的上市前申请

初始的上市前申请要求所有元素根据 21 CFR 814.20 同时间提交
单独申请。对于 2002 年 10 月 1 日或者之后提交的初始上市前申
请，FDA 将在提交的同时评估申报者付费（例如，2013 财政年
度 $248 000）。

（二）模块化的上市前申请

模块化的上市前申请是部分或"模块"的汇编，在不同时间提交，
共同构成完整的申请。2002 年 10 月 1 日或之后提交的模块化上
市前申请，FDA 将在第一个模块提交时评估申报者付费。

（三）上市前报告

上市前报告是第三类再加工单一用途器械的上市申请，否则就需

要上市前申请。上市前报告必须包括有关清洁、灭菌和再加工器械的性能的验证数据，以确保本质上相当于合法的上市器械。对于 2002 年 10 月 1 日或之后的上市前报告，FDA 将在提交时评估申报者费用对初始上市前申请的影响。

（四）上市前申请的许可协议

涉及上市前申请的许可协议涉及一位申请人（以下简称许可方）与另一方（以下简称被许可方）的许可协议，规定一方同意参考上市前申请的数据。被许可方向 FDA 提交许可同意后，可以请求 FDA 批准自己的器械参考许可方器械的所有信息作为批准基础。一旦收到 FDA 的批准，被许可方承担报告的所有责任，包括与许可方相同的制造和销售。此外，批准许可协议后，被许可方可以选择改变他们的产品。至于所有上市前申请人，可能要求提交上市前申请补充。

根据 FD&C 法案申报者付费的规定，基于许可协议和原始数据的上市前申请的费用金额没有差别。因此，基于许可协议与原始数据提交的初始上市前申请及其补充申请费用相同。类似地，某些被许可方的上市前批准补充申请需交的申报者费用与许可方的上市前批准补充申请需交的申报者费用相同。

（五）小组跟踪补充

根据 FD&C 法案 737（4）（B）部分，"小组跟踪补充"定义为："根据 515 部分，请求器械的设计或性能的重大变更，器械用于新适应证，并且实质性临床数据需要提供安全性和有效性的合理保证的已批准的上市前申请或上市前报告的补充。"

对于 2002 年 10 月 1 日或之后提交的小组跟踪补充，FDA 将在提交时评估申报者费用（如 2013 财政年度，$186 000）。

（六）180 日的补充

FD&C 法案 737（4）（C）部分将"180 日的补充"定义为："根据 515 部分，不是小组跟踪补充的上市前申请或上市前报告的批准，要求成分、物料、设计、说明书、软件、色素添加剂或标签的重大改变。"

对于 2002 年 10 月 1 日或之后提交的 180 日的补充，FDA 将在提交时评估申报者费用（如 2013 财政年度，$37 200）。

（七）实时补充

FD&C 法案 737（4）（D）部分将"实时补充"定义为："根据 515 部分，申请人请求的上市前申请或上市前报告的器械的微小变化，比如器械的设计、软件、灭菌或标签的微小变化，当局允许召开会议或相似的论坛，共同审查和确定补充的状态。"

对于 2002 年 10 月 1 日或之后提交的实时补充，FDA 将在提交时评估申报者费用（如 2013 财政年度，$17 360）。

（八）30 日的条款

FD&C 法案 737（5）部分将"30 日的条款"定义为："根据 515（d）（6）部分的条款，要求对影响器械的安全性和有效性的生产过程或方法作出调整。"

对于 2007 年 10 月 1 日或之后收到的 30 日的条款，FDA 将在提交时评估申报者费用（如 2013 财政年度，$3 968）。如果 30 日的条款转换为 135 日的补充，30 日的条款的申报者费用将被退回。

（九）定期报告

根据 FDA 修正法案的规定，上市前申请受"有关三类器械的定期报告的年度费用"管制。FDA 将在提交时评估申报者费用（如 2013 财政年度，$8 680）。上市前申请已批准的器械随后被重新分类至二类或撤销不受上市前申请法规的管制，因此将不能评估定期报告的申报者费用。尽管 FDA 允许一些申请人的定期报告一起提交，要求定期报告标出每个上市前申请的年度费用。

三、需交器械申报者费用生物制品许可申请的类型

根据 FDA 安全与创新法案修订的《联邦食品药品和化妆品法案》，以下器械的申请根据《公共健康服务法》351 部分付费。

● 初始的生物制品许可申请,包含在 FD&C 法案 737（1）部分"上市前申请"的申报者付费定义中。

● 生物制品许可申请的功效补充，在 737（4）（E）部分中以申报者费用为目的定义。

根据 738（a）（2）（A）（i），（vii）部分，这些申请都评估了在实际申请的时候，申报者付费适用于上市前申请（例如，2013 财政年度 $248,000）。

（一）初始生物制品许可申请

初始的生物制品许可申请要求所有元素根据 21 CFR 610.2 同时间提交单独申请。

（二）生物制品许可申请功效补充

根据法案 737（4）（E）部分，将"功效补充"定义为"根据《公共健康服务法》351 部分对经批准的上市前申请进行补充，要求实质性的临床数据。"

四、申报者费用的例外

根据 FD&C 法案申报者付费的规定，任何为儿科群体提交的上市前申请或生物制品许可申请可豁免申报者费用。可能存在这样的情况，通过对器械和意向人群的审核，FDA 确定申请符合豁免，尽管申请人没有请求豁免，FDA 确定儿科的申请资格例外。在这样的情况下，FDA 会退回申报者费用。然而，如果儿科用的初始或模块化的上市前申请批准或生物制品许可申请批准之后，申请人提出成年人群使用的条件，需要在实际提交的时候补充传统的上市前申请或生物制品许可申请的完整申报者费用。

符合条件的小型企业首次提交初始的上市前申请或生物制品许可申请也被授予一次性免除申报者费用的资格。在最近一年的纳税中，企业（及其附属公司）的收入或销售总额不得多于 3000 万美元。此外，为了进一步只免除制造商的申报者费用，应根据《公共健康服务法》351 部分提交生物制品许可申请。

FD&C 法案也允许免除州或联邦政府机构提交"不涉及商业销售的器械"上市前申请或生物制品许可申请的申报者费用。当法律允许后，FDA 不希望许多 PMA 或 BLA 在此种情况下提交。

五、申报者支付费用

如下所示，有三种方法提交申报者费用。确保在支票、银行汇票或美国邮政汇票上包括支付识别号码（以 MD 开头）以及 FDA 邮政信箱。支付还应包括打印的申报者费用封面页(FDA 3601 表格，可以通过 FDA 申报者费用系统 http : //userfees.fda.gov/OA_HTML/fdaCAcdLogin.jsp）获取。

1. 首选方法

信用卡或电子支票。FDA 与美国财政部合作使用 www.pay.gov. 网站支付系统，用于在线电子支付。您可以在提交封面页后通过电子支票或信用卡支付。在线支付可以选择"现在支付"按钮。封面页的信用卡交易限制在 $5 000。

2. 支票

所有纸质支票必须是美国银行的货币并可向 FDA 支付。请在完整的医疗器械申报者费用封面页右上角写上您专属的支付识别号码，并邮寄到以下列出的适当地址。没有封面页的支付识别号码，FDA 将不能正确处理您的付款。

通过邮寄支票支付：
美国食品药品监督管理局
邮政信箱 956733
圣路易斯卫生官员 63195–6733
注意：不要将支票与申请一同提交。

通过快递服务交付款项：
美国银行

收件人：政府保管箱 956733

1005 会展广场

圣路易斯卫生官员 63101

注意：本地址仅适用于快递交付。如果您有关于快递的任何问题，请通过（314）418-4013 联系美国银行。

3. 电汇

电汇时在电报中写上完整的医疗器械申报者费用封面页右上角专属的支付识别号码。没有支付识别号码的支付不能与您的封面页相关联，申请的审查将会被推迟。

发起金融机构可以收取电汇手续费。请向金融机构询问您相关的费用及付款，以确保您的封面页已完全支付。

电汇信息：

纽约联邦储备银行

美国财政部

纽约自由大街 33 号

NY10045

FDA 存款账号：75060099

美国财政部汇款路径号码：021030004

SWIFT 代码：FRNYUS33

收款人：

FDA

Piccard Drive

马里兰州罗克维尔市 20850

六、申报者费用的退款

申报者费用的退款处理如下所述。

（一）不满足上市前申请的电子副本标准

如果 FDA 没有收到电子副本，或收到不满足技术标准的电子副本，遗漏或失败的原因将会被传达给申请人，帮助他们建立一份有效替代电子副本的书面。如果 180 日内没有收到有效的电子副本通知，我们的系统中将会取消这份提交，FDA 将退回支付的费用。

（二）未满足上市前申请的可接受标准

如果行政复议之后，FDA 确定所需的元素没有在上市前申请里出现，申请人将在 15 日内被书面通知提交是不完整的，不被接受。如果申请人决定不提供缺少的信息，他们可以发送一封信撤回提交，并要求退回支付的费用。

（三）申请人在提交文件之前要求撤回原始的上市前申请或小组跟踪补充

如果申请人要求在申请之前撤回原始的上市前申请或小组跟踪补充，我们将退回申报者费用的 75%。

（四）原始的上市前申请或小组跟踪补充不满足文件标准

如果 FDA 发布了原始上市前申请或小组跟踪补充的未备案的信，申请人可以要求退回已支付费用的 75%。当申请人修改上市前申请以回应未备案的信，FDA 将在实际提交的时候要求完整的申报者费用。关于其他信息请参阅 2012 年 12 月 31 日发布的"行业和 FDA 工作人员指南——上市前申请的验收和文件审查"。

（五）申请人要求撤回原始的上市前申请或小组跟踪补充，但 FDA 还未采取行动

如果申请人在向 FDA 申请后，第一次撤回上市前申请或小组跟踪补充，FDA 决定退回费用。第一次行动可能是发布一封主要缺陷信、不经批准的信、经批准的信、批准的指令或撤回的信。

FDA 将根据 FD&C 法案的要求，以申请后第一次行动前发布的"已经花费在审查上的努力程度"为基础退款。FDA 认为在多数情况下，我们的努力程度可以通过审查时申请的天数适当评估。这种方法使 FDA 更高效地计算和处理退款，比我们想要在具体案例的基础上评估因素要更有效率，比如审查小组每位成员花费在审查上的时间，以及审查期间检验科学、医疗、技术和监管问题的重要性和复杂性。

鉴于这些理由，FDA 打算通过引用下列关于原始上市前申请或小组跟踪补充的指导方针进行退款。

● 在申请决定的日期至 90 日提出撤销的，将退回 50% 的申报者费用；

● 在 91 日至 135 日提出撤销的，将退回 25% 的申报者费用；

● 在 135 日后提出撤销的，不退回申报者费用。

然而 FDA 认为在特殊的情况下，审查时申请的天数不能有一个完整的体现。在这样的情况下，FDA 可以在审查时考虑天数以外的其他因素。

尽管您可以要求 FDA 重新考虑关于申报者费用退款的决定，对于在申请之后第一次行动之前撤回申请"由部长全权处理退款或部分费用"。部长作出的有关退款决定是不可以审查的。

（六）FDA 对原始上市前申请或小组跟踪补充采取第一次行动

根据《联邦食品药品和化妆品法案》，如果申请人要求在 FDA 采取第一次行动后任何时间撤回原始上市前申请或小组跟踪补充，FDA 将不会退回申报者费用的任何部分。

（七）模块化的上市前申请

对于模块化的上市前申请，法规要求申请人在提交第一模块时支付原始上市前申请的全部费用。尽管没有完成申请审查单独的模块，也可以采取行动。模块化行动包括接受通知或补正通知。

接收到最后一个模块时，模块化的上市前申请转换为原始上市前申请的审查通道。在那个时候，上市前申请的审查正式开始。

2002 年 10 月 1 日至 2007 年 9 月 30 日收到的第一模块的模块化上市前申请的申报者费用退款将以如下方式处理：

● 在 FDA 申请决定之前撤回，将退回 75% 的申报者费用；

● 在申请决定之后，第一次行动之前撤回，FDA 将根据上述"（五）"部分的指导方针进行；

● 申请决定和第一次行动之后撤回，将不进行退款。

2007 年 10 月 1 日之后收到的第一模块的模块化上市前申请的申报者费用退款将以如下方式处理。

● 在提交第二模块和第一模块首次行动之前撤回，退回 75% 的申报者费用；

● 在第二次或后续模块提交之后，采取任何行动之前撤回，如果有退款的话，将依据"已经花费在提交模块审查上的努力程度"，在这种情况下，FDA 打算通过以下指导方针进行退款：

第二次模块之后，任何第一次行动之前，退回 50% 的申报者费用；

第三次模块之后，任何第一次行动之前，退回 25% 的申报者费用；

第四次或后续模块之后，不退回申报者费用。

（八）上市前报告

对于上市前报告，FDA 将根据"三"至"六"中原始上市前申请中，对相同申报者费用退款的规定。

（九）上市前申请的许可协议

上市前申请的许可协议被认为是收到后提出的。申请人提交上市前申请的许可协议的情况下，包括新的生产过程或设施，要求在 FDA 采取第一次行动之前撤回，我们打算采用上述（参照"（五）"部分）原始上市前申请讨论的退款政策。然而，如果上市前申请的许可协议包含 21 CFR 814.20 要求的所有授权引用的信息，包括相同的制造程序和设施，申请人要求在首次行动（通常是经批准的指令）之前撤回，FDA 计划退回所有申报者费用。

（十）180 日的补充

对于 180 日的补充，FDA 考虑在收到时即将申请文件化。这些类型的补充申请的费用远少于原始上市前申请的费用，且通常情况下审查在短时间内进行。因此，根据《联邦食品药品和化妆品法案》738（a）（2）（D）（iii）部分中 FDA 当局的要求依据消耗的工作量进行退款，FDA 不打算在提出之后退回该补充类型的申报者的任何费用。

（十一）实时补充

对于实时补充，FDA 将遵循上述 180 日的补充申请中相同的申报者费用退款的规定。

（十二）30 日的条款

对于 30 日的条款，FDA 将遵循上述 180 日的补充申请中相同的申报者费用退款的规定。

（十三）定期报告

FDA 不打算退回定期报告的任何年度费用。

（十四）不符合电子副本标准的生物制品许可申请

如果 FDA 没有收到电子副本，或收到不满足技术标准的电子副本，遗漏或失败的原因将会被传达给申请人，帮助他们建立一份有效替代电子副本的书面文本。如果 180 日内没有收到有效的电子副本通知，我们的系统中将会除去这份提交，FDA 将退回支付的费用。

（十五）申请人要求在申请之前撤回原始的生物制品许可申请或小组跟踪补充

如果申请人要求在 FDA 作出申请决定之前撤回原始的生物制剂许可申请或小组跟踪补充，我们将退回申报者费用的 75%。

（十六）文件化不满足原始的生物制品许可申请或效用补充

如果 FDA 发布了拒绝原始生物制品许可申请或效用补充备案的信，申请人可以要求退回已支付费用的 75%。当申请人改进生物制品许可申请以回应拒绝备案的信，FDA 要求在重新提交时提供全部的申报者费用。

（十七）申请人要求撤回原始的生物制品许可申请或效用补充，但 FDA 还未采取行动

如果申请人在 FDA 申请决定后，采取第一次行动前撤回生物制品许可申请或效用补充，FDA 决定退回费用。第一次行动意味着在提出完整申请后的审查，发布完整的行动通知。

FDA 将根据 FD&C 法案的要求，以"已经花费在审查上的努力程度"为基础，在申请后第一次行动前进行退款。FDA 认为在多数情况下，我们审查时的申请天数可以适当评估努力程度。这种方法使 FDA 更高效地计算和处理退款，比我们想要在具体案例的基础上评估因素要更有效率，比如审查小组每位成员花费在审查上的时间，以及审查期间检验科学、医疗、技术和监管问题的重要性和复杂性。

鉴于这些理由，FDA 打算通过引用下列关于原始生物制品许可申请或小组跟踪补充的指导方针进行退款。

● 在申请决定的日期至 152 日撤销，将退回 50% 的申报者费用；

● 在 152 日至 228 日撤销，将退回 25% 的申报者费用；

● 在 228 日后撤销，不退回申报者费用。

然而 FDA 认为在特殊的情况下，审查时申请的天数不能有一个完整的体现。在这样的情况下，FDA 可以在审查时考虑天数以外的其他因素。

尽管您可以要求 FDA 重新考虑关于申报者费用退款的决定，在申请之后第一次行动之前撤回申请"由部长全权处理退款或部分费用"，部长作出有关退款的决定不可以复审。

（十八）FDA 对原始上市前申请或效用补充申请采取 第一次行动

根据《联邦食品药品和化妆品法案》，如果申请人要求在 FDA 采取第一次行动后任何时间撤回原始生物制品申请或效用补充申请，无论在什么时候采取行动，FDA 都不会退回申报者费用的任何部分。

七、如何申请申报者费用退款

申请退款时，申请人必须向 FDA 正确的中心在费用到期之后 180 日内按以下地址提交书面请求。

器械与放射卫生中心监管的产品：

美国食品药品监督管理局

器械与放射卫生中心

上市前申请文件邮件中心 –WO66‐G609

新罕布什尔州大道 10903 号

马里兰州银泉 20993 号

生物制品审评与研究中心监管的产品：

美国食品药品监督管理局

文件控制中心，HFM–99

生物制品审评与研究中心

食品药品监督管理局

罗克维尔大道 1401 号，200 室

马里兰州罗克维尔市 20852–1448

第六节 | 上市前通知提交的申报者费用和退款（510（k）s）

User Fees and Refunds for Premarket Notification Submissions（510（k）s）

一、简介

提交上市前通知审查期间，FDA 和行业的行动都会影响审查时间。2012 年的《医疗器械申报者付费法案》（MDUFA III）修订了 FD&C 法案，授权 FDA 收取从 2012 年 10 月 1 日起收到的某些上市前提交审查的申报者费用，包括上市前通知提交的费用（510（k）s）。从申报者费用获得的额外资金将使 FDA 在行业的合作下，改善医疗器械审查的过程以符合某些绩效目标，以及改善医疗器械审查过程的实施。

本指南文件的目的是识别：①需要申报者费用的 510（k）s 类型；②申报者费用的例外；③可能导致已支付的申报者费用退款的行为。本文件包含医疗器械申报者付费法案改善过程的影响。

二、常见问答

1. 是否所有 510（k）s 都需交申报者费用

《联邦食品药品和化妆品法案》（21 U.S.C. 379j（a）（2）（A）（viii）738（a）（2）（A）（viii）部分,要求对提交给 FDA 的任一 510（k）（传统、简短或特别的）支付申报者费用，但若您符合以下列出的例外情况，则不需要支付 510（k）的申报者费用。

●通过 FDA 认证的第三方已审查您的提交资料，并向 FDA 提交第三方关于器械是否实质上等同于合法上市等价器械的建议；参照《联邦食品药品和化妆品法案》738（a）（2）（B）（iv）部分；

●您提交的是仅用于儿童人群的器械；参照《联邦食品药品和化妆品法案》738（a）（2）（B）（v）（I）部分；

●您是州或联邦政府的企业，您的器械不用于商业流通;参照《联邦食品药品和化妆品法案》738（a）（2）（B）（iii）部分；

参照原指南附录 1 中 510（k）需交申报者费用的总结（表 1）。

2. 如何支付申报者费用

如下所示，有三种方法提交申报者费用。确保在支票、银行汇票或美国邮政汇票中包括支付识别号码（PIN 码，以 MD 开头）以及 FDA 邮政信箱。还应包括打印的申报者费用封面页（FDA 3601 表格，可以通过 FDA 申报者费用系统 http：//userfees.fda.gov/OA_HTML/fdaCAcdLogin.jsp 获取）。

（1）首选方法　信用卡或电子支票（ACH）：FDA 与美国财政部

合作使用 www.pay.gov 网站支付系统，用于在线电子支付。您可以在提交封面页后通过电子支票或信用卡支付。在线支付可以选择"现在支付"按钮。封面页中信用卡交易限制在 $5 000。

（2）支票　所有纸质支票必须是美国银行的货币并可向 FDA 支付。请在完整的医疗器械申报者费用封面页右上角写上您专属的支付识别号码，并邮寄到以下列出的适当地址。没有封面页的支付识别号码，FDA 将不能正确处理您的付款。

通过邮寄支票支付：

美国食品药品监督管理局
邮政信箱 956733
圣路易斯卫生官员 63195–6733
注意：不要将支票与申请一同提交。

通过快递服务交付款项：

美国银行
收件人：政府保管箱 956733
1005 会展广场
圣路易斯卫生官员 63101

注意：本地址仅适用于快递交付。如果您有关于快递的任何问题，请通过（314）418–4013 联系美国银行。

（3）电汇　电汇时在电报中写上完整的医疗器械申报者费用封面页右上角专属的支付识别号码。没有支付识别号码的支付不能与您的封面页相关联，申请的审查将会被推迟。

发起金融机构可以收取电汇手续费。请向金融机构询问您相关的费用及付款，以确保您的封面页已完全支付。

电汇信息：

纽约联邦储备银行
美国财政部
纽约自由大街 33 号
NY10045
FDA 存款账号：75060099
美国财政部汇款路径号码：021030004
SWIFT 代码：FRNYUS33

收款人：

FDA
Piccard Drive
马里兰州罗克维尔市 20850

3. 如果 FDA 指明器械有资格进行第三方审计，并且我的 510（k）由第三方审查，但 FDA 后来确定器械 没有资格由第三方审查，还需要支付申报者费用吗

不需要。如果 FDA 表明您的器械有资格进行第三方审计，但是在第三方审查过程中确定您的器械不适合第三方审计，您不需要支付申报者费用。FDA 之后确定一个特定器械不适合第三方审计的理由如下。

●器械需要表明实质等同的临床数据；参照法案（21 U.S.C. 360m
（a）（3）（A）（iii））523（a）（3）（A）（iii）部分。

●器械或产品要求FDA多个中心审查（如器械与放射卫生中心和
生物制品审评与研究中心，或器械与放射卫生中心和药品审评与
研究中心）。

4. 如果510（k）由第三方审查，但我的器械没有资格由第三方进行审查，我还需要支付申报者费用吗

需要。如果您使用第三方审查者，对没有资格进行第三方审计的
器械进行审查，这种例外情况不适用，您实际提交时将需要支付
相关的510（k）申报者费用。

满足以下条件的器械有资格进行第三方审计。

● FDA合格器械清单中的器械。

●器械与放射卫生中心员工表明器械满足试点扩张计划的要求。

●管理器械的审查部门指出可以由第三方审查的申请。

5.FDA退回支付的申报者费用的情况

法定的例外情况：由于法定的例外情况（参照上述"1."部分），
如果我们确定您错误地支付了510（k）不要求的费用，FDA将退
回提交时支付的费用。

不能提供电子副本：参照以下"8."部分和附录1（表2）

如果不满足可接受的标准，将撤回提交：参照以下"9."部分和附录1（表2）。

6.FDA 不退回支付的申报者费用的情况

（1）器械可免于提交法案中的 510（k）文件：如果您的器械免于提交 510（k），我们将不会退回支付的费用。您有责任审查有关您的器械分类的法规，并确定您的器械是否符合免于提交 510（k）文件的法规的要求。在提交可能不需要审查的产品 510（k）s 文件之前咨询 FDA 人员，这将会节省 FDA 和产业资源。

（2）不是一个器械：如果您提交了产品的 510（k）文件，FDA 确定它不符合 FD&C 法案 201（h）部分中对器械的定义，或者它的器械组成部分不是复合产品，我们将不会退回您支付的费用。

（3）变更或改变一个器械：FDA 审查所有提交的 510（k），包括合法上市器械的变更，判断是否具有同等性。因此，如果生产商后来发现变更可能不是要求新的 510（k）的类型并希望撤回提交资料，当局并不打算退回申报者费用。FDA 鼓励希望改变合法上市器械的生产商，查阅 1997 年 1 月 10 日发布的指南"决定向现有器械的变更提交 510（k）的时间"。也要注意适用于特定类型器械的指导文件，可以替代上述引用的指导文件。

此外，为了获得有关器械分类或适用于器械类型或产品要求的信息，生产商可以根据法案（21 U.S.C. 360c（g））513（g）部分提交申请。更多提交 513（g）的信息，请参阅 2012 年 4 月 6 日发布的 FDA 指南"513（g）申报者费用的信息要求"。

7. 如果我之前收到实质上不等同于器械的决定，我还需要为新的提交支付吗

需要。如果该类型需要支付费用，任何实质上不等同器械的新的提交根据提交类型需支付相关费用。

根据 2012 年 10 月 15 日发布的 FDA 指南"上市前通知提交（510（k））的 FDA 和行业行动：FDA 审查时间和目标的影响"，如果我们确定您的器械实质上不等同由于以下三个原因之一：

● 根据 21 CFR 807.92（a）（3）定义，没有等价器械；

● 您的器械与之前预测的相比有了一个新用途；

● 您的器械有不同的技术特征，引起不同的安全性和有效性的问题。

您有三个选择。您可以请求自动化Ⅲ级评估（FD&C 法案 513（f）（2）（A）部分（21 U.S.C. 360c（f）（2）（A））的重新分类），提交人道主义器械豁免申请，或上市前申请。重新分类请求和人道主义器械豁免不需支付申报者费用。然而如果您提交了上市前批准，FDA 将在提交上市前批准时实际估计费用。（http：// www.fda.gov/MedicalDevices/DeviceRegulationandGuidance/Overview/ucm310929.htm.）

我们可能依据您提交的性能数据不能表明您的器械与合法上市的器械类型至少同等安全有效的事实确定您的器械在实质上不等同。如果您认为您拥有的其他数据显示您的器械实质上是等同的，您可以提交新的 510（k）。因为 FDA 认为提交新的 510（k），我们会在提交新的 510（k）时实际估计费用。这些信息在附录 1 中进行总结（表 3）。

8. 如果 FDA 认为由于我没有提交电子副本而考虑撤回 510（k），FDA 将退回支付费用吗

将退回。FD&C 法案 745A（b）部分，加上 FDA 安全与创新法案 1136 部分，提供法定权限在最终指南发布后要求电子副本（参照公众法律 112–144 部分）。2012 年 12 月 31 日发布的 FDA 指南"医疗器械提交电子副本的程序"指出，如果 FDA 没有收到电子副本，或收到了由于不符合技术标准而不被接受的电子副本，将会与您书面沟通产生疏漏或失败的原因，帮助您建立电子副本的有效替代。如果在本通知后 180 日内没有收到有效的电子副本，提交将从我们的系统删除，FDA 将退回书面申请后支付的费用。

9. 如果 510（k）提交不符合可接受的标准，FDA 会退回支付的申报者费用吗

会退回。FDA 将根据 2012 年 12 月 31 日发布的 FDA 指南"拒绝接受 510（k）s 的政策"中的详述，对您的提交进行验收检查。如果 FDA 确定您的提交中没有出现要求的元素，将在收到后 15 日内告知您的提交不完整，没有被接受。您可以提交 510（k）的缺失信息，不用提交新的申报者费用。另外，如果您决定不提供缺失的信息，您可以发送一份书面申请撤回提交，请求退回支付的费用。如果您没有在 FDA 拒绝接受的通知后 180 日内对缺失信息进行回复或请求撤回提交获得退款，将考虑撤回提交也不会退款。

10. 如果提交了未仍有未提交信息的 510（k）的其他信息，我需要支付额外的费用吗

不需要。当您提交 FDA 没有作出最终决定的 510（k）的其他信息时，

不需要费用。然而如果您提交主动提供的附加信息，构成使用的新指示或新技术，将要求您提交新的 510（k）和相关费用。

11. 如果我在 510（k）接受审查后撤回，FDA 会退回申报者费用吗

不会。FD&C 法案不认定撤回可以退款；参照法案（21 U.S.C. 379j（a）（2）（D））的 738（a）（2）（D）部分。尽管 FD&C 法案规定，当撤回上市前申请时 FDA 拥有限的权力部分退款，但这项权力不扩展到 510（k）的撤回。

12. 如果我在接受审查后撤回并重新提交 510（k），我必须支付新的申报者费用吗

需要。如果您撤回 510（k）并且在之后重新提交，您必须在新提交的时候支付费用。

13. 如果 FDA 认为撤回 510（k）是由于我没有提供必需的信息，若重新提交 510（k），FDA 会要求新的申报者费用吗

需要。如果您没有对 FDA 要求附加信息作出回应，FDA 将发布一个撤回的通知，说明他们考虑撤回 510（k）。您必须在提交新510（k）的时候支付费用。

14. 如果有资格的话，如何请求退款

为请求退款，您必须在收费之后不晚于 180 日，向以下地址的 FDA 相关中心提交一份书面请求。

器械与放射卫生中心监管的产品：

美国食品药品监督管理局
器械与放射卫生中心

510（k）文档邮件中心—WO66-G609

新罕布什尔州大道 10903 号

马里兰州银泉 20993 号

生物制品审评与研究中心监管的产品：

美国食品药品监督管理局

文档控制中心，HFM-99

生物制品审评与研究中心

食品药品监督管理局

罗克维尔大道 1401 号，200 室

马里兰州罗克维尔市 20852-1448

第七节 | 药品和生物制品申报者费用的豁免、减少和退款

User Fee Waivers, Reductions, and Refunds for Drug and Biological Products

一、简介

本指南向申请人提供了有关申报者费用豁免、退款和减少的建议，该建议根据《联邦食品药品和化妆品法案》（法案）735 和 736 部分评估，包括生物制药产品。本指南是 1993 年 7 月 16 日发布的指南草案"申报者费用豁免和减少的草案临时指导文件（1993 年的临时指南）"的修订本。

这个修订版的指南介绍了：①法案中申报者费用的规定，包括有效豁免、退款和减少的类型；②申请豁免、退款或减少的程序，以及 FDA 对这些申请的复议和要求。修订版的指南也规定了相关问题的分类，比如孤儿药申报者费用的免除。

二、背景

1992 年的《处方药申报者付费法案》（PDUFA Ⅰ）授权 FDA5 年时间评估申报者费用，结合人用药申请的审查。本次授权评估

1993 财政年度至 1997 财政年度的申报者费用。《处方药申报者付费法案》再次授权了 3 次。1997 年的 FDA 现代化法案重新授权 5 年的申报者费用规定，开始于 1998 财政年度（PDUFA Ⅱ）。2002 年的《处方药申报者付费修正法案》授权 5 年的申报者程序，开始于 2003 财政年度（PDUFA Ⅲ），2007 年的 FDA 修订案重新授予 5 年的申报者程序，开始于 2008 财政年度（PDUFA Ⅳ）。2012 财政年度法律有待于再次授权。

法案授权 FDA 评估某些人用药和生物制品申请或补充提交时的申请费用。此外，FDA 可以评估某些经批准的药品和生物制品的年度产品费用，以及产品最终剂型生产企业的年度建立费用。

由于法案中程序组织的方式，FDA 收集的申报者费用总量独立于授予豁免或减少的费用数量。根据法定公式建立目标收入，每种类型费用数量（申请、产品、公司）的确定依据之前的财政年度评估多少申请、产品和公司的历史数据。因此，授予更多的豁免或减少更多的费用，接下来几年申请、产品和公司的费用必须增加的更多，企业费用要满足每年法律规定的收入目标。

三、定义

基于本指南的目的：

● "affiliate（隶属关系）"意味着一个企业与另一个企业有直接或间接的联系：一个企业控制或有能力控制另一个企业；第三方控制或有能力控制这两个企业。

● "applicant（申请人）"意味着新药申请或生物制品许可申请的

拥有者，持有者或申办方。

● "applicant（申请）"包括新药申请和生物制品许可申请。

● "drug（药物）"包括药品和生物制品。

● "final dosage form（最终剂型）"意味着关于一个处方药产品，政府批准用于患者的一个完整的剂型，而没有实质性的除包装以外的进一步生产。如果下列一个或多个操作是必需的但尚未执行：混合、制粒、磨粉、成形、冻干、制锭、封装、包衣、灭菌，将无菌药物，气雾剂或气体药物填满分配容器，FDA 通常认为一个产品不是最终剂型。

● "human drug application（人用药申请）"意味着申请：①根据法案 505（b）部分提交新药的审评；②根据《公共健康服务法》351 部分生物制药产品的许可。根据本指南的目的，人用药申请不包括：

这个申请的补充；

有关整个血液或传输的血液成分的申请；

有关 1992 年 9 月 1 日之前牛血液产品局部申请许可的申请；

过敏原提取产品的申请；

根据《公共健康服务法》351 部分，许可器械的申请；

有关 1992 年 9 月 1 日之前批准的大量注射用药物产品的申请；

只用于进一步生产的生物制品许可的申请；

州或联邦政府提交不用于商业药物的申请。

● "person（人）"意味着需要支付费用的人，包括任何相关联的人。 "person"包括个人、合伙、公司和团体。本文件在引用申请人时 也会使用"person"。

● "supplement（增补）"意味着申请已批准人用药申请的变更。

● "financial resource（财力）"意味着年度全球生产总值总收入， 申请人及其相关联的人的其他可用的金融资产。

四、豁免和减少的类型

根据法案 736（d）部分，如申请人符合以下规定之一的资格标准， FDA 将授予评估的一种或多种申报者费用的豁免或减少。

●豁免或减少对于保护公共健康是必须的。

●由于申请人获取的资源有限或其他情形，对费用的评估产生对 创新的一个重大障碍。

●申请人是向部门提交首次人用药申请的审查的小企业。

如果费用超出预期的现在和未来的由进行审查人用药物的流程产

生的申请成本，法案也规定了申报者费用的豁免或减少。超出成本的费用的豁免和减少在本指导文件中不予介绍。

（一）公众健康

根据法案 736（d）（1）（A）部分，如果豁免或减少对于保护公共健康是必需的，申请人有资格获得申请、产品、公司费用的豁免或减少。根据这个规定，如果当局发现符合以下两个标准，FDA可以授予公共健康申报者费用的豁免或减少。

●产品保护公共健康；

●申请人展示豁免或减少费用对于继续保护公共健康的活动是必需的。

根据本规定使申报者具有资格豁免或减少费用，申请人必须符合这两项标准。

1. 产品是否保护公共健康

由于收取申报者费用的目的，在美国上市的经批准的产品不是自动被视为保护公共健康的产品。评估一个产品是否保护公共健康，当局可以询问以下问题。

●药物产品与其他上市产品比较是否有显著改善（或如果药物产品没有经过批准，是否有潜力显著改善），其他上市产品包括其他剂型、给药途径或非药物产品或疗法。

●有治疗的替代方法吗？替代品会权衡决定一个产品对保护公共健康是必需的。

●药物产品是否被指定为首选药物，是否被授予快速通道，或是否被认定为一个新的分子实体？这些问题的肯定回答常常表明一个产品保护公共健康。当局会考虑的其他问题可能包括：

药物产品是否表明治疗、预防或诊断疾病的有效性的增加？

是否消除或实质上减少限制治疗的药物反应？

药物产品是否增强患者对治疗的依从度？

药物产品是否对新的或得不到充分医疗服务的群体显示有效性和安全性的潜在证据（例如,治疗耐药细菌或解决国家安全隐患）？

●药物产品是否用于治疗严重或危及生命的疾病？

●药物产品是否解决了未满足的医疗需求或表明其潜力？

●根据法案526部分,产品是否被指定为治疗罕见疾病或病症（即是否为孤儿药）？

●如果产品经过批准，公众是否可以得到？如果公众无法得到产品，这对于公共健康是没有利益的。

2. 豁免或减少对于继续保护公共健康的活动是否必需

为了确定申报者费用的豁免或减少对于继续保护公共健康是否必需，当局不仅考虑公共健康的利益，也考虑豁免或减少是否必要。《处方药申报者付费法案》的立法历史说明FDA可以免除或减少费用，除非这对于保护公共健康是不必要的，或者很明显费用不会阻碍创新。它还明确指出当根据 736（d）部分评估豁免或减少费用的请求时，FDA 应当考虑申请人的"有限的资源"。因此，当局认为财务测试对于公共健康豁免规定是合适的。当局考虑申报者费用的年度成本和申请人包括附属公司财政资源之间的关系，请求豁免或减少。以下"（三）"部分讨论了财务考虑。

（二）创新的障碍

根据法案 736（d）（1）（B）部分，当费用的评估对创新产生显著障碍，由于申请人或其他情况下获得的资源有限，申请人有资格申请豁免或减少申请、产品和 / 或公司的费用。根据这个规定，如果满足下列条件，FDA 可以授予豁免或减少申报者费用。

● 申请人的产品或正在开发中的其他产品或技术是创新的；

● 费用对申请人开发、制造或上市创新产品或追求创新技术的能力构成显著障碍。

为了有资格豁免或减少本规定下的申报者费用，申请人必须符合两个标准。

1. 产品是否创新或公司是否追求其他创新产品或技术

在美国经批准上市的产品不能自动被视为申报者费用的创新。在评估对创新有障碍的申报者费用的豁免或减少请求时，当局可以询问以下问题。

● 药物产品或技术是否展现出先进的"突破"研究，新的或进步的方法，或治疗诊断疾病的前瞻思维，是否有潜力成为新医疗技术的最前线？

●药物产品或技术是否引进了诊断、治愈、缓解、治疗、预防疾病或影响身体结构或功能的专属或优秀的方法？

●药物是否被指定为首选药物，产品是否被授予快速通道，或是否被确定成为新分子实体？

●申请人是否有主动的新药临床申请，在此申请中申请人评估诊断、治愈、缓解、治疗或预防疾病的专属或优秀的方法，或影响身体的结构或功能？

●申请人近期是否收到创新的联邦授权？联邦授权以下两种情况有资格创新：①健康小企业创新研究计划的国立教育与科研机构；②标准和先进技术程序的国立教育与科研机构。

2. 费用是否对申请人开发、制造或上市创新产品或追求创新技术产生了巨大的阻碍

为了确定费用对申请人开发、制造或上市创新产品或追求创新技术的能力是否有显著障碍，当局会考虑申报者费用年度成本与申请人及其附属公司的总收入、财务资源的关系。以下讨论了收入的因素。

（三）公共健康和创新障碍豁免和减少的财务考虑

1. 当评估豁免或减少请求时要考虑谁的收入

当根据公共健康或创新障碍的规定，评估豁免或减少申报者费用的请求时，无论谁提交了豁免或减少申报者费用的请求，当局都考虑申请人及其附属公司的财务资源。

法案 736（d）（2）部分说明确定是否豁免或减少申报者费用时，FDA 仅考虑申请人及其任何附属公司的环境和财务资源。在该法案规定下，申请人必须是负责支付费用的人并且是有资格获得费用豁免或减少资格的人。该法案不允许非法定需交纳申报者费用的人例如不是附属公司的经销商，获得接收申报者费用豁免或减少的资格。

2. 当局怎样确定申请人是否有财务资源的限制

申请人及其附属公司有限的财务资源对于申报者费用是否为创新的障碍以及豁免或减少对于保护公共健康是否必要是重要的指示。FDA 将考虑申请人及其附属公司在确定申请人财务资源是否有限时的年度总收入。年度总收入客观地度量申请人得到的资源，通常由共同接受的计算原则定义。当计算年度总收入时，FDA 不打算减少上市成本，包括由于申请人的上市决定（经常是在国外上市的花费）。

除了申请人及其附属公司的年度总收入，FDA 考虑其他可用的金融资产，包括净收入、现金和总资产。FDA 也可以考虑最近发行的股票以及从申请人公司股票销售得到的可用资金的结果。

因为即使是规模较大的申请人也可能经营亏损，FDA 不打算考虑没有盈利能力作为缺少有限资源的证据。当局也不打算将产品的销售量作为有限资源的证据，因为即使是规模较大且盈利能力较强的公司也可以有个别产品销售量较低，但却不需要豁免费用以继续保护公共健康的必要活动或是费用对创新构成明显的阻碍。

通常情况下，从评估 2011 财政年度的费用开始，当局预计确定一个具有不到 2000 万美元财务资源（包括附属公司的财务资源）

的申请人为拥有有限资源。有 2000 万或以上美元财政资源的申请人，包括附属公司的财政资源，通常不被视为拥有有限资源。

FDA 认为州或联邦政府机构作为申请人的财政资源是不同的。当局将认为来源于药物销售的年度总收入少于 2000 万美元的州或联邦政府机构为拥有有限资源。相比于机构的预算和州或联邦的总预算，政府机构可以只花少量钱在药物开发的活动上。此外，与总收入相比，政府机构通常仅收到来源于药物商业分销的小量收入。FDA 相信国会打算通过集中精力于他们的药物开发收入，而不是州或联邦政府机构的总收入来最大限度降低州和联邦政府机构的负担。

3.FDA 为什么选择 2000 万美元作为标志

1993 年发布临时指南后，当局用 1000 万美元作为评估豁免或减少对于保护公共健康是否必要以及费用是否为创新的显著障碍的标志。1993 年以来，当局已经收到多次请求，根据通货膨胀调整 1000 万美元的财务标志。如上文"二、"说明的，FDA 允许豁免或减少费用越多，其他申请、产品和公司的费用也越多，以确保 FDA 得到法案中指定的年度总财政收入。然而，当局认为 1000 万美元的数量已经过时并应当做调整。根据接近 20 年的实施申报者费用计划的经验，FDA 已经确定大多数有少于 2000 万美元的年度收入和财政资源以支付费用申请人是支付能力最低的那部分人。因此，当局打算用 2000 万美元作为标志，评估申请人及其附属公司的资源是否有限，豁免或减少对于保护公共健康是否必要，费用对于创新是否是重大障碍。

（四）小企业

根据法案 736（d）（1）（D）部分，如果申请人作为小企业向当局提交第一个人用药品申请，并且没有另外的批准并涉及洲际贸易的引进或运输的人用药申请。申请人有资格豁免申请费用，以下情况申请人有资格作为小企业申请豁免。

● 申请人雇用少于 500 名雇员，包括附属公司的雇员；

● 申请人没有经过批准并涉及洲际贸易的引进或运输的人用药申请；

● 申请人及其附属公司提交第一份人用药申请。

为了使小企业有资格豁免，申请人必须符合以上所有标准。

为了确定申请人及其附属公司的规模，FDA 与中小企业管理局一起工作，FDA 询问中小企业管理局以确定申请人的附属公司和申请人及其附属公司雇员的总数量。接收到 FDA 的请求后，中小企业管理局会依据其规定，咨询申请人，确定申请人及其附属公司拥有的雇员数量。根据这些规定，中小企业管理局可以联系申请人，请求以下信息的适当格式和细节。

● 最终申请的规模；

● 公司章程和规章制度的副本；

● 公司给予股东的上一年年度报告；

● 分别给出雇用专职、兼职、临时的人员数量，或在公司对每前 12 个月的支付期间认证。

公司不应该向 FDA 提交中小企业管理局要求的信息，也不应该在中小企业管理局联系之前提交此信息。如果信息没有提交给中小企业管理局，小企业豁免的请求将被否决。

中小企业管理局认为，和 FDA 一样，公司提供的一些信息是可以信任的。中小企业管理局和 FDA 将合法合规处理保密的商业或财务信息（参照下文"九、"）。

一旦中小企业管理局识别和确认申请人的附属公司，并确定申请人是否有资格作为小企业，FDA 将评估申请人是否符合小企业豁免的其他标准。具体地说，FDA 搜索自己的记录以确定申请人或其附属公司之前是否提交了人用药申请，或申请人是否有经批准并涉及洲际贸易的引进或运输的人用药申请的人用药申请下药物产品。如果豁免申请人符合小企业豁免的所有标准，FDA 将通知申请人授予其豁免。

1. 小企业豁免是否有有效期
如果小企业被授予豁免，申请人应当在中小企业管理局决定日期之后 1 年内提交人用药申请。1 年时间框架的原因是支持小企业的豁免环境可以快速变化。例如，申请人可以与一个更大的公司合并，并因此不再被视为小企业。类似地，申请人可以从没有附属关系的公司购买新药申请，从而具有涉及洲际贸易的引进或运输的人用药申请。

FDA 明白无法预见的情况可能延迟提交申请。如果申请人被授予小企业豁免，不能在中小企业管理局决定的 1 年之内提交申请，申请人可以向 FDA 请求延长有效期。如果请求延长，当局将检查记录并与中小企业管理局一起证明申请人仍然符合小企业豁免的标准。如果不再满足标准，将不能延长。

2. 小企业可以接受未来人用药申请的费用豁免吗

申请人或其附属公司被授予小企业豁免和提交第一份人用药申请后，申请人不能接受其他的小企业豁免。这意味着申请人或其附属公司没有资格接受任何后续人用药申请或补充的小企业豁免。

申请人或其附属公司被授予小企业豁免和提交第一份人用药申请后，即使撤回申请或拒绝申请，申请人或其附属公司也没有另一个小企业豁免的资格。如果申请人没有提交被授予小企业豁免的申请，申请人可以再次获得小企业豁免的资格。

3. 小企业可以接受产品和公司费用的豁免吗

法案中没有关于小企业产品和公司费用豁免或减少的特定规定。然而，小企业可以通过公共健康或创新障碍豁免的规定，申请产品和公司费用的豁免或减少。参照本部分"（一）、（二）、（三）"的叙述。

五、免除和退款

（一）指定为孤儿药的产品

1. 申请费用

根据法案 736（a）（1）（F）部分，在 526 部分下被指定为罕见疾病或病症的药物（称为孤儿药）产品的人用药申请如果不包括除罕见疾病或病症以外的适应证则不需交付申请费用。人用药补充申请增加罕见疾病或病症作为新适应证的，如果根据 526 部分被指定为治疗罕见疾病或病症的药物，不需交付申请费用。

如果申请人或补充申请有资格作为孤儿药豁免费用，申请人不需要向 FDA 提交书面申请。申请人应当在完成并提交申报者费用封面（FDA3397 表格）时通知 FDA 作为孤儿药豁免。申请或补充申请应当包括申报者费用封面，并有一个简短的孤儿药豁免声明。

2. 产品和公司费用

根据法案 736（k）部分，法案 526 部分指定的用于罕见疾病或病症药物产品，并且经过法案 505 部分或《公共健康服务法》351 部分的批准，如果符合法案中适用的公共健康要求，免除产品和公司的费用，此外，在豁免申请之前 1 年，申请人必须有少于 5000 万美元的全球生产总值收入。希望获得豁免的申请人应当提交一份包括附属公司全球生产总值收入的认证，在申请之前 12 个月不得超过 5000 万美元。参照下文"六、"有关怎样提交免除产品和公司费用请求的信息。

（二）州或联邦政府机构

根据法案 735（1）部分，州或联邦政府机关提交的不用于商业分销的药物申请不被视为人用药申请。如果申请不被视为人用药申请，不评估申请费用，产品和公司费用也不适用。

就州或联邦政府机关免除申报者费用而言，商业分销意味着交换经济偿付，货物或服务的任何分销，无论收费是否涵盖有关产品的全部成本。任何收回产品制造商或分销商的部分或全部成本的行为视为商业分销。

（三）没有实质性的工作

根据法案 736（a）（1）（G）部分，如果在申请或补充申请之后撤回申请或补充申请，如果在申请或补充之后没有实质性的申请或补充工作，FDA 可以退回费用或部分费用。

六、提交豁免、减少和退款的申请

（一）请求的时间

1. 请求豁免或减少是否有法定授权期限

有。根据法案 736（i）部分，若希望豁免或减少申报者费用或是退回支付费用，申请人必须在收到费用 180 个工作日内向 FDA 提交一份申报者费用的豁免或减少的书面请求。

例如，如果申请人接受来自 FDA 的产品和公司费用发票，我们希望按照期限支付发票。当发票到期，申请人在 180 日内可以提交豁免、减少或退回费用的书面请求。如果在到期日 180 日内提交请求（即如果请求是及时的），FDA 将评估申请人的请求。如果 FDA 确定申请人有资格豁免、减少或退款，当局将同意申请人的请求。

为了避免支付费用，当产品和公司费用发票到期支付，申请人可以提前提交豁免或减少的请求，或者提前提交申请（参照下文"3.""4."）。

2. 如果由于申请人没有提交豁免或减少请求，或由于 FDA 没有对该请求作出回应，不支付申报者费用会有后果吗

会。根据法案 736（e）部分，按照 736（a）部分需交费用的人用药品申请或补充申请在支付所有费用前被视为不完整并不被接受。这意味着如果申请人提交了申请或补充申请却没有交付申请费用或拖欠公司或产品费用，那么提交被视为不完整并且 FDA 不

会审查。然而，在到期日之前提交申请或补充的审查状态不会被影响（审查会继续，不会影响审查的目标日期）。

3. 如果申请人想要避免支付申请费用，然后寻求退款，是否有提交豁免或减少请求的建议时间框架

有。FDA 鼓励申请人在费用到期之前的 3~4 个月提交豁免或减少的请求。通常情况下，依靠可用的资源，FDA 将努力在提交申请和费用到期之前作出豁免的决定。

FDA 鼓励申请人不在申请提交 4 个月以前提交申请费用豁免或减少的请求，因为支持申请人请求的环境受到变化，并且 FDA 认为这样的环境将在申请提交之前继续存在超过 4 个月是不合理的假设。例如，如果申请人在 7 月 1 日提交了申请费用豁免的请求，并计划在下一年 3 月 1 日提交申请，FDA 认为申明的事实从 7 月 1 日保持 8 个月至下一年的 3 月的假设是不合理的。因此，FDA 鼓励赞助商在不晚于申请提交 4 个月前提交豁免或减少的请求。

4. 如果申请人想要避免支付产品和公司费用，然后寻求退款，是否有提交豁免或减少请求的建议时间框架

有。时间框架与申请费用豁免或减少的提前请求相同：希望产品和公司费用的豁免或减少的申请人在费用到期前 3~4 个月提交申请。每年的产品和公司费用往往在 8 月评估，10 月 1 日到期。因此，希望提前获得豁免或减少的申请人应当在 6 月 1 日到 7 月 1 日之间提交请求。在一般情况下依靠可用的资源，FDA 将努力在产品和公司费用到期日之前完成对请求的评估。

法案没有规定申报者费用的延期，FDA 不打算依据未处理的豁免或减少请求授予申报者费用的延期。FDA 因此希望所有产品和公

司费用将被支付，不论有无未处理的费用豁免或减少的请求。这个方法将确保国会实现稳定的资金来源，并应当组织豁免或减少的请求。

通常来说，FDA 希望只在当前一年授予产品或公司费用的豁免或减少。如果申请人希望在未来几年有产品或公司费用的豁免或减少的评估，应当每一年对豁免或减少作出新的申请。

（二）申请的内容和格式

1. 所有申请的一般信息

向药品审评与研究中心和生物制品审评与研究中心申报的申报者费用豁免、减少和退款的申请将由药品审评与研究中心政策副主任审查后批准或拒绝。然而，生物制品审评与研究中心管制的产品将由其中心主任审查后批准或拒绝。

FDA 建议提交的每个书面豁免或减少请求要包含以下信息。

●申请人请求豁免的名称，包括公司名称、地址、联系方式、电话和传真号码、电子邮箱。

●识别申请豁免、退款或减少请求的特定费用。

●豁免或减少费用的请求支付的日期。

●豁免或减少请求的法定条款。

●显示符合豁免或减少的标准的信息和分析。

●应当批准豁免，减少或退款请求的原因。

●申请人附属公司的清单。

●公共健康和创新豁免的障碍，当前申请人及其附属公司的年度财政报告。如果当前的年度财政报告不可用，一份报告应包含总年度收入、净收入、现金和总资产。

2. 申请费用豁免或减少请求的其他具体信息
除了上述的一般信息，申请费用豁免或减少的请求应当包括以下内容。

●新药申请（包括补充申请的编码和类型）或生物制品许可申请的编码。

●豁免请求中产品的贸易和确立的名称。

●提交申请的日期。

●审评是否需要临床数据。

3. 产品费用豁免或减少请求需要的其他具体信息
除了上述的一般信息，产品费用豁免或减少的请求应当包括以下内容。

●新药申请或生物制品许可申请的编码。

●产品贸易和确立的名称。

● 全国药品代码。

● 申请持有者的名称。

● 效价，剂型和给药途径。

● 发票日期和号码（或发票单的副本）。

4. 公司费用豁免和减少请求的其他具体信息

除了以上的一般信息，公司费用豁免或减少请求应当包括以下内容。

● 公司名称。

● 生产基地的地址（不是公司、办公室或总部地址，生产基地的实际地址）。

● 发票中列出的公司号码。

● 发票日期和编码（或发票单的副本）。

● 提交申请的地址。

● 初始申报者费用豁免或减少申请应以书面形式提交至：

政策副主任

收件人：申报者费用豁免办公室，Michael D.Jones

药品审评与研究中心

食品药品监督管理局

10903 新罕布什尔大街

51 号 6216 室

银泉，马里兰州 20993-0002

七、FDA 对豁免和减少请求的回应

FDA 将适当咨询相关的当局官员并审查豁免或减少的请求。FDA 可以在审查期间向申请人请求附加信息。当局将依据附加信息的可用资源和收集时间及时对豁免和减少请求作出回应。

八、复议和申诉

（一）复议请求

如果 FDA 完全或部分否定了申报者费用豁免或减少的请求，申请人可以请求复议。复议的请求应在 FDA 决定拒绝全部或部分豁免、减少或退回申报者费用 30 日内作出。

FDA 建议复议请求中说明申请人认为这个决定是错误的理由，并包括任何与申请人相关的附加信息和更新的财政信息。当局将发布复议的回应，提出决定的依据。

所有的复议请求应以书面形式提交到：

政策副主任

收件人：申报者费用豁免办公室，Michael D.Jones

药品审评与研究中心

食品药品监督管理局

10903 新罕布什尔大街

51 号 6216 室

银泉，马里兰州 20993-0002

（二）申诉请求

如果通过复议否定了请求，申请人可以选择申诉。申诉请求应当在 FDA 确认拒绝豁免或减少申报者费用 30 日内作出。申诉应当包括以下信息。

● 原始豁免请求。

● 原始豁免请求的拒绝。

● 复议申请。

● 复议申请的拒绝。

● 说明申请人认为之前结论是错误的。

申诉请求还应包括申请人认为相关的已经提交给当局的信息或分析的具体引用。

所有的申诉请求应以书面形式寄至：

科学与公共健康首席科学家与副执行官

申报者费用申诉官员

食品药品监督管理局

转交 Matthew Warren

10903 新罕布什尔大街

32 号 4210 室

银泉，马里兰州 20993-0002

传真：301-847-8617

申诉请求的副本应当提交至药品审评与研究中心政策副主任。FDA 审查提交的申诉请求信息后，副执行官将对申请人的请求发布一份书面决定。这份书面决定将构成当局的最终行动。

九、公共信息的披露

FDA 计划披露有关批准或拒绝豁免和减少的行动的公共信息。这与监管秘密商业或财务信息的披露的法律和规定一致。

FDA

第二章
不良事件和产品偏差指南

第一节 | 以电子格式递交申请——疫苗售后安全报告

Providing Submissions in Electronic Format — Postmarketing Safety Reports for Vaccines

一、简介

这是一系列指南中的一份文件，旨在帮助申请人以电子形式向 FDA 的生物制品审评与研究中心递交上市后监督管理书。这份指南提供关于电子格式提交上市后安全报告的信息和推荐，其中涉及在疫苗不良事件报告系统中的疫苗产品，包括个案安全报告及其附件。疫苗不良事件报告系统是一个为了响应 1986 年的《全国儿童疫苗损害法案》建立的国家疫苗安全监管程序，它需要健康专业人士和疫苗生产厂家在常规推荐疫苗管理之后报告具体的不良事件。疫苗不良事件报告系统是美国疾病控制与预防中心和 FDA 联合主办的。这份指南适用于经过生物制品审评与研究中心的生物制品许可申请的人用疫苗产品销售。这份指南不适用于任何其他生物制品。

这份指南是 2014 年 7 月指南草案的最终版，代替了 FDA1998 年 9 月题为"行业指南：怎样完成疫苗不良事件报告系统"的指南。生物制品上市后个案安全报告和附件不是依据这份指南处理，而是由 FDA 不良事件报告系统数据库处理。

对于关于电子格式提交的上市后安全报告的常规信息，包括其他
产品的个案安全报告和附件，请参考 2014 年 6 月 FDA 题为"以
电子格式提交申请——售后安全报告"的指南草案。当局关于电
子提交的指南在需要反映技术进化的本质和相关使用经验时将会
更新。

二、背景

2014 年 6 月 10 日 的《 联 邦 公 报 》(79 FR 33072)，FDA 刊
登最终标题为"人用药和生物制品的售后安全报告：以
电子方式提交的要求"的规则。这个最终规则要求，根
据 21CFR310.305,314.80,314.98 和 600.80（§§310.305,
314.80,314.98,和 600.80）以及《联邦食品、药品和化妆品法案》
760 部分（21 U.S.C. 379aa），上市后安全性报告要以当局可以
处理、审核和存档电子格式向 FDA 提交。这个最终规则也增加
21CFR329.100（§329.100）以处理《联邦食品药品和化妆品法案》
760 部分要求的以电子格式提交的安全报告。这些要求从 2015 年
6 月 10 日起生效。

三、疫苗个案安全报告意见书的基本信息

在本指南中，个案安全报告（ICSR）是对与个体患者或受试者
使用疫苗产品密切相关的不良经历的描述。更确切地说，个案安
全报告是由数据元素组成的，例如在前 4 周接种疫苗的不良经历
的日期和时间，问题疫苗的名称以及疫苗制造商的名称。这些
数据元素包括那些列在 §600.80 特别是 600.80（g）和疫苗不良

事件报告系统中的从卫生保健提供者和患者收集来的数据。根据
ICHE2B（R3）的要求，应该用 XML 电子格式提交个人安全报告。
请参照下文"（三）"部分，有更多相关规则的信息。

个人安全报告附件包含有关个人安全报告的支持信息，例如相关
医院的出院摘要、尸检报告或者死亡证明。根据（§600.80（d））
它也包含了科学文献刊登的关于个人安全报告的文章。更多相关
个人安全报告附件信息，请参考 2001 年 3 月发布的"人用药和
包括疫苗的生物制品的上市后安全报告"指南草案。与个人安
全报告附件相关的技术参数发布在生物制品审评与研究中心的
个案安全报告实施网页中，网址是 http：//www.fda.gov/forindustry/
electronicsubmissionsgateway/ucm387293.htm

后续个案安全报告应该提供对不良经历完整的现有理解，而不是
仅提供个人安全报告的改变或更新。因此，相应地，后续个案安
全报告应该包括先前报告的初始个案安全报告不良经历的信息以
及任何新的信息，包括新的安全报告元素。但是，任何与初始个
案安全报告一起提交的报告附件（例如文学作品、出院摘要）不
应该再次和后续个案安全报告提交。当使用专属识别号码帮助确
保初始个案安全报告和后续个案安全报告能够关联时，请参考下
文"（四）"部分。

通过美国疾病控制与预防中心网站的疾病不良事件报告系统（即
公用数据集）或是其他来源获得的信息，不应该再次提交给
FDA。因为疾病不良事件报告系统是 FDA 和 CDC 联合主办的，
申请人不需要再次提交从疾病不良事件报告系统数据库（即可从
美国疾病控制与预防中心网站获得的不良事件报告或是基于疾病
不良事件报告系统数据的出版物，或是被转发在 FDA 和 CDC）

获得的不良经历的个案安全报告，除非申请者获得附加的后续信息或更正。关于重新提交疾病不良事件报告的更多信息请参考发布在生物制品审评与研究中心的个案安全报告规格网站上的区域技术规范文档。

以下的部分提供了关于首次及后续 ICSR 和 ICSR 附件的电子提交一般信息。请注意无论提交的类型是什么（如 15 日警告报告或严重且预期或不严重的不良经历报告），电子提交程序都是相同的。

（一）个案安全报告提交部分
以电子格式提交的初始或后续个案安全报告被认为有两部分。

1. 个案安全报告；

2. 个案安全报告附件（如适用）。

（二）个案安全报告及其附件电子提交给疾病不良事件报告系统中的选择
FDA 提供涉及疫苗产品的个案安全报告及其附件进入疫苗不良事件报告系统的两个选择：直接的数据库间提交方法和间电子提交工具方法。直接的数据库间提交方法在 FDA 电子提交门户的网页中描述。使用 FDA 的电子提交工具的疫苗产品个案安全报告提交（使用数据输入工具创建个案安全报告文件）是在生物制品审评与研究中心电子提交网站描述。两个选择都以 XML 文件格式向 FDA 的电子提交门户提交。电子门户是向 FDA 传送电子信息的中央传送点。一旦经过电子门户，提交报告就会进入疫苗不良事件报告系统的数据库。

（三）疫苗产品个案安全报告电子提交的技术标准

§ 600.80（h）（1）规定个案安全报告及其附件必须以电子格式向
FDA 提交，以便加工、审核、存档。为此生物制品审评与研究中
心将在个案安全报告网页提供有关怎样创建和提交满足 FDA 要求
的个案安全报告的信息技术规范文档。

（四）初始和后续的个案安全报告的专属识别编号

在个案生命周期中，上市后安全性报告经常包含提交一系列由
初始和后续个案安全报告组成的报告，以及任何相关的附件。
重要的是专属识别编号必须在初始报告和任何后续报告中相同
（§ 600.80（g）（7）（viii））。使用专属识别编号允许 FDA 把疫苗
不良事件报告系统数据库中初始个案安全报告和任何后续报告联
系起来，不论个案报告的传输时间或方法。有关进一步的信息，
参照生物制品审评与研究中心个案安全报告规范网页中的技术规
范文件，ICH E2B（R3）中的初始和后续个案安全报告的识别编码。

（五）发送提交

应通过 FDA 的电子提交方法向 FDA 提交电子个案报告及其附件，
该门户一周 7 天、每天 24 小时都开放。应在提交相关的个案安
全报告文件的同时或作为后续报告的附件向 FDA 提交个案安全
报告的附件。一旦通过电子提交方法收到个案安全报告及其附件，
将进入不良事件报告系统处理。

在第一次向 FDA 提交电子格式的个案安全报告之前，您应当通过
电子邮件至 CBERICSRSUBMISSIONS@fda.hhs.gov. 向生物制品审
评与研究中心提交请求。电子疫苗不良事件报告系统的协调者将
帮助您提交测试文件。关于后续的电子格式提交，没有必要在提
交个案安全报告之前联系疫苗不良事件报告系统的协调者。使用

电子提交方式提交的其他信息，参阅 FDA 的电子提交方式网页，
网址：http：//www.fda.gov/esg.

（六）FDA 收到提交的通知

一旦提交（一个或以上个案安全报告及其附件）被电子提交门户
（ESG）收到，并成功得到识别和解释，ESG 信息接收通知将发送
给寄件人。ESG 的消息接收通知日期将作为 FDA 官方成功收到
每个个案安全报告及其附件提交的日期。参照 FDA 的电子提交方
法网页，以获得更多通过电子提交门户收到提交的信息。

在接收提交之后，生物制品审评与研究中心将处理个案安全报告
及其附件，第二份自动确认的消息（生物制品审评与研究中心收
到的确认）将通过电子提交方法发送给寄件人。收到的确认将用
于通知寄件者个案安全报告已经成功提交至生物制品审评与研究
中心。我们预计您会提交个案安全报告包括任何与电子提交方法
相关的个案安全报告附件后 24 小时内收到电子提交门户的信息
接收通知和 CBER 收到消息通知。第三个自动确认的消息（疫苗
不良事件报告系统的文件验证和加载确认）将发送给寄件者，向
每个个案安全报告的提交者提供文件验证和加载状态。有关疫苗
不良事件报告系统确认信息文件和格式的其他信息，参阅生物制
品审评与研究中心个案安全报告规范的网页中 ICH E2B（R3）的
FDA 的地区技术标准。

个案安全报告及其相关附件必须在 §600.80（c）指定的时间内
提交给当局。请相应地计划您的提交日程。

收到提交日期的其他信息可以在 FDA2014 年 2 月的指南 "行业指
南：以电子格式提供法规提交——接收日期" 获取。

（七）暂时不能获得电子提交方法的情况

如上所述，我们希望您会在电子提交方法提交个案安全报告或附件后 24 小时内收到电子提交方法的信息传递通知和 CBER 接收通知。如果您没有在 24 小时内收到这些信息，我们建议您首先检查 FDA 电子提交方法的信息传递通知网页，以确认我们是否有任何信息传递通知的问题。

● 如果电子提交方法是有用的，您没有在提交结束后的 24 小时内收到生物制品审评与研究中心的确认，可以联系 ESGHelpDesk@fda.hhs.gov 寻求帮助。请准备好提供核心 ID——FDA 电子提交方法提交通道分配的 ID 以及公司账户的名称和发送提交时的日期时间。

● 如果电子提交方法超过 24 小时不起作用，FDA 将在电子提交方法的信息传递通知网页上公布一个通知，以提供更多有关其他提交方法的指南。如果电子提交方法超过 48 小时不起作用，FDA 电子提交方法的电子邮箱分配表将用于交流如何继续提交的程序。如果您遵循这些程序，注意在电子提交方法回复后不要向 FDA 重新提交个案安全报告或其附件。要注意当您遵循另一种提交方法时，FDA 官方收到个案安全报告或其附件的日期将是生物制品审评与研究中心文件控制室或疫苗不良事件报告系统程序收到提交的日期（例如，如果以传真方式提交，收到的日期将是成功传真的时间戳的日期）。

如果您由于没有使用正确的数据元素或生物制品审评与研究中心支持的电子传输格式提交了我们不能输入至疫苗不良事件报告系统数据库的个案安全报告或其附件，第三个自动确认的疫苗不良事件报告系统确认的信息将表明我们不能在疫苗不良事件报告系

统中输入个案安全报告（或其附件）。这个确认也表明，以电子
提交方法发送的个案安全报告或其附件（如有）已经进入疫苗不
良事件报告系统。您应当重新向我们提交那些没有进入疫苗不良
事件报告系统的个案安全报告或其附件。您的重新提交与初始提
交相比，应给定一个不同的名称（批处理标识符），并在要求的
报告时间内发生。电子提交方法的信息传递通知的确认日期将作
为 FDA 官方收到个案安全报告或其附件的日期。

四、除了个案安全报告的上市后安全性报告

根据 §600.80（c）（2），您必须在规定时间内提交上市后定期安
全性报告。每个定期安全性报告必须包含描述的部分以及除了作
为 15 日预警报告或其后续的定期报告的所有不良经历的个案安
全报告（即不良经历的报告是严重且可预期的或不严重的）。描
述部分可以作为定期不良事件报告，定期安全性更新报告或定期
效益风险的评估报告提交。

对于电子提交，我们认为上市后定期安全性报告（§600.80（c）
（2））有三个部分：

1. 描述性信息；

2. 个案安全报告；

3. 如果适用的话，个案安全报告附件。

在上文"三、"部分说明了个案安全报告及其附件的提交。根据
§600.80（c）（2）（ii）（A）的要求，定期安全性报告中的描述性

信息部分应以 PDF 格式单独提交电子通用技术文件（eCTD）5.3.6
部分。公司不应与定期安全性报告描述部分一起提交非加速的
PDF 格式的电子通用技术文件的个案安全报告。

五、豁免请求

根据 §600.90，要求提交上市后安全性报告的申请人可以请求
FDA 暂时豁免提交电子格式的安全性报告的要求。我们期望只有
在少数情况下需要通过生物制品审评与研究中心监管的疫苗产品
许可暂时的豁免。向 FDA 以电子格式传送提交技术困难的公司，
应当向 FDA 请求技术援助而不是提交豁免请求。公司通常使用直
接的数据库方法向 FDA 提交报告，可以在短期的临时中断时使用
可用的电子提交工具作为候补方法。

（一）豁免请求的格式

申请人请求豁免的电子格式要求必须包括下列辅助文档之一：解
释为什么申请人不需要符合要求或不能达到要求（例如，不可抗
力，广泛的网络中断，申请人不良事件数据库的临时问题）；在
满足要求的目的下描述另一种提交；或证明豁免合理的其他信息
（§600.90（a））。

我们建议向 FDA 以邮寄书面请求的方式提交。这个请求应参考豁
免包含的所有疫苗。为了符合 §600.90（a）的要求，如果还未
向豁免者提供理由，我们建议豁免请求包括请求的理由（即证明
豁免合理的信息）。例如，理由可以包括不可抗力，广泛的网络
中断，申请人不良事件数据库的临时问题。豁免请求还应包括对
豁免的建议结束日期，以及用于符合报告要求的步骤，比如附加
培训或系统测试和公司联系方式。豁免请求还应包括对豁免的建

议结束日期并描述任何推荐的其他报告方法。可能的其他报告方法包括（但不限于此）物理媒介和传真。豁免请求应当在提交首页的最上方用黑体大写字母清楚标明"豁免请求——上市后安全性要求"。

（二）提交豁免请求的地址

对于经过生物制品审评与研究中心许可的疫苗产品，豁免者的请求应提交至：

美国食品药品监督管理局
生物制品审评与研究中心
生物统计学和流行病学办公室
文档控制中心
新罕布什尔州大道 10903 大道
71 号楼，G112 室
马里兰州银泉 20993-0002

（三）FDA 对豁免请求的应答

FDA 在具体分析的基础上审查豁免的请求。FDA 打算书面回应请求者，说明是否允许豁免。如果允许豁免，FDA 也打算在他们的回复信中包含对安全性报告可接受的其他格式的描述。即使被允许豁免以电子格式提交，这也是暂时的。

第二节 | 流感大流行期间医疗产品和膳食补充剂的上市后不良事件报告

Postmarketing Adverse Event Reporting for Medical Products and Dietary Supplements During an Influenza Pandemic

一、简介

本指南向行业提供了有关药品、生物制品、医疗产品和膳食补充剂在流感大流行期间上市后不良事件报告的建议。FDA 预计在流感大流行期间，由于员工缺勤率高，行业和 FDA 的劳动力可以减少，而有关广泛用于治疗或预防流感的医疗产品的不良事件的报告可能会增加。这些变化的可能性程度还未知。本指南讨论了 FDA 打算在流感大流行期间对医疗产品和膳食补充剂执行的不良事件报告的要求。FDA 认为这种方法将有可能使有责任报告的公司集中有限资源，包括以下几种类型的报告：

- 有关用于治疗或预防流感的医疗产品的报告；
- 本指南中提到的其他报告；
- FDA 指定的需特别注意的产品报告。

本指南不打算阻止能够继续报告公司业务状况的公司在流感大流

行期间进行不良事件报告 。此外，本指南不涉及监控和报告《联
邦食品药品和化妆品》法案（21 U.S.C. 360bbb-3）授权紧急使用
的医疗产品的不良事件。本指南也不涉及监控和报告关于药品、
生物制品和器械的研究性使用的法规要求的不良事件（参照 21
CFR 312 和 812 部分）。

二、背景

大范围流行病的应急准备是全世界的责任。广泛的人类大流行流
感的爆发，不论在海外还是美国，都将影响行业的正常运作。尽
管海外爆发似乎不会直接影响国内的运作，如果公司的国际地位
厂区受到影响，国际医疗产品和膳食补充剂产品的可及性及不良
事件报告可能会被中断。因此，行业应当制定计划以确保流感大
流行期间企业的继续营业（参照"三、（二）"部分）。公司要考
虑到美国的厂区及其国际厂区的不良事件报告在面对潜在的大流
行时有重要作用。

三、流感大流行期间不良事件报告的准备

（一）流感大流行准备的信息

美国卫生和人类服务部管理美国政府流感信息网站（www.
pandemicflu.gov）提供了有关流感的各种信息，包括大流行性流
感防范计划的一般信息。制造商应该经常参考网站上更新的流感
信息。

（二）在流感大流行性情况下制定行动连续性计划

为了了解大流行性流感防范计划的一般信息，公司应参考大流行
性流感网站。这个网站建议每个公司应当建立一个连续性规划，

以确保业务在大流行性流感的所有阶段继续进行。发展连续性规划的指南可从多种来源获得。例如，美国国土安全局发布了"大流行性流感的防范，应对和恢复指南的关键基础设施和关键资源"讨论了"连续性操作——关键点"计划的发展和实施。

本指南仅限于 FDA 对大流行性流感期间报告不良事件的建议。每个公司大流行性流感的连续性规划应包括报告不良事件的指示，并提供不是在管理时间提交的任何存储报告的计划。

（三）FDA 对流感大流行期间不良事件报告的期望

1. 流感大流行期间的报告要求

在流感大流行期间，一般的不良事件报告过程应当最大程度地被维护。所有不良事件数据应当用每个公司常用的标准操作程序进行处理，不良事件报告应最大程度符合监管和法定要求。

公司应当发展和准备实施连续性规划，由于与流感大流行相关的高员工缺勤率，公司无法满足所有不良事件报告的要求。FDA 建议公司在计划的时候考虑以下几种因素（不包括所有）：

● 什么活动与向 FDA 提交强制性的不良事件报告的过程直接相关？

● 大流行性流感对美国国内和国外厂区分别有什么不同影响？

● 每个厂区用于强制性的不良事件报告的资源有多少？

在流感大流行期间，无法满足正常不良事件报告的要求的公司应当维护包含下列条件的文档：

●宣布流感大流行（例如，联邦政府），包括宣布的时间和最后日期；

●高缺勤率或其他因素（例如，不良事件报告的增加）是否阻止公司符合正常不良事件报告的要求。

在这些条件存在时，应当通知适当的 FDA 负责不良事件报告合规的组织单位。

2. 流感大流行期间高缺勤率的执行方法

FDA 预计在流感大流行期间，由于报告流感相关医疗产品的不良事件增加的同时缺勤率高，行业和 FDA 劳动力会减少。

当公司经历大流行相关的高缺勤率，FDA 鼓励所有公司在这些环境下保持最高的大流行期间不良事件监管和报告的可行水平。大流行性流感可能降低公司满足不良事件报告的要求的能力，然而 FDA 提供一般指导以帮助制造商使用他们的资源制定策略。

如下文所解释的，由于大流行相关的高缺勤率，没有在法律法规要求的时间内提交某些不良事件报告给 FDA，FDA 没有异议。只要在修复报告程序 6 个月内提交任何延迟的报告即可（参照下文"（四）"部分，提交存储报告的优先时间讨论）。

表 2-1 说明由于流感大流行相关的高缺勤率，哪些报告公司在必要的情况下通常会存储而 FDA 不会反对。这意味着如果公司维护有关潜在的不良事件的新接受的信息，并且不根据法规或规定在时间框架内提交报告，FDA 不打算反对。然而，任何延迟的报告必须在不良事件报告程序恢复到大流行之前的状态之后提交。公

司应当保持记录识别存储了什么，程序在什么时候恢复。

本指南不适用于那些能够继续报告业务的公司在流感大流行期间发生的不良事件报告。可以报告多于表 2-1 中描述的最小量但少于法规要求的量的公司应列出提交报告优先次序。例如，监管要求在 30 日或 30 日以内的报告（例如，15 日报告，30 日报告）应在定期安全性报告之前提交。在流感大流行期间，强烈鼓励所有公司尽可能多地提交要求的报告。一旦不良事件报告程序恢复到大流行之前的状态，这将使报告的负担最小。

如果产品出现特殊问题，当局希望在流感大流行期间遵守法规和监管要求的正常报告，FDA 打算与公司沟通。特殊问题包括：

●产品相关的安全性问题，比如（但不限于）新出现的安全性问题（例如，与肝功能衰竭相关的抗高血压药物，或与过敏反应相关的疫苗）；

●与不良事件相关的产品问题（例如，由于细菌污染召回的预填充注射器相关的非致命的严重感染）。

如表 2-1 所示，如果 FDA 指定一个产品有特殊问题，不论表 2-1 中更一般的建议是什么，公司必须提交要求的不良事件报告。除了表 2-1 的这种情况，报告建议根据产品的类型区分药品和生物制品的优先次序，以便报告可以专注于可能有更大用途、在流感大流行期间可能需要更多的监控的产品。进一步讲，15 日的报告优先于定期报告。关于医疗器械，由结果确定报告优先次序（即致命结果和非致命结果）。表 2-1 也包括了对于其他产品和附件细节的报告建议。

（四）流感大流行之后的报告

在流感大流行之后，希望公司及时完成所有报告的要求，包括由
于大流行相关的高缺勤率而未提交的存储报告。公司应当遵循没
有在监管时间框架内提交存储报告的计划。公司通常希望在大流
行之前的状态下的不良事件报告程序恢复的 6 个月内向 FDA 提交
存储报告。公司应当按照优先顺序提交存储报告。例如，监管的
30 日或之内（例如，15 日报告，30 日报告）的报告应当在定期
安全性报告之前提交。

不能满足不良事件报告要求的公司，在本指南确定的最低水平要
求下，应当咨询 FDA 负责不良事件报告合规的相关组织单位。

四、1995 年的《减少书面工作法》

本指南包含了根据 1995 年《减少书面工作法》（44U.S.C.3501-
3520）由管理与预算办公室进行审查的信息收集的规定。

完成信息收集的时间估计是，平均每次准备连续性规划的不良报
告时间为 50 小时，每次正常报告不可行时通知 FDA 为 8 小时，
以保持流感大流行条件的文件和由此产生的高缺勤率情况下的文
件、并保持记录以确认存储的报告以及报告程序恢复的时间，包
括审查条件，查询现有数据资源、汇集所需数据、完成和审查信
息收集的时间。可向以下地址发送关于减轻此负担的预计或建议：

食品药品监督管理局
药品审评与研究中心
检测和流行病学办公室
马里兰州银泉 20993-0002

新罕布什尔州大道 10903 号

22 号楼，4480 室

本指南也引用了 21 CFR 310.305、314.80、314.98、600.80、606.170、640.73、1271.350 和 803 部分，在 FDA 不良事件报告的要求中发现之前经过批准的信息收集。这些规定包含根据 1995 年《减少书面工作法》（44U.S.C.3501-3520）管理与预算办公室审查的信息的收集，并在管理与预算办公室控制码 0910-0116、0910-0291、0910-0230、0910-0308、0910-0437 和 0910-0543 下批准。此外，本指南也引用了已上市的人用药非处方药的不良事件报告，没有经批准的申请和法案（21 U.S.C. 379aa 和 379aa-1）760、761 部分要求的膳食补充剂，包括根据管理与预算办公室控制编码 0910-0636 和 0910-0635 批准的信息的收集。

表 2-1 FDA 在流感大流行期间由于高缺勤率导致强制性的不良事件报告的正常程序不可行而采取的上市后安全性报告方法

产品或申请的类型	法定或监管时间的报告类型	FDA 建议报告流感大流行期间的高缺勤率
FDA 指定的特殊关切的产品（以下任何产品或申请类型）	与 FDA 指定产品相关的规定或法规	提交
未经过新药申请批准的上市处方药产品	15 日预警报告，15 日预警报告的跟进 /15 日	如果必要的话存储
经批准的新药申请，经批准的简略新药申请 1 流感的标签指示 2 在前 3 年内获得批准 3 所有其他产品	15 日预警报告，15 日预警报告的跟进 /15 日	经批准的新药申请，经批准的简略新药申请 1 提交 2 提交 3 如果必要的话存储
经批准的生物制品许可申请 1 大流行性流感疫苗 2 在前 3 年内获得批准的生物制品（疫苗或非疫苗） 3 其他生物制品（疫苗或非疫苗）	以及 给申请人而不是 FDA 的报告 /5 日	经批准的生物制品许可申请 1 提交 2 提交 3 提交死亡报告，必要的话存储其他严重后果（非死亡的报告）

续表

产品或申请的类型	法定或监管时间的报告类型	FDA 建议报告流感大流行期间的高缺勤率
经批准的新药申请：所有产品	定期药物不良经历报告 / 美国批准申请（或许可）的日期和之后每年，3 年每个季度	如果必要的治存储
经批准的简略新药申请：所有产品		
经批准的生物制品许可申请：所有产品		
未经过批准上市的非处方药	严重不良事件报告 /15 个工作日	
膳食补充剂产品	严重不良事件报告 /15 个工作日	
血液和血液成分	血液收集 / 传输死亡报告 / 尽可能快（口头或书面），7 日（书面）	提交
原料血浆	捐赠者死亡报告 / 尽可能快（口头）	
人体细胞，组织，细胞和组织的产品	不良反应报告 /15 日	
医疗器械	给 FDA 的生产商医疗器械报告 /5 个工作日	
	给 FDA 的生产商医疗器械报告 /30 日	1 如果患者死亡，提交 2 如果非致命的严重伤害或器械故障，必要的话存储
	来自进口生产商和 FDA 的医疗器械报告 /30 日	1 如果患者死亡，提交 2 如果非致命的严重伤害，必要的话存储
	来自用户器械制造商的医疗器械报告（和 / 或 FDA）/10 个工作日	

附：上市后安全性报告的当前要求

产品或申请的类型	21 CFR 或 FD&C 法案部分	报告的类型 / 时间框架	信息类型	报告责任人
药品和生物制品				
未经新药申请批准上市的处方药产品	310.305	15 日预警报告，15 日预警报告的跟进 /15 日	严重和未预期的不良药品经历；15 日预警报告跟进的新信息	制造商，包装货物批发商，分销商
		制造商（或经许可的制造商）而不是 FDA 的报告 /5 日	严重的不良药品经历	包装货物批发商，分销商
经批准的新药申请（处方药和非处方药），经批准的简略新药申请（处方药和非处方药），经批准的生物制品许可申请（生物制品）	分别为 314.80 314.98 600.80	15 日预警报告，15 日预警报告的跟进 /15 日	严重和未预期的不良药品经历；15 日预警报告跟进的新信息	申请人（§§ 314.80,314.98），经许可的制造商（§ 600.80），制造商，包装货物批发商，分销商（§§ 314.80,314.98,600.80），联合制造商，共享制造商或任何其他涉及分离制造商的参与者（§ 600.80）
		申请人（或经许可的制造商）而不是 FDA 的报告 /5 日	严重的不良药品经历	制造商，包装货物批发商，分销商（§§ 314.80,314.98,600.80），联合制造商，共享制造商或任何其他涉及分离制造商的参与者（§ 600.80）
		定期不良药品经历报告 / 美国批准申请的日期，3 年每个季度 / 许可的发布和此后每年，除非 FDA 要求	每种不良药品经历的个别案例安全性报告没有作为 15 日预警报告提交给 FDA	申请人（§§ 314.80,314.98）或经许可的制造商（§ 600.80）
			总结部分：包括叙述总结和在报告期间不良药品经历的分析，包括之前提交给 FDA 的 15 天预警报告，报告中包括的个别案例安全性报告索引，从上次定期报告开始采取的行动历史	

续表

产品或申请的类型	21 CFR 或 FD&C 法案部分	报告的类型 / 时间框架	信息类型	报告责任人
药品和生物制品				
未经过申请批准上市的处方药	FD&C 法案 H 部分 760	严重不良事件报告，新医疗信息（跟进）报告 /15 个工作日	严重不良事件	制造商，包装货物批发商或分销商
膳食补充剂				
膳食补充剂	FD&C 法案 H 部分 760	严重不良事件报告，新医疗信息（跟进）报告 /15 个工作日	严重不良事件	制造商，包装货物批发商或分销商
血液和血液成分，包括原料血浆				
血液和血液成分	606.170	血液收集 / 传输死亡报告 / 尽快通知（通过电话，传真，电子邮件或快信），7 日内调查的书面报告	与血液成分或传输并发症相关的死亡人数	血液收集器械或传输器械
原料血浆	640.73	捐赠者死亡报告 / 尽快（通过电话）	与原料血浆收集相关的死亡人数	原料血浆机构
人体细胞，组织，细胞组织产品				
人体细胞，组织，细胞组织产品（HCT/P）	1271.350	不良反应报告 /15 日	如果致命的，危及生命的与 HCT/P 相关的传染病导致身体机能的永久性损伤，或对身体结构有永久性伤害，或必需的医疗或手术治疗	制造 HCT/P 的机构
医疗器械				
医疗器械	803.50	给 FDA 的医疗器械报告 /30 日	器械可能造成 / 导致死亡或严重伤害，或器械故障，可能会导致 / 如果出现故障，导致死亡或严重伤害	制造商
	803.53	给 FDA 的医疗器械报告 /5 个工作日	医疗器械报告说明可报告的事件需要急救措施，以防对公共健康或 FDA 要求的报告有重大损害的不合理风险	制造商

续表

产品或申请的类型	21 CFR 或 FD&C 法案部分	报告的类型 / 时间框架	信息类型	报告责任人
医疗器械	803.56	补充（跟进）报告 /1 个月内	跟进之前提交的 5 日或 30 日医疗器械报告的信息	制造商
	803.40	给制造商和 FDA 的医疗器械报告 /30 日	器械可能造成 / 导致死亡或严重伤害	进口商
	803.40	给制造商的医疗器械报告 /30 日	器械故障，有可能造成 / 如果故障发生，导致死亡或严重伤害	进口商
	803.30	给制造商和 FDA 的医疗器械报告 /10 个工作日	器械可能造成 / 导致死亡	用户设备
	803.30	给制造商（如果制造商未知的话给 FDA）的医疗器械报告 /10 个工作日	器械可能造成 / 导致严重伤害	用户设备
	803.33	年度报告 / 每年 1 月 1 日	之前提交报告的总结（如果没有报告则不要求）	用户设备

第三节 | 经许可的制造商除血液和血液成分以外生物制品的生物制品偏差报告

Biological Product Deviation Reporting for Licensed Manufacturers of Biological Products Other than Blood and Blood Components

一、简介

本指南提供给经许可的生物制品（不包括血液和血液成分）制造商，包括 FDA 当前对关于生物制品偏差报告的要求的想法。本指南文件是 2001 年 8 月相同标题的草案指南的最终版。

二、背景

在 2000 年 11 月 7 日的联邦公报（65 FR 66621）上，FDA 发布了最终规定，修订了法规中对经许可的生物制品的制造商的报告代表非预期或不可预见的来自动态药品生产管理规范的事件或偏差，适用的法规、适用的标准或确立的规范，可能影响产品的安全性、纯度或效能（联邦公报代码 21 部分（21 CFR 600.14））。

21 CFR 600.14 中修订的法规在 2001 年 3 月 7 日生效：

● 术语"生物制品偏差"代替"错误和事故"；
● 更清晰地描述您必须向我们报告的事故类型；
● 限制报告那些影响销售产品安全性、纯度或效能的事故；
● 在发现事故的 45 日确立报告时间框架。

根据 21 CFR 600.14，要求您报告有关生产的可能影响其安全性、纯度或效能的某些事件，包括测试、过程、包装、标签或存储、持有或销售经许可的生物制品。21 CFR 600.3（p），（r），（s）定义了安全、纯度和效能。

根据 21 CFR 600.14，您应当尽快提交报告，但要在发现合理提示发生了可报告事件信息的 45 日内提交报告。为了帮助报告，我们设计了一种标准化的报告格式，您可以提交电子版或邮寄纸面版。

修订后的法规没有改变 21 CFR 211 或 820 部分中调查任何无法解释的差异，或不能满足其标准的任何要求。这些法规要求您在适当的时候评估和调查无法解释的差异和不能满足标准的情况，并且保持投诉记录，包括调查和跟进的记录（21 CFR 211.192, 211.198, 820.90 和 820.100）。我们建议您调查任何无法解释的差异或不能满足任何规范的程序符合以下规范：

— 及时的调查；
— 一个适当的纠正措施计划，以防重复发生；
— 用及时的方法获得不合适产品的控制的程序；
— 所有受影响的产品（在效期和过期）的适当处理。

在 2003 年 6 月 30 日，FDA 通过生物制品审评与研究中心向药品审评与研究中心转移一些经过审查和监管的治疗用生物制品。药

品审评与研究中心现在有监管的责任，包括对转移产品的上市前
审查和持续监督。在调节分配给他们的产品时，生物制品审评与
研究中心和药品审评与研究中心将定期在必要时相互咨询。

生物制品审评与研究中心或药品审评与研究中心分配的特定产品
的问题应当直接联系中心的管理人员：

● 药品审评与研究中心监察专员：301-594-5480
● 生物制品审评与研究中心监察专员：301-827-0379

三、指南

（一）谁必须报告（21 CFR 600.14（a））

根据 21 CFR 600.14，当来自 cGMP、适用的法规、适用的标准、
确立的规范、无法解释或无法预见的事件（以下简称事件）的偏
差可能影响安全性、纯度或效能，持有生物制品并控制产品的制
造商必须提交报告。这个报告要求适用于经许可的生物制品制造
商，包括疫苗、过敏原产品、疗法、血浆衍生物和体外诊断（例如，
用于捐赠者筛查的诊断试剂盒或试剂）。

我们在 21 CFR 600.3（ii）中将"控制"定义为有责任保持产品的
持续性安全、纯度和效能，符合适用的产品、确立的标准和动态
药品生产管理规范。

如果您是收集原料血浆或其他血液成分作为进一步制造成品的
原材料的血浆分离器或体外诊断试剂制造商，您需要在 21 CFR
600.14 或 21 CFR 606.171 规定下依据事件发生时间进行报告。根
据 21 CFR 606.171，要求您报告在制造这些原材料期间发生的事

件。根据 21 CFR 600.14，要求您报告在制造这些原材料之后，以及制造经许可的生物制品成品期间发生的事件（例如，免疫球蛋白静脉注射（人用）、红细胞试剂）。

根据 21 CFR 600.14，如果您制造了未经许可的原材料（除了血液或血液成分）并且没有在成品中使用这个材料，要求您报告发生在制造未经许可原材料期间的事件。当然，您可以向资料收货人报告任何事件。

根据 21 CFR 600.14，如果您制造了经许可的成品，其中未经许可的原材料受生产中事件的影响，影响了最终分销产品的安全性、纯度或效能，您必须报告事件。使用不适合的原材料代表 21 CFR 600.14（b）（1）（ii）中引用的非预期或不可预见的事件。

如果生产受药品临床试验申报支配的未经许可的产品，不要求根据 21 CFR 600.14 报告事件。如果您生产了可用于研究药品临床试验申报的经许可的产品，要求根据 21 CFR 600.14 报告事件。

1. 合作生产的安排

制造商偶尔与另一个公司签订合同，执行部分或全部产品的生产。根据合同执行的一些常见生产步骤包括检测、填充、存储和分配。如果外包任何生产步骤，根据 21 CFR 600.14 和本指南文件中的描述，这一步在您的控制下执行。根据 21 CFR 600.14（a），您必须建立、保持和遵循接受来自签订合同的工厂所有影响产品的偏差、疾病和不良事件的信息。

如果您是合同生产方（即您根据合同为另一个工厂完成制造的步骤），您必须根据 cGMP（21U.S.C.351（a）（2）（B））指导这些制造过程，您不需要向我们提交生物制品偏差。

分离生产是指安排两个或更多制造商，每个制造商根据 207 或 607 部分在我们这注册，并经过许可生产特定的生物制品，共同参与产品生产。

共同生产是指安排两个或更多制造商，经过许可并对制造产品的不同和具体部分负责，但没有单个供应商经过产品制造所有方面的许可。参与的制造商可以完成一个特定的制造步骤，或与另一个企业共同完成，并且承担符合适用的产品和确立的标准的责任，如 21 CFR 600.3（t）对申请人的描述。参与的制造商完成（或负责完成）重大的产品制造，被视为有资格根据这个安排获得单独许可。

如果您参与分离或共同生产安排，您要报告当产品在您的控制之下时生产操作期间发生的事件。

2. 必须报告的例子

案例一

事件：您是一个疫苗生产商，与另一个企业签订合同完成疫苗产品的灌装操作。灌装操作不是根据您提供的书面产品与工艺控制过程完成的，产品没有符合适用的规范，可能影响产品的安全性、纯度或效能。

报告：根据 21 CFR 211.192 和 211.198，外包灌装厂家必须完成一个调查，并向您提供填充过程中发生的偏差细节，不需要向我们报告。

根据 21 CFR 600.14（a），您必须建立、保持、遵循接受来自填充操作的偏差信息的过程。根据 21 CFR 600.14（b），如果您销售了不当的填充产品，您必须向我们提交一份报告。我们建议您确认对灌装物进行了充分的调查。

案例二

事件：您是经过许可的检测试剂盒生产商，销售乙型肝炎病毒表面抗原的检测试剂盒。收货人是血液公司，在不被接受的温度下存储产品，可能影响产品的安全性、纯度或效能。

报告：您不需要向我们报告或进行调查，因为该产品发生事件时不在您的控制之下。

根据 21 CFR 606.100（c），211.192 和 211.198，如果收货人使用检测试剂盒检测捐赠者的血液，要求收货人完成调查。根据 21 CFR 606.171，如果收货人使用不正确存储的检测试剂盒检测分配的血液成分，收货人会向我们提交报告。

案例三

事件：您是接受来自供应商的玻璃小瓶和瓶塞的生产商。您确定小瓶和瓶塞与恰当的书面程序不一致，可能会影响最终产品的安全性、纯度或效能。

报告：我们建议您通知供应商，这样供应商可以调查偏差。不要求供应商向我们报告。

除非您使用了不合适的小瓶和瓶塞，并销售了最终产品，否则不需要向我们报告。

案件四

事件：原料血浆公司收集和检测一个单位的原料血浆并转移至分离器。然后血浆公司发现不准确地完成了病毒标记测试，随后重新测试了储备的样本单位。单元测试为阳性的病毒标记物。

报告：根据 21 CFR 600.14，如果您使用不正确的方法检测制造的经许可的生物制品，并销售了最终产品，您需要提交报告，因为这会影响最终产品的安全性、纯度或效能。我们建议您建立一个程序，接受原料血浆公司有关偏差的信息。

根据 21 CFR 606.100（c），血浆公司必须完成对不适当的测试和发布单位的调查。根据 21 CFR 606.171，要求血浆公司向我们提交报告。

案件五

事件：您是在适当运输条件下向收货人销售产品的经许可的制造商（不是未经许可的产品生产商）。经销商将产品运往商店。产品没有在标签存储或运输条件下适当维护，不论是药店或经销商。

报告：您不需要提交一份报告，因为该事件是在产品离开了你的控制后发生的。如果经销商获得许可，那么只有经销商需要提供报告。

（二）我要报告什么（21 CFR 600.14（b））

根据 21 CFR 600.14（b），您必须报告与制造有关的事件的任何信息，包括检测、加工、包装、标签或存储、持有或销售经许可的生物制品，如果事件符合以下所有标准。

（1）以下其中一个：

代表来自 cGMP、适用的法规、适用的标准或确立的规范的一个偏差，可能影响产品的安全性、纯度或效能；

代表非预期或无法预见的事件，能影响产品的安全性、纯度或效能。

（2）发生在您的工厂中，或与您有合同的工厂。

（3）涉及到销售的生物制品。

一个适当的报告程序包括确定必须提交的报告中的某个事件的步骤。报告的决定应当依据事件是否会潜在地影响产品安全性、纯度或效能。21 CFR 600.3（p），（r），（s）中分别定义了术语安全、纯度和效能。

1. 收回和收货人的通知

如果只是因为您没有遵循收回或通知的内部程序，不需要提交生物制品偏差（例如，如果您没有在您描述的程序时间内通知收货人，您不需要提交报告）。没有遵循收回或通知的程序，不会影响产品的安全性、纯度或效能。然而，根据 21 CFR 600.14（b），如果收回或调整的潜在理由符合本部分中的报告标准，您必须提交报告。在这个情况下，报告必须描述可能影响销售的产品的安全性、纯度或效能的事件，并且应当描述不能遵循程序的原因。例如，您销售了没有符合规范的产品，可能会影响产品的安全性、纯度或效能。您的标准操作程序（SOP）要求您在 5 日内通知收货人，发现事件2周后通知收货人。要求您报告未正确放行的产品。
我们建议您在报告中包括收货人通知与 SOP 不符的内容。

不要求您提交报告：

（1）不论事件是什么，您不销售可能受到影响的产品。

（2）您在销售产品之前确定事件实际上没有影响产品的安全性、
纯度或效能。

（3）您在销售前发现问题并作出了适当的纠正，产品遵循适当程
序的返工或重新加工（可能需要 FDA 的批准）。

（4）如果您的报告只能简要说明您为什么迟于向我们报告事件。

（5）微小记录偏差不会影响产品的安全性、纯度或效能，比如省
略审核的日期。

（6）如果产品不是经美国许可的产品。

根据 21 CFR 600.14，上述例子不适合报告，事件可能构成法规的
偏差，我们会在检查期间评估。

2. 经许可的制造商除血液和血液成分外的生物制品的偏差报告流程

如果要求您向我们报告事件，您可以使用流程图（图 2-1）帮助
您确定。

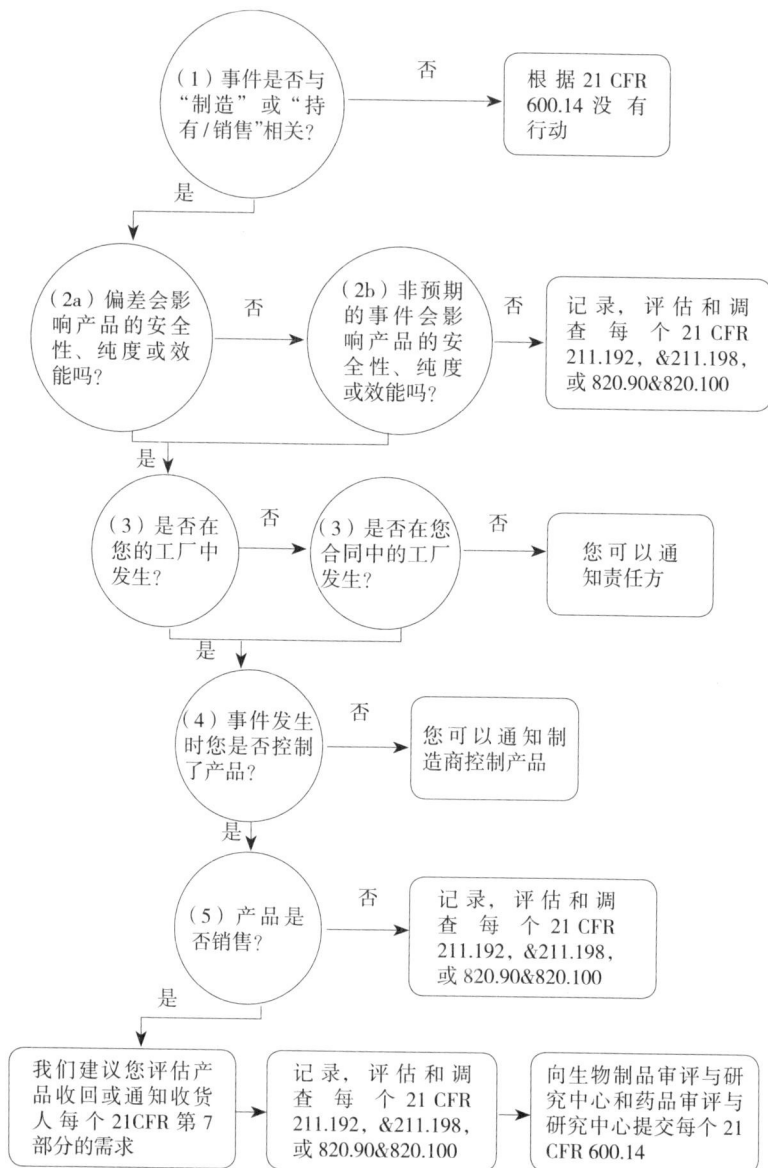

图 2-1 经许可的制造商除血液和血液成分外的生物制品的

偏差报告流程

以下是对应于流程图的问题。

（1）法规中描述的事件是否与"制造"或"持有或销售"有关

如 21 CFR 600.14（b）中描述的，制造包括检测、加工、包装、标签或存储。此外您必须报告有关经许可的生物制品持有或销售的事件。

根据 21 CFR 600.14，要求您报告发生在销售产品之后的事件，包括由于使用者滥用或处理不当，比如管理失误。

其他规定要求您报告不良经历。要求生物制品制造商根据 21 CFR 600.80 报告不良经历，此外，根据疫苗不良事件报告系统可以报告某些疫苗的不良经历（42 U.S.C.300aa-25；也可以参照指南 www.fda.gov/cber/vaers/vaers.htm）。根据 21 U.S.C.360i 和 21 CFR 803 部分，器械制造商受医疗器械报告的管辖。如果在制造时发生有关可报告的偏差，非预期或不可预见事件的可报告不良经历，您必须提交不良经历 / 事件报告和生物制品偏差报告。

（2a）是否有偏差会影响产品的安全性、纯度或效能

可能影响产品安全性、纯度或效能的偏差，包括来自验证的生产过程的偏差，防止产品满足所有 cGMP 的要求，适用的标准和确立的标准。cGMP 和适用的标准目前可在 21 CFR 210，211，600-680 和 820 部分找到。标准指适用于制造或发布产品的规范和程序，建立在生物制品许可申请，旨在帮助确保这种产品的持续安全、纯度和效能。标准指在生产时证明产品和其他材料质量的质量标准（即检测、分析程序和可接受标准）。

（2b）非预期或不可预见的事件是否会影响产品的安全性、纯度或效能？

尽管事实上您遵循所有要求的程序，有时候发生的非预期或不可预见的事件可能会影响产品的安全性、纯度或效能。这可能是因为您在制造时没有得到信息。非预期或不可预见的影响产品安全性、纯度或效能的事件包括：

●销售产品后，产品供应商通知您制造过程中使用的材料没有符合所有书面标准，比如成分、药品容器、封口，您没有发现来自日常材料资格程序的偏差；

●销售产品后，原材料供应商通知您材料没有符合所有书面标准，您没有发现来自日常材料确认程序的偏差。

如果发生事件，但是没有影响产品的安全性、纯度或效能，您必须根据 21 CFR 211.192 和 211.198，以及 21 CFR 820.90 和 820.100 分别记录，评估和调查药物产品和器械产品，但您不需要向我们报告。

大部分偏差和差异应当在制造过程中识别，或者作为质量控制（QC）活动和之前控制的产品的一部分。然而，根据 21 CFR 600.14，如果您在销售产品后发现事件，它可能会影响产品的安全性、纯度或效能，无论是否通知收货人或产品收回是否必要，您必须报告事件，即使最终您通过调查确定实际上不会影响产品的安全性、纯度或效能。

例如，如果您销售的产品没有经过所有确立的标准的检测，您必须向 FDA 报告，即使随后您检测了产品并发现是可以接受的。

如果您在销售产品之前发现事件，并且：

—确定事件不会影响产品的安全性、纯度或效能；或

—根据适当的程序返工或重新加工该产品（可能需要 FDA 批准）；或

—否则纠正这个问题（比如，如果没有完成放行的检测，应完成必要的检测），要求您根据 21 CFR 600.14 报告。

例如，如果您在销售产品之前的检测中发现偏差，并且调查确定检测是无效的，您适当地重新检测产品，发现可以被接受，您不需要根据 21 CFR 600.14 向我们报告。

（3）是否在您的工厂或合同中的工厂发生？

如果事件在您的工厂或合同中的工厂发生，要求您提交报告，比如测试实验室。根据 21 CFR 600.14（a）和（b），您必须报告承包商发生的事件，必须建立、保持、遵循程序，接受来自合同工厂的所有偏差，疾病和有关潜在受影响产品的不良事件的信息。

如果您是委托生产商（例如测试实验室或受委托灌装厂家）不是经许可的产品生产商，并且在您的厂房中发生事件，该事件会影响产品的安全性、纯度或效能，您要通知经许可的制造商控制产品（与您签订合同的企业）。您不需要向我们报告事件。

如果经许可的制造商检测到关于另一个许可制造商许可的产品的事件发生，您不需要向我们报告。例如，如果您收到在不适合条件下传输经许可的散装材料，我们建议您通知制造商，如果适合的话，他们有责任向我们报告。除非您使用不被接受的散装材料来生产最终产品和销售产品，否则您不需要向我们报告。

（4）事件发生时您是否控制产品

如果您有整体的责任控制产品：

● 保持产品的持续安全、纯度和效能；
● 符合适用的产品和确立的标准；
● 符合动态药品生产管理规范。

如果您在事件发生和销售受影响的产品时对产品进行了控制，您有责任报告。

如果您是经许可的持有者，并且与合同的另一方企业完成全部或部分产品的制造，您已经控制了产品。根据 21 CFR 600.14（a）（1），您必须建立、保持和遵循程序，接受来自合同制造设施的所有偏差、疾病和不良事件的信息。合同制造商要根据 21 CFR 211.192 和 211.198 或 21 CFR 820.90 和 820.100 负责分别记录、评估、调查药物产品和器械产品。合同制造商没有责任向我们报告。

（5）产品是否销售（distributed）

我们在 21 CFR 600.3（hh）中定义了"distributed"，意思是生物制品已脱离经许可的制造商的控制。

如果您销售了产品，我们建议您也根据 21 CFR 第 7 部分估计产品收回或通知收货人的需要。您必须根据 21 CFR 211.192 和 211.198，21 CFR 820.90 和 820.100 记录、评估、调查药物产品和器械产品，无论您是否销售产品。

（三）什么时候报告（21 CFR 600.14（c））

根据 21 CFR 600.14（c），您需要尽快报告生物制品偏差，但您、您的代理人或其他人在您控制下完成制造、持有或销售步骤的人，必须在 45 日之内报告，获取合理表明已发生可报告事件的信息。厂房的任何雇员获得这些信息，不仅仅是参与质量保证或质量控制的雇员了解这个事件。一旦您获得信息，您应当做一个评估，事件是否会潜在地影响产品的安全、纯度和效能，并确定产品的状态（即产品是否销售或是否需要检疫）。

如果您外包给别的厂房完成生产的步骤，委托生产方发生了事件，当您的承包商了解该事件后可以开始报告。

（四）如何报告，在哪报告（21 CFR 600.14（d）和（e））

根据 21 CFR 600.14（d）和（e），您必须使用 FDA 3486 表格报告生物制品偏差。您必须以电子形式提交完整的报告，通过生物制品审评与研究中心网站 http：//www.fda.gov/cber/biodev/biodev.htm 或发送邮件至：

生物制品质量和监管办公室主任（HFM-600）
生物制品审评与研究中心
罗克维尔大道 1401 号，200 室
马里兰州罗克维尔市 20852-1448

分配至药品审评与研究中心关于生物治疗产品的报告应发送至：

风险管理和监管合规部门（HFD-330）
药品审评与研究中心
食品药品监督管理局
渔民巷 5600 号
马里兰州罗克维尔市 20857

如果事件发生在委托生产商，我们建议委托生产商报告有关事件的生物制品偏差。

完成每个事件的单独报告。如果一个事件涉及一个以上的产品，您只需要完成一个报告列表，包括所有受影响的销售产品。

FDA 3486 表格以及完成格式的指示可以在以下网站找到：http：//www.fda.gov/cber/biodev/biodev.htm

四、通过生产系统可报告和不可报告事件的举例

我们根据发生事件的生产系统对生物制品偏差报告进行了分类。项目符号列表后，进一步解释了每个系统，我们提供了可报告和不可报告事件的举例。一个事件可能是在一个多样化系统中失败的结果。了解事件在哪发生以及为什么您的产品被允许继续通过制造过程并销售是非常重要的，所以您可以实施适当的纠正措施以防再次发生。

●在收到和接受外购材料期间，外购材料发生的事件（参照下文"（一）"部分）。

●在制造过程中发生的控制过程的事件（参照下文"（二）"部分）。

●在过程中或发布测试期间发生的测试事件（参照下文"（三）"部分）。

●在贴标签过程中发生的产品标签事件，包括确认标签信息是正确的，打印标签，将标签应用于产品（参照下文"（四）"部分）。

●关于产品没有符合一个或多个最终产品标准的产品标准事件，在发布时或标签日前之间的任何时候（参照下文"（五）"部分）。

●质量控制审评过程或销售最终产品期间，发生的质量控制和分布事件（参照下文"（六）"部分）。

下面的事件举例是不完整的，不代表可能发生的所有变化。案例除了非预期或不可预见的事件外还包括来自 cGMP、适用的法规、使用的标准和确立的标准的偏差。不是所有这些案例都适用于您或您制造的所有产品。案例是否适用于您取决于您的生产操作和程序。根据药物产品的 21 CFR 211.192 和 211.198，器械产品的 21 CFR 820.90 和 820.100，必须调查所有事件。

（一）接收材料

接收材料包括但不限于用于制造的源材料、原材料、成分、容器和封口。涉及到接收材料发生的事件，当您收到、接受并制造经许可的产品，来自于接收材料，发现没有符合确立的标准，或确定是不合适的，直到您销售产品后没有发现。这包括接受来自材料供应商的信息，制造产品时使用不合格的材料。根据 21 CFR 600.14（d），当涉及到传入的材料的标准时，您必须提交报告，因为可能会经许可的产品销售的安全性、纯度或效能。有关传入的材料标准的可报告的事件举例可能包括一下几种。

● 容器或封口（例如瓶塞）不符合所有适当的书面标准，或用于制造的被发现有缺陷。

● 原材料不符合标准，或被发现不适合用于制造。例如，原材料：
—被污染的微生物，比如细菌或霉菌（如果要求无菌）；
含有超出标准的化学物质；
—含有沉淀物（不符合标准）；
—接受偏差测试（要求不完成测试或不准确地完成）；
—检测阳性病毒标志物（例如，原料血浆、恢复的血浆）；
—在不正确的温度下存储或传输（例如，缺少控制货物温度的敏感材料）

● 用于检测或加工的成分不符合标准（例如，使用过期的成分）。

不用报告：

材料不符合适当书面标准会作为不合格品不用于制造。

（二）过程控制

发生在生产过程中的控制事件，直到您销售产品之后还没有发现。根据 21 CFR 600.14（b），您必须提交生产过程中的事件（偏差、非预期或不可预见的事件）报告，可能影响销售经许可产品的安全性、纯度或效能。关于生产过程的可报告事件的举例可能包括以下几种。

●使用不正确的参数完成制造或加工，比如：

—不恰当的温度；
—没有根据程序完成灌装；
—没有根据程序完成无菌处理。

●散装或中间产品存储不当，比如：

—不恰当的温度；
—过多的时间。

●生产过程中断（例如，由于停电）。

●卫生处理程序没有完成或错误完成。

●介质灌装失败，或没有正确灌装。

●根据书面程序，器械没有正确运行。

●器械故障。

●散装材料不符合标准，或由于下雨原因不适合：

—微生物污染，比如细菌或真菌（如果需要无菌）；
—化学物质超过标准；
—出现沉淀（不符合标准）。

●不符合过程中的标准。

如果事件发生在定期完成的过程控制的操作中，从上次成功操作开始，您的报告应当识别销售的所有潜在受影响的产品。

（三）检测

检测事件包括检测期间发生的，直到您销售产品之后还没发现的事件。这包括检测没有完成或没有正确完成。包括没有检测记录的状况，可能影响产品的安全性、纯度或效能，还包括使用不正确或不恰当（例如过期的）的样本、试剂或介质完成检测。

根据 21 CFR 600.14（b），您必须提交检测期间事件（偏差、非预期或不可预见的事件）的报告，可能影响销售的经许可产品的安全性、纯度或效能。检测期间可报告事件的举例可能包括以下几种。

●安全性、纯度、效能、无菌、同一性或稳定性的检测

—没有完成或没有在要求时间内完成；
—完成不当。

●没有检测完成的记录。

不用报告：

●没有完成检测或记录，但在销售之前发现缺少检测或记录；完成检测和记录之后才销售产品；

●没有正确完成检测，但调查确定检测是无效的，并且适当地重复检测，在销售之前发现是可接受的。

（四）标签

标签事件包括在贴标签过程中发生的，直到销售产品之后还没发现的事件。标签事件包括有关产品任何标签上不正确、缺失或误导的信息，包括单位标签、包装说明书、纸箱标签以及产品附随的其他任何标签。

根据 21 CFR 600.14（b），您必须提交标签期间的事件报告，可能影响销售的经许可产品的安全性、纯度或效能。有关标签的可报告事件的举例可能包括以下几种。

● 包装说明书不正确，不是当前批准的版本，或产品中不包括。

● 信息缺失或不正确，比如产品类型、批号、存储温度、浓度或体积、给药途径。

● 产品标签延长有效期，即使预计产品在正确的时间内使用。

● 产品错过有效期。

不用报告：

● 在不是由于产品不能在整个批准期间达到标准的情况下缩短产品标签的有效期。

（五）产品标准

涉及到不符合标准的产品事件包括不论是销售时发生还是在产品标签标注的保质期内发生的直到您销售产品之后才发现的产品不符合标准。在放行检测期间可能不恰当或不正确地分析产品，或随着时间推移已经变质。这些事件可以在审计期间、调查消费者投诉期间或稳定性检测期间发现。

根据 21 CFR 600.14（b），您必须提交有关产品标准的事件（偏差、非预期或不可预见的事件）报告，即可能影响销售的经许可产品的有效性、纯度或效能。有关产品标准的可报告事件的举例可能包括以下几种。

●不符合最终产品标准，比如：

—效能；
—水分含量；
—防腐剂含量。

●最终产品不合适，比如：

—微生物污染，如细菌或霉菌（如果需要无菌）；
—化学物质超过标准；
—含有沉淀（不符合标准）；
—溶血（试剂红细胞）。

●最终产品的组件包装不符合标准，比如：

—抑菌注射用水；
—稀释液。

●贴标签期间没有进行稳定性检测，并且没有在标签温度的条件下存储。

不用报告：

批准之外的条件下完成稳定性测试，比如更高的存储温度或延长
有效期，产品没有通过更多严格的测试。

（六）质量控制和销售

质量控制和销售的事件包括以下事件。

●不遵循或没有完成质量控制程序。

●产品的销售不符合发布标准或不被接受，例如：

—由于配电系统故障，产品被不当地销售；
— 确定产品是否适合销售之前销售产品；
—关于产品物流的事件；
—表明产品不被接受的其他信息。

根据 21 CFR 600.14（b），您必须提交有关产品在销售过程中可
能影响有效性、纯度或效能的事件（偏差、非预期或不可预见
的事件）报告。可报告的事件与销售、质量控制 / 质量保证相关，
可能包括：

●完成所有要求的测试之前销售产品；

●可能影响产品安全性、纯度或效能的制造问题的结论之前，销
售产品；

●质量控制部门放行之前销售产品；

●验证生产过程之前发布产品；

●销售的时候产品已经过期；

●产品在不正确的温度下传输，或在传输期间要求控制存储时缺少保持对照温度的保证；

●待验状态下产品销售。

不用报告：

●产品被运输到不正确的工厂；

●产品有适当的标签，但运输发票与实际装运不同（例如，发票上列出 10 瓶，但只装运了 9 瓶）；

●产品标签正确，客户订单错误（错误的产品，错误的数量）。

第四节 | 人用处方药和生物制品标签中的不良反应部分——内容和格式

Adverse Reactions Section of Labeling for Human Prescription Drug and Biological Products — Content and Format

一、简介

本指南旨在根据 21 CFR 201.57（c）（7）帮助申请人和审查者起草处方药标签的不良反应部分。它的主要目的是在以下方面给予帮助。①选择章节中内容的信息；②描述所选内容的不良反应特征；③组织和展现该节的信息；④更新不良反应信息。本指南的目的是帮助申请人计划不良反应部分，包含对患者管理决策非常重要的药物安全性信息，并且以清晰和可访问的格式传达信息。

二、背景

本指南旨在使不良反应部分的内容和格式一致，强调对于如何或是否存在不良反应信息，审查者和申请人的判断仍是评估的关键。FDA 审查者和申请人应当在确定不良反应和描述这些反应时评估以下因素，如：严重性、严重程度、频率和强度，以及它们的关联性。一般情况下，不良反应部分只包括那些有助于卫生保健从业者作出治疗决定，监测和通知患者的信息。每个报告包括罕见的和次要的不良反应的详尽列表，通常在没有药物治疗或应避免的不可信的药物治疗的时候观察到（参照 §201.57（c）（7）和本指南最后对不良反应定义的术语）。这些列表信息不完善，更倾向于隐藏更多临床有意义的信息。

三、不良反应部分——内容和格式

不良反应部分要求列出该药物、相同药物活性的药物以及化学相关的类别发生的不良反应，如果适用的话（§201.57（c）（7）（i））。不良反应的单独列表要求确定临床试验（§201.57（c）（7）（ii）（A））和药物上市后的自发报告（§201.57（c）（7）（ii）（B））。指南的该部分提供了确保有关最重要的临床不良反应信息容易访问的建议（参照下文"（一）"）、组织来自临床试验（参照下文"（二）"）和上市前安全性报告（参照下文"（三）"）的不良反应信息。

（一）临床上最重要的信息访问

通常情况下，给定药物有不同的临床反应（从严重的到次要的），而对于讨论某些有比较重大临床意义的不良反应，通常在标签中的其他方面有更加详细的介绍（例如，警告和预防措施、禁忌证和黑框警告）。不良反应部分应该使卫生保健从业者更容易识别和保存对作出处方决定重要的不良反应信息。不良反应部分的开头应当确定最具临床意义的不良反应，如果有的话，指导从业者获得更多有关这些反应的详细信息。例如，该部分应当首先：

●识别和交叉引用其他标签部分中更详细描述的所有严重的和其他重要的不良反应，尤其是黑框警告、警告和注意事项（例如，参照警告和注意事项5.1）。

●识别最常见的不良反应（例如，所有不良反应在治疗组发生几率是 10% 或更大，且至少是安慰剂组的两倍）。

●如果有的话，识别导致了临床试验重大的停药率或其他临床干预的不良反应（例如，剂量调整，需要其他疗法治疗不良反应）。

（二）临床试验的不良反应

临床试验所呈现的不良反应是不良反应的重要组成部分。不良反应部分必须包括按特定发生率之上发生的适宜药品安全性数据库的所有反应的列表（参照下文"3. 常见不良反应的描述不良反应表"），并单独列出发生在特定发生率之下的不良反应，但有一些依据认为药物与事件之间存在因果关系（参照下文"4. 不常见不良反应的介绍"），并且在信息可获得和相关的范围内，关于性质、频率、严重性、持续时间、剂量反应和这些不良反应的人口学特征，具有重大的临床意义（§201.57（c）（7）（ii）（A））。以下是从临床试验中确定的不良反应的推荐构架。

1. 数据来源的描述

从临床试验确定的不良反应信息，必须在解释不良反应所必需的信息之前呈现（§201.57（c）（7）（i））。这个信息通常包括绘出的不良反应数据的全部临床试验数据库的描述，包括关于总体暴露（患者的数量、剂量、时间表、持续时间）、暴露人口的统计资料、发生暴露的试验设计的讨论（例如，安慰剂对照、活性对照）和其他来自安全数据库的关键排除。

实例数据库描述：下面描述的数据反映了在 3 名患者 [n] 中暴露于药物 X，包括 [n] 暴露 6 个月或 [n] 大于 1 年。药物 X 主要在安慰剂和活性对照试验（n = _，且 n = ___）以及长期随访研究中进行研究。人口因素包括 [年龄范围]、[性别分布]、[种族分布]、[疾病 / 症状]。大多数患者接受剂量 [适当描述范围，给药途径，频率，持续时间]。

2. 从临床试验获得的重大不良反应数据的声明

为了正确地帮助从临床试验获得的重大不良反应数据，应在临床试验的不良反应呈现之前作以下陈述或适当的修改：因为临床试验是在不断变化的条件下进行的，所以一种药物在临床试验中观察到的不良反应率不能与另一种药物的临床试验中的发生率直接比较，并且可能不反映实际中观察到的发生率。

3. 常见不良反应的描述（不良反应表）

接下来的"不良反应"部分应列出发生在临床试验中与数据库特定或特定发生率以上相当（以本指南为目的，"常见"不良反应）的不良反应。 该列表必须包括药物和任何比较剂（活性剂或安慰剂对照）的不良反应的发生率，除非不能确定数据或显示的比较剂比率具有误导性（§201.57（c）7）（ⅱ）（A））。 为了使不良反应发生率方便进行对比，常见的不良反应通常在表中呈现。

（1）使用最好的可用数据

如果这些数据可用，并且能提供信息的数据库足够大，则常见不良反应列表中的数据应来自安慰剂对照和 / 或剂量反应研究。如果这些数据不可用或者没有足够的信息，列表应该基于活性对照的数据。如果对照数据不可用，可以使用通过良好监测到的总比率和单组数据库提供在治疗的患者中观察到的一些指示。一般来说，应该在表中呈现最翔实的数据。例如，如果安慰剂对照数据可用且具有足够的信息，则即使活性对照数据、单组试验数据或总体安全数据来自更大的数据库，通常也不需要在表中呈现。如果数据源未用于建立列表，但提供了表中列出的不良反应的重要信息，这些信息在建立表格中使用的试验中未发现（例如，有关延长治疗持续时间的信息）这些资料可在表后的评注中讨论。（参考"5. 常见和不常见不良反应列表的说明"）。

（2）表格数据来源的描述

表格应当附有表格中反映的数据源的描述，包括表格中的不良反应的基础（所有治疗组的反应发生率 >n%，药物超过安慰剂的几率），以及得到不良反应发生率的方法（例如，对于给定的不良反应，是来自不存在基线的该类型所有报告的不良事件的发生率率或来自被研究者认为与药物相关的报告事件的子集）。数据来源的描述应说明从中得出的表格中的信息的研究类型，以及是否汇总了研究数据。该信息可以在表格前的文章内容、表格的脚注、表格的标题或结合这些得到。

（3）有多少表格

一个不良反应表格通常足够了，然而，当一种药物的不良反应曲线在不同的环境或群体中明显不同时，不同的不良反应显然与药物相关，但在多个表格中更能提供信息数据，且数据对于使用（或不使用）和监控有重要意义。不同的适应证、制剂、人口学亚组、研究持续时间、给药方案和研究类型（例如，严密监控的小型研究相比于大量研究结果），这些不同情况下的发生率可能存在很大差异。在这种情况下，额外的表格的内容应仅限于能表明发生率差异的意义的不良反应。

4. 不常见不良反应的介绍

接下来，不良反应部分应介绍纳入到常见不良反应表的低于指定发生率的不良反应，但一些依据表明药物与不良反应事件之间存在因果关系（本指南的目的，"较不常见的"不良反应）。很难确定非常低概率的不良反应事件是由药物引起的，且这些事件常常会被大量报道，但是这其中的大多数情况不是由药物引起的。不太可能由药物引起的不良事件的冗长列表对处方者没有价值，因此不适合写在标签中。

当有理由怀疑是由该药物引起了不良反应事件时，应列出该药物的严重的、低频率的不良反应事件。怀疑不良反应与药物有联系的典型理由包括：①关于使用药物的发作或终止时间；②合理地根据药物已知的药理性质；③在治疗人群中高于预期的发生率；④发生药物引起的典型不良反应（例如肝损伤、粒细胞缺乏症、史蒂文斯－约翰逊综合征）。对于是由药物引起的典型不良反应的严重事件，即使是仅发生一例，也可以是列表中的内容依据。然而当不存在这些情况时，列表中应当排除该不良反应事件。例如，在老年患者的非心血管药物的大型研究中，可能预期一定数量的急性心肌梗死与研究药物无关。如果研究中的发生率不超过预期发生率，那些不良事件应排除在不良反应部分。只有当有强有力的证据表明非严重的、低频率的不良事件是由药物引起，才应当列出。这些证据可以包括：如激发试验／去激发试验的检测或在大型对照试验中的发生率，尽管几率很低，但在药物和对照组之间明显不平衡。

5. 常见和不常见不良反应列表的说明

对于有重大临床意义的不良反应（例如，那些最常发生的、导致停药或剂量改变或要求监控的不良反应），常见和不常见不良反

应的列表必须在可获得的和重要的数据范围内补充关于不良反应
的性质、频率、严重程度、剂量反应和人口统计学特征的其他细
节（§201.57（c）（7）（ii）（A））。对于常见的不良反应更需要补
充信息。

（1）性质、频率和严重程度的信息

如果信息可用且重要，并且涉及临床上重要的不良反应的性质、
频率和严重性，说明中必须讨论适用的因素（§201.57（c）（7）（ii）
（A））。示例包括：

●同步疗法；
●反应的时间进程；
●减少或预防不良反应的可能性或严重性的措施；
●不良反应率随治疗持续时间的变化（例如，随着治疗持续时
间的增加而增加或降低（耐受性），仅在长期使用时出现的不良
反应）。

（2）剂量反应信息

在说明中，必须确定在剂量反应中显示的临床重大不良反应
（§201.57（c）（7）（ii）（A））。用一个小表格将有助于显示不良
反应的剂量反应，对于该不良反应，剂量反应预计会影响剂量选择。

（3）人口统计数据和其他亚组

在说明中，必须包括在各种人口统计群体（例如、年龄、种族、
性别）（§201.57（c）（7）（ii）（A））观察到的不良反应差异或

没有观察到的差异的临床重要信息。 如果信息可用且重要，说明中还应讨论其他亚组观察到的差异或没有观察到的差异（例如肾衰竭、肝衰竭、同一疾病的不同严重程度）。 当没有关于人口学亚组中不良反应特征的差异或相似性的可靠信息时，应该公开该事实，以及解释为什么得不到这样的信息（例如，没有设计临床试验或没有能力检测这些人群中的差异 ）。

（4）多重适应证

在说明中，应当总结不同适应证的不良反应曲线的任何重要差异或相似性。 如果不同适应证证之间的不良反应曲线存在实质性和临床上重要的差异，并且这些差异不能在说明中充分总结，则应该单独列出每种适应证的不良反应。 当需要时，也可在不良反应部分（例如，在该部分的开头）的更明显的位置中明确多重适应证的不良反应曲线的临床重要差异或相似性。

（5）多种配方

如果药物具有多种配方并且某种配方或多种配方存在独特的不良反应问题，则说明中应该明确临床上的重要问题。

（三）来自自发报告的不良反应信息的描述

不良反应部分必须列出来自国内外的自发报告的不良反应（§201.57（c）（7）（ii）（B））。该列表必须独立于临床试验中明确的不良反应的列表（§201.57（c）（7）（ii）（B）），并且还必须优于解释不良反应所需的信息（§201.57（c）（7）（i））。为了帮助从业者解释上市后自发报告获得的数据的重要性，以下声明或适当的修改应当优先于这些数据：

已在药物 X 的批准后使用期间中明确的不良反应。因为这些反应
是在不确定人口规模的情况下自愿报告的，所以不可能总能可靠
地估计它们的频率或与药物暴露建立的因果关系。

对于在标签中是否包括来自于自发报告的不良反应的决定通常基
于以下一个或多个因素：①不良反应事件的严重性；②报告的数
量；③药物因果联系的关联强度。当标签中包括了自发报告确定
的不良反应时，由于自发报告的数量很快会过时，通常不引用自
发报告的数量。观察期间应声明报告引用的数量。

四、选择和描述不良反应部分数据的一般原则

（一）选择不良事件的内容

不良反应的定义不包括在使用药物期间观察到的所有不良事件。
它仅限于那些有依据认为在不良事件的发生和使用药物之间存在
因果关系的不良反应事件（§201.57（c）（7））。关于是否有依
据认为存在因果关系的决定是一个判断问题，并且基于以下因素：
①报告频率；②药物的不良事件发生率是否超过安慰剂率；③剂
量反应程度；④不良反应事件与药物药理学一致的程度；⑤不良
反应事件相对于药物暴露时间的时间；⑥激发试验和去激发试验
经验的存在；⑦是否已知不良事件由相关药物引起。

（二）罕见的和严重的反应

对于缺少药物治疗的不常见的严重不良反应事件（例如，肝衰竭、
粒细胞缺乏症、横纹肌溶解症、特发性血小板减少性紫癜、肠套
叠），有依据认为发生不良反应事件和药物之间存在因果联系是
极低概率的。因此，除非很明显可以排除因果关系，否则即使只
有一个或两个报告的事件，通常也应在不良反应部分列出。

（三）确定不良反应的发生率

确定不良反应事件的发生率通常来源于所使用的数据库中所有报告该类型的不良反应事件。个别研究者认为不鼓励用与药物暴露因素相关的报告事件的子集确定发生率。从基于个体研究者判断的比率计算中排除事件引入了发生率确定中的偏差和不一致性。

（四）避免非特定术语

在表述总体不良反应经验时，不鼓励使用缺乏通常理解意思的或精确含义的非特定性术语，因为使用这些术语可能是误导性的。例如，短语"良好耐受的"是关于药物的不良反应概况的模糊和主观的判断，其中没有通常理解的参数。此外，术语"罕见的、不频繁的和频繁的"没有提供有关不良反应发生频率的有意义的信息。特定频率范围（例如，不良反应发生 <1/500）可提供关于发生率的更精确的信息。

（五）对比安全声明

在不良反应的发生率，严重性或特性方面，除非放弃要求（§201.57（c）（7）（iii）），否则药物的对比安全性声明必须基于充分和受控良好的研究数据（见 21 CFR 314.126 中定义）。通常将在标签的"临床研究"部分讨论作为对比安全声明的基础的研究细节。应当注意避免包括比较率，这意味着对比安全声明是未证实的或是有误导性（例如，如果使用过量剂量的活性比较剂）。如果放弃要求基于充分和控制良好的研究的要求，允许纳入比较率（例如，因为活性比较物的不良反应的特性和发生对理解信息的重要性非常重要），应由一个免责声明限定比较率，表明数据不是研究药物和活性对照之间的比率的充分基础。

（六）负面结果

如果令人相信在适当的设计和能力的试验中显示缺乏不良反应，则可以报告负面结果。

五、在表格或列表中呈现不良反应数据的一般原则

（一）汇总数据

如果在研究设计、研究人群和不良反应率方面没有主要的研究之间的差异，则总体汇总的来自多个研究的安全性数据可以提高不良反应率的精确度，并提供更有临床价值的药物不良反应曲线。

（二）不良反应分组

不良反应分组应使用有意义的和具体的术语，以最好地传达不良反应的性质和意义。通常在安全数据库的所有研究中应该有一个共同的分组方案。通常在数据库中以不同术语报告但代表相同现象（例如，镇静、嗜睡、困倦）的不良反应事件应该作为同一不良反应分组，以避免稀释或模糊真实效果。类似地，在多个身体系统中报告的表现为常见病理生理学事件的不良事件应当分为一组以更好地表征反应。例如，具有呼吸道（哮喘）和皮肤病（皮疹、荨麻疹）表现的过敏性类型不良事件应当被分为同组不良反应（例如，超敏反应）。

（三）不良反应分类

在列表中，不良反应必须根据身体系统、反应的严重程度、频率降低的顺序或通过综合这些因素进行分类。在一个类别中，不良反应必须以频率高低降序列出。如果频率不能可靠地确定，则不良反应必须按照严重程度降序列出（§201.57（c）（7）（ii））。

（四）截止频率

临床试验确定的常见不良反应列表（通常为不良反应表）的截止频率值必须适合安全数据库（§201.57（c）（7）（ii）（A））。可能影响截止频率选择的因素包括安全数据库的大小、数据库中的试验设计以及指示的性质。频率临界值应在列表或表头、列表或表附带的文本中，或在脚注中注明。

（五）定量数据

对于定量数据（例如，实验室异常值、生命体征、心电图），相比于提及评分系统，通常更优先呈现异常值的比率，并包括指定的截止值（例如，正常上限的5倍）。

（六）分母

除了上市后自发报告中确定的不良反应列表（参考上文"（三）"），应该为表格或列表中的每一列提供分母（N = 患者数）。

（七）亚组的比率

一个亚组的特定反应率（例如，性别特异性反应、月经失调）应使用适当的分母来确定，并且该分母应在脚注中确定。如果仅针对一个亚组患者或研究收集特定不良反应率（例如，对实验室试验的不良影响），那么应在脚注中标明这一事实。

（八）百分比

通常应对百分比表示的不良反应率四舍五入为最接近的整数。但有一个例外情况，是在一个大型研究中以低概率发生的特别严重的不良反应（例如脑率中、颅内出血、粒细胞缺乏症），其中百分比的分数可能是有意义的。

（九）药物的不良反应率低于安慰剂

安慰剂不良反应率等于或超过药物不良反应率（四舍五入之后）的情况不应包括在不良反应部分中，除非有一些强制因素（如时间）表明该不良反应事件是由药物引起的。在这样的情况下，不良反应在表后面的评注中讨论。

（十）显著性检验

显著性检验的结果应省略，除非它们提供有用的信息并且基于在充分设计和动力研究中的预先指定的假设。

六、不良反应部分的更新

（一）信息的来源

更新标签中不良反应部分时应考虑信息的来源，包括批准上市后的对照试验或流行病学研究，制造商安全性相关的标签补充，以及上市后不良事件的其他分析，包括单个案例，来自文献或自发报告的系列案例。

（二）新的或更新的信息

申请人被要求至少每年审查不良反应部分的内容，以确保信息的时效性。我们希望标签与对照试验或自发报告中新获得的信息一致，并且与相关药物类型的标签一致。相反地，当有可靠的新的不良反应信息（总体信息或与特定不良反应相关的信息）与不良反应部分的信息不一致时，我们希望标签中所有受影响的部分删除过时的信息，或适当地调整，新信息应与标签中所有相关的部分合并。当新信息变得可用而造成原标签错误、伪造或误导时，申请人必须更新标签（21 CFR 201.56（a）（2））。

七、术语表

（一）不良反应（21 CFR 201.57（c）(7)）

本指南所指的不良反应，是指与药物使用有关的不良影响，这些影响可能是药物药理反应所致，也可能不可预知。本定义中的不良反应不包括用药过程中观察到的所有不良事件。只有在有理由相信不良事件的发生与药物使用存在因果关系时，才将此不良事件归为不良反应。不良反应可能产生体征信号和症状，也可能使实验室指标发生变化，或者其他关键身体机能指标发生变化，如生命体征和心电图（ECG）。

（二）不良事件（或不良经历）

本指南所指的不良事件，是指与在人体用药过程中发生的非预期的医疗事件，不管此事件是否与药物使用有关。

（三）严重不良反应

本指南中所指的严重不良反应，是指在任何剂量下都会发生的导致死亡、生命威胁、住院治疗或住院时间延长、永久性或重要残疾和能力丧失、先天性异常或先天畸形的不良反应。对于不会导致死亡，却可能威胁生命或导致住院治疗的重要医疗事件也认为是严重不良反应，前提是基于适当的医疗判断，这些事件可能会危及患者从而可能需要药物或外科干预。

第五节 人用药和生物制品上市后不良经历的报告：要报告内容的说明

Postmarketing Adverse Experience reporting for Human Drug and Licensed Biological Products : Clarification of What to Report

一、简介

FDA 承担说明和修订有关人用药和生物制品上市前或上市后的安全性报告要求的主要工作。关于人用药和经许可生物制品的上市后安全性报告规定，当局在 1994 年 10 月 27 日的《联邦公报》（59 FR 54046）上出版了建议规则，修订这些要求和其他要求，实施国际性的标准并促进对不良经历的报告。根据人用药品注册技术要求国际协调会议（ICH）和国际医学科学组织委员会（CIOMS）的评论和建议，FDA 仍在考虑提交评论以应对建议规则，并敲定拟定的修正案。

为了响应总统的监管改造计划，指导部门和机构取消或调整过时的或需要改革的法规，FDA 最近在《联邦公报》上出版了最终法规（62 FR 34166；1997 年 6 月 25 日）。以便为人用药和许可的生物制品快速提交频率增加报告。

目前，当局正在考虑 ICH 最近制定的建议，并计划对其上市后安全报告规则提出补充修正案。在整个工作中，当局打算制定行业指南，提出行业如何能最好地满足上市后安全报告要求的建议。FDA 计划在该过程结束后就该主题准备一份统一性的综合指导文件。

多年来，美国营销实践的变化导致扩大了药品和生物制品制造商与消费者之间的联系。这导致行业获得了之前没有获得的安全性信息的新类型。此外，FDA 注意到提交给当局的不良经历个人案例报告数量增加，但没有足够的数据评价报告。总的来说，提交不良经历报告的数量有很大的增加，这些不良经历报告被归类为不严重的和有标签的（即在上市产品经批准的标签中列出的）。

本行业指南旨在阐明在对不良经历的个案进行审议并提交给 FDA 之前应该获得哪些信息，以及如何处理与患者联系的安全信息。该指南还告知申请人和经许可的制造商，FDA 愿意接受定期提交个别病例报告的豁免请求，这些个人病例报告被确定为非严重和被标记的不良经历。当局认为，本指导文件中的建议将提高上市后安全报告的质量，并降低行业目前的安全报告负担，同时不危及公共卫生。

本指南文件应当与药品审评与研究中心的"药物不良经历上市后报告的指南"（1992 年 3 月），生物制品审评与研究中心"经许可生物制品不良经历报告的指南"（1993 年 10 月）结合使用。1992 年 3 月和 1993 年 10 月指南的确认件可分别从药品审评与研究中心的药物信息部门以及生物制品审评与研究中心的通信办公室、培训和制造商援助（上述地址）获得。这些指南的电子版本也可以在以下网址获得：http：//www.fda.gov/medwatch/report/mfg.htm.

二、安全性报告的数据元素

经批准的新药申请（NDA）、简略新药申请（ANDA）、抗生素申请的申请人，人用药的已上市处方药的制造商没有经批准的新药申请或简略新药申请，以及经批准生物制品的许可制造商要求根据 21 CFR 310.305、314.80、314.98 和 600.80 许可申请人向 FDA 报告不良经历。在考虑向 FDA 提交任何临床事件的加速或定期安全性报告之前，申请人、制造商和经许可的制造商应了解以下四种数据元素。

1. 可识别的患者；

2. 可识别的通讯员；

3. 可疑药品或生物制品；

4. 不良反应事件或致命结果。

换句话说，如果这些基本要素在被申请人、制造商或许可制造商积极寻求之后仍然未知，则不应向 FDA 提交关于事件的报告，因为没有这些信息的报告使得它们的意义难以解释，在大多数情况下也不可能解释。申请人、制造商和许可制造商应保留其工作记录，以获得企业药品或生物制品安全文件中个人案例的基本元素。如果向 FDA 提交的报告中缺少任何一种基本元素，他们将标注"报告数据不充分"退回给通讯员。如果通讯员是申请人、制造商或许可制造商，他们也将被提醒积极寻求报告的基本要素，并保持工作记录。

关于可识别的患者，应当排除有过敏反应的患者的报告，直到获得有关患者的进一步信息；应包括说明"有过敏反应的年老的妇女"或"有过敏反应的年轻人"的报告，因为有足够的信息怀疑有特定的患者参与。不应当通过姓名或地址来识别患者；相反，申请人、制造商以及经许可的制造商应给每个报告分配一个代码（例如，患者的首字母）。一个不良事件应至少包括标志（包括异常实验室检查结果）、症状或表明报告目的的疾病诊断。因此，直到确定有关不良事件的更多特定信息之前，一份报告不应包括说明患者"经历非指定的伤害"或"遭受不可挽回的损害"。关于致命的结果，即使不良事件是未知的，FDA 也希望申请人、制造商和经许可的制造商提交患者死亡的报告。

这四个基本要素与国际协调倡议相一致。关于这些倡议的更多信息，请参见国际协调会议第 3.2.3 部分；临床安全数据管理指南：快速报告的定义和标准（ICH E2A 文件；60 FR 11284；1995 年 3 月 1 日），国际医学科学组织委员会工作小组 I 的最终报告中信息的最低标准的定义（1990 年药物不良反应的国际性报告）或国际医学科学组织委员会工作小组 II 的最终报告中可报告案例的历史的定义（1992 年，药物安全性定期更新总结的国际性报告）。

三、依据请求信息的个人案例报告

根据 21 CFR 310.305、314.80、314.98 和 600.80 中上市后安全性报告的目的，FDA 计划在计划接触期间得到的潜在不利经验以及主动向患者提供的信息（例如，公司赞助患者的支持项目、疾病管控计划）应作为从上市后研究获得的安全信息处理。申请人、制造商和经许可的制造商不应通过这些类型的患者联系报告安全性信息，除非这个不良事件符合"严重的和非预期的"监管定义，

并且药物或生物制品有可能导致不良经历（参照 21 CFR 310.305
（c）（1）（ii）、314.80（c）（2）（iii）、314.80（e）、600.80（c）（2）
（iii）和 600.80（e））。

四、非严重的有标签的不良经历的个人案例报告

FDA 鼓励申请人和经许可的制造商根据 21 CFR 314.90（a）和
600.90（a），向当局提交请求（地址如下），放弃向 FDA 提交
FDA 1639 表格或 3500A 表格被确定为不严重和有标签的不良经
历（21 CFR 314.80（c）（2）和 600.80（c）（2））的要求。作为豁
免请求的一部分，申请人和经许可的制造商应当指出有这四个基
本元素的不良经历的个人案例报告（参照本节"二、"），企业药
品或生物制品安全性文件中确定是非严重和有标签的。申请人和
经许可制造商也应当表明，根据 FDA 的要求，他们会在收到请求
5 日内向当局提交一份或多份报告。1992 年 3 月和 1993 年 10 月
的指南中描述，FDA 希望申请人和经许可的制造商继续在所有不
良经历条款系统列出的定期报告中包含非严重、有标签的不良经
历及发生的次数。

此时，FDA 不打算授予经许可的制造商在许可后 1 年内对新的生物
分子实体或血液制品、血浆衍生物或疫苗的豁免请求。当局认为继
续定期审查这些产品不良经历的所有报告是很重要的，以确定由于
批次间的变更和监控新生物制品的安全性造成的安全性问题。

已上市人用药产品的申请人应提交书面豁免请求，根据 21 CFR
314.90（a），提交给：

Murray Lumpkin 教授

审核管理的中心副主任
药品审评与研究中心
食品药品监督管理局
渔民巷 5600，HFD–2
马里兰州罗克维尔市 20857 号

人用许可生物制品的经许可制造商应当提交书面豁免请求，根据
21 CFR 600.90（a），提交给：

Marcel Salive 教授
生物统计学与流行病学部门
生物制品审评与研究中心
食品药品监督管理局
罗克维尔大道 1401 号，HFM–220
马里兰州罗克维尔市 20852–1448 号

FDA

第三章
提交申请指南

第一节 | **用于匹配捐赠者和接受者输血和移植的人类白细胞抗原（HLA）试剂盒的上市前通知的建议[510（k）]**

Recommendations for Premarket Notification (510 (k)) Submissions for Nucleic Acid-Based Human Leukocyte Antigen (HLA) Test Kits Used for Matching of Donors and Recipients in Transfusion and Transplantation

一、简介

本指南为提交者（以下简称"您"）和审查者提供了关于编制和审查体外诊断设备人类白细胞抗原的试剂盒的上市前通知书 [以下简称510（k）提交或510（k）] 的建议。本指南特别适用于基于核酸的人类白细胞抗原试剂盒，用于匹配捐赠者和接受者的输血和移植，不论是测试单基因位点还是同时测试多个位点，提交给 FDA 的上市前通知将是 510（k）。

尽管本指南特别适用于人类白细胞抗原试剂盒的510（k）提交，但本指南中的一些建议也同时适用于人类粒细胞抗原（HNA）和人类血小板抗原（HPA）试剂盒。我们建议您咨询 FDA 生物制品审评与研究中心（CBER）的血液研究和审查办公室（OBRR），以获得有关 HNA 和 HPA 试剂盒的上市前提交要求的具体指南。

本指南提供了关于 FDA 推荐用于验证 510（k）提交的 HLA 检验试剂盒的研究类型的详细信息，并用于输血和移植中供体和受体的匹配。更具体地说，该文件阐述了 FDA 建议在设计和进行用于验证基于核酸的 HLA 检验试剂盒和制备 510（k）提交的研究中使用的研究类型和其他信息。

自本指南生效之日起，2013 年 11 月相同标题的指南草案（78 FR 69693，2013 年 11 月 20 日）废除。

二、背景

身体的大多数细胞携带人类白细胞抗原（HLA）。人类白细胞抗原系统的作用是允许人类免疫系统区分自身血液、器官和组织与外来物质。如果免疫系统基于 HLA 非同一性将移植的细胞、组织、器官、骨髓或输血的血液或血液成分识别为外来物，或者移植后的免疫系统细胞对 HLA 接受者作出应答，可能发生临床并发症，比如移植排斥或移植物抗宿主反应。

HLA 检验试剂盒所基于的科学和技术近年来变得越来越复杂。测试已从使用较少仪器的基于血清学和基于细胞的方法演变为基于脱氧核糖核酸（DNA）和使用复杂仪器和软件的多重测定。HLA 是在人类身上发现的最多态的系统之一。HLA 系统中发现这种高度多态性和罕见显性的存在，代表开发和设计验证这些 HLA 试剂盒准确性的研究是重大和独特的挑战。如果试剂盒没有按预期完成，FDA 对 510（k）提交的分析和临床研究的期望侧重于识别对患者的潜在风险。这些试剂盒的性能对于确保捐赠者和接受者的血液和血液成分、细胞、组织、骨髓、器官的成功匹配至关重要。

三、编制 HLA 试剂盒上市前通知书 [510（k）] 的建议

（一）预期用途

提交的 510（k）文件必须包含所建议的标签、分类和广告，足以描述设备的预期用途以及用法的说明书（21 CFR 807.87（e））。至于 HLA 试剂盒，预期的用途应当详细说明设备要检测的标记。

我们建议您在提交 HLA 试剂盒 510（k）时，在预期用途的说明中包括以下声明：

"用于确定 [表明 HLA 位点或位点]，以帮助匹配供体和受体的输血和移植。"

有关不同于与本节中推荐的预期用途的 HLA 试剂盒的具体指导，请咨询生物制品审评与研究中心（CBER）。

（二）装置设计

我们建议您仔细地描述 HLA 试剂盒设计的特征。例如，您应当在提交的 510（k）中描述以下元素（如果适用）：

●试验台（例如，流式细胞仪、多重测试系统的仪器）。

●固定式平台的组成和布局，包括在适用情况下的特征（例如探针）的同一性和布局。

● 用于将捕获或探针材料连接到固体表面的方法（如果适用）。

● 反应条件、清洗过程和干燥条件（例如，温度、时间长度）。

● 试验组分如缓冲液、酶、荧光染料、化学发光试剂及其他发信号和信号放大试剂，仪器、软件等。

● 您提供的提取 DNA 的方法或您对使用者和其他适用的分析前原理的建议。如果您没有提供试剂盒的样本备用试剂，您应当提供评估试验投入样本质量的规范（包括对这些规范的说明），这样使用者可以验证自己的样本制备方法和试剂。

● 符合性能规范的投入样本浓度的范围。

● 内部控制装置和外部控制装置，以及您建议或提供的校准器。验证控制装置和校准器。

● 用于其预期用途时整个测试程序的稳定性和可重复性。

● 多重测试的靶分子将接触许多不同的探针时用于减轻探针交叉反应风险的方法。

● 用于处理探针潜在交叉污染可能性的方法。

● 可以同时处理的最大样本数。

我们建议您详细描述检测等位基因和基因型的试剂盒的方法，包括适当对算法式和决策树的详细描述。您还应简要概述有关检测等位基因和基因型的试剂盒方法的风险分析。

我们也建议您加入非标准仪器或方法的插图或照片，因为这些有助于理解新方法，包括结合功能以尽量减少潜在的设备故障和操作错误。

（三）性能研究

性能研究应当有高度可信度在确立的规范下展示试剂盒的性能。您应该确定要评估的性能特征，并建立验证方法和验收标准。

以下分段内容为精确度研究的具体建议、包括重现性和重复性的精密度研究，以及临床比较研究、研究设计、样本和一致性描述的建议。

1. 精确度研究

分子检测方法的精确度研究应处理 HLA 试剂盒中包括的所有探针和引物。然而，由于 HLA 系统中的大量多态性，我们认识到单个测量试剂盒中观察到的每种多态性的精确度是不现实的。因此，我们建议可以内部实施精确度研究，对以下检测系统的性能参数进行质疑。

● 研究应使用代表最普遍的 HLA 等位基因的国家或国际公认的性质良好的 DNA 样本（在本节中有描述），并且如果可能的话，还包括罕见等位基因。

● 每个位点的样本规模应符合以下标准：使用足够数量的性质良好的 DNA 样品，使您可以证明每个提交的试剂盒（位点）测试的整体一致性（即一致性）的单侧 95% 置信下限超过 0.95。本研究中的样品应测试一次，并涵盖合理范围的基因型。鼓励赞助商与 FDA 讨论样本的选择，提前就此过程达成一致意见。

● 应使用 2007 年 3 月 13 日的 FDA 指导文件"行业和 FDA 工作人员指南：评估诊断性测试研究结果的报告的统计学指南"中概述的统计学上合适的实践来报告结果。本指南提供了关于处理模棱两可的结果、不一致的结果解决以及如何比较结果与非参考标准和方法的建议。

样本类型：我们建议使用美国或国外公认的已经使用多种 HLA 测试方法（包括基于 DNA 序列的类型）广泛测试的性质良好的 DNA 样品。本文中将使用术语"性质良好的 DNA 样品"来描述上述样品。

一致性描述：如果报告的一组等位基因与性质良好的 DNA 样本结果类型一样，则由测试引起的 HLA 类型与性质良好的 DNA 样本一致。

2. 包括重复性和重复性的精密度研究

精密度研究应获得验证的可能的来源，包括运行、运行之间、日常的、操作者之间、仪器之间、点对点和批次间的验证。由于在运行中，可以用在同一运行中的测量值接近程度（例如，同一运行中的结果的百分比一致）的测量来获取运行可变性，我们将其称为重复性估计。可以使用来自内部研究的数据，或通过结合在重现性研究中收集的多个位点的综合结果来获取重复性估计。应在多个位点使用具有与预期用户类似技能水平的多个操作员进行重现性研究。您还应该在几个星期内每天的不同时间进行测试，以最大程度地检测潜在的变异性来源。对于推荐用于自动化仪器的试剂，提交应包括对三个独立仪器的测试，每个位点一个仪器。

您可以选择在一个单独研究中结合重复性研究和重现性研究。

我们建议以下的精密度研究设计。

● 三个研究位点，包括至少两个外部位点，每个位点有两个操作员。如果可行的话，每个操作员每天应完成两次运行。

● 使用一批试剂盒，在超过 20 日中的不连续的 5 日，每个样品重复（重复性）运行。注意：使用 3 个不同批次的试剂试剂盒和组件批号研究可以在内部使用与外部位点相同的面板进行。

● 应使用本章节中的研究概述对每个仪器进行清空。

● 如果您计划提交附带的提交物，请对每个试剂盒进行精密度研究。

● 操作者的经验可能会影响检测系统的性能；因此，在设计验证性研究时操作者培训是一个重要的考虑因素。您的精密度研究协议应包括对操作者的培训要求。如果适用的话，操作者应在参加研究之前获得认证，协议应包括认证接受标准。 培训计划应反映操作者在产品上市后接受的培训。

● 一般而言，应期望完整的协议。如果存在分歧，申请人应完成调查并提供判断。

样本类型：使用性质良好的 DNA 样本（精密面板）完成精密度研究，应理想地包括设备中报告的每种基因型。然而，由于通过试剂盒可能观察到大量可能的 HLA 等位基因，可能不会覆盖精密面板中的每个基因型；因此，我们的建议如下。

● 精密面板应采用盲法研究，并由性质良好的 DNA 样本组成，代表试剂盒中观察到的等位基因的重大差异。面板样品与精度研究中使用的样品不同是可取的。

● 通过试剂盒"使用说明书"建议的最低 DNA 浓度，应当与面板中所有样本一起使用，但也可添加使用较高浓度 DNA 的其他检测方法。

一致性描述：如果报告中的一组等位基因与性质良好的 DNA 样本结果的类型一样，则精密度研究结果与性质良好的 DNA 样本结果一致。此外，应当报告类型分配的任何不确定性（即模棱两可的清单）并比较操作者、位点、运行、重复性和日期。

临床比较研究

临床比较研究在临床环境下完成评估推荐设备的性能，使用随机临床标本和所推荐标签中概述的试验说明。由于《联邦食品药品和化妆品法案》（21 U.S.C. 360j（g））中试验用医疗器械豁免制度（IDE）和实施的相关规范进行研究性体外诊断设备的临床比较研究。您应当考虑 21 CFR 812 部分（试验用医疗器械豁免制度）的规范如何适用于您的特定研究，并引用 21 CFR 50 部分（知情同意）和 21 CFR 56 部分（伦理审查委员会）中其他适用的要求。

（1）知情同意

对于实验性医疗器械的研究，（人用）对象的定义包括个人或使用试验性医疗器械的标本（参照 21 CFR 812.3（p））。由于《联邦食品药品和化妆品法案》520（g）（3）（D）部分和 21 CFR 812

部分的规定，根据 21 CFR 50 部分中以人类为对象的相关 FDA 知情同意研究，除了规范中指定的有限情况，在使用标本之前必须有知情同意。注意 2006 年 4 月 25 日的指导文件"赞助商、伦理审查委员会、临床调查人员和 FDA 工作人员的指南：在体外诊断设备研究中使用没有单独识别的剩余的人用标本的知情同意指南"规定，当人类标本用于 FDA 相关体外诊断器械的调查，FDA 打算在某些情况下，对于使用人体标本时对知情同意要求的规定执行强制性酌处权用于 FDA 调节的 IVD 设备调查。如该指导文件所述，FDA 不打算在未经知情同意的情况下反对满足以下条件的调查中使用剩余的人体标本（即用于常规临床护理或分析的样本的残留物，否则将被丢弃）只要通过仅使用不能单独识别的标本来保护受试者的隐私，就可以在 21 CFR 812.2（c）（3）中豁免 IDE 规定的标准。

请注意，除非符合 21 CFR 56.104 或 56.105 中概述的豁免标准，赞助商必须符合 21 CFR part 56 中规定的伦理审查委员会审查要求（如适用）。

（2）临床比较研究的研究设计

我们对研究设计的建议如下。

●研究应包括三个中心，包括至少两个外部中心，其中至少一个中心在美国。中心应包含不同的地理区域和在美国发现的代表主要种族的小组，以增加在美国人口中发现包含许多 HLA 基因型变异的可能性。您可以引用在美国流行的 HLA 等位基因的出版文献。例如，国家骨髓捐赠计划（http：//www.bethematch.org）提供了美国人口中发现的 HLA 单倍型的频率信息。

●您的方案中应包括参与研究的操作者的培训要求。如果适用的话，应在参与研究之前给操作者颁发资格证书，方案中应包括认证的可接受标准。认证/培训要求应反映在设备上市后将实施的认证/培训要求，以便在实际使用条件下最佳地评估设备性能。

●样本量：应该测试足够数量的样本，这样就可以确定，与提交的每个 HLA 基因位点相比，与比较装置的整体协议的单侧 95% 的置信限超过 0.95。

●在您的研究中，您应该将两种不同的产品与美国合法销售的设备进行对比，或者通过双向测序获得结果。双向测序需要对两条扩增的基因组 DNA 链进行测序。在研究的提交物中包括描述/列出所有试剂盒。在研究开始之前应定义统计学分析计划，并与 FDA2007 年 3 月 13 日的指导文件"行业和工作人员指南：报告评估诊断测试研究的结果的统计学指南"一致。

●方案中应包括对试剂盒提供的样本制备试剂的评估。如果在试剂盒中不包括样本制备试剂，每个中心应使用和验证各自的样本加工程序，论证样本的结果符合制造商提供的 HLA 试剂盒的规范。

●应调查不一致结果，并且调查的结果应在提交物中报告。然而，应完成原始结果的计算，而不是已解决的结果。请参照 FDA 在 2007 年 3 月 13 日的指导文件"行业和 FDA 工作人员指南：报告评估诊断测试研究结果的统计学指南"。

样本类型：使用双盲随机样本。

一致性描述：如果两个装置之间的特定基因座上的至少一对等位

基因等位基因组或全等位基因名称相同，则 HLA 分型结果与来自比较装置的结果一致。如果实质性等同设备的列表没有包括通过设备进行报告的常见且有详细记录（CWD）的等位基因，我们建议您提供说明。

HLA 分型结果与来自比较装置的结果一致，如果两个装置之间的特定基因座上的至少一对等位基因、等位基因组或全等位基因名称相同。我们建议您提供一个说明，如果确定设备的歧义列表包含一个不被您的设备报告的常见且有详细记录（CWD）等位基因。

注意：术语"等位基因组"是指在编码抗原识别位点（ARS）的结构域的外显子中具有相同序列的等位基因组。这些 HLA 可能代表类似的或可识别的缩氨酸黏合物和免疫学特征。

（四）软件

如果您的 HLA 试剂盒包括软件，您应当根据 FDA2002 年 1 月 11 日的指导文件"软件验证的总则：行业和 FDA 工作人员的最终指南"完成验证，准备您的 510（k）提交。

您应当确定软件的"关注程度"，并提交文件建议在 FDA2005 年 3 月 11 日指导文件"行业和 FDA 工作人员的指南：医疗器械软件上市前提交的内容指南"中讨论关注程度。如果适用的话，您应当描述软件如何处理问题，比如背景修正、标准化等。

如果您的试剂盒使用现成的软件，您应当遵循 FDA1999 年 9 月 9 日的指导文件"行业和 FDA 工作人员指南：在医疗器械中使用现成的软件的合规"中包含的建议。

装置设计中包含的算法对于确定正确的基因型和表现型至关重要；因此，提交的 510（k）中应描述这些算法。

（五）仪器的验证

如果您对试剂盒提供或建议特定的仪器，不论是您还是其他公司制造，在提交中应包括有关仪器的具体信息。

如果您将仪器作为试剂盒的一部分提供给终端用户，则您的实质性等效演示将需要解决将该仪器纳入您的设备。您应当通过在 510（k）提交仪器的验证来处理这个问题。HLA 试剂盒或仪器中可能包括 510(k) 的仪器，可以作为独立的装置根据单独的 510(k) 提交。在后面的情况中，HLA 试剂盒和仪器应同时审查。

（六）标签

根据 21 CFR 807.87（e），510（k）提交的内容中必须包括推荐的标签，标签和广告足以描述设备的预期用途和使用说明。在相应的地方，应提供照片或工程图纸。

体外诊断（IVDs）包括本指南中的 HLA 试剂盒，根据 21 CFR 809 部分（人用的体外诊断产品）的标签要求。您必须根据这些规定贴产品标签。此外，除了 21 CFR 809.10（b）（2）要求的信息，在标签中应包括以下说明：

"不应作为作出临床决定的唯一依据。"

（七）其他注意事项

1. 捆绑

您可以在单独的 510(k)提交中捆绑不同的 HLA 位点试剂盒。然而，对于任何 510（k）也是如此，您必须根据 21 CFR 807.87 的要求提交信息。这包括每个设备的适当支持信息或使用指示，以及可用情况下根据 21 CFR 807.92（b）获得性能研究的数据。参照 2007 年 6 月 22 日"行业和 FDA 工作人员指南：单独提交中的捆绑多样设备或多重说明"。

2. 装置的变化

对于 807.81（a）（3）部分要求新的 510（k）的任何变化或调整"会显著影响"装置的安全性或有效性，参照 1997 年 1 月 10 日的 FDA 指导文件"决定何时提交现有设备变化的 510（k）"。

请注意，新的试剂盒增加位点后，提交传统的 510（k）。例如，如果您的 HLA 试剂盒清楚地规定了柔红霉素位点第二级的决定，如果您修改了包括柔红霉素位点第二级的试剂盒，您需要提交新的 510（k）。我们建议根据本指南描述的建议进行验证测试。关于传统 510（k）s 的进一步信息，参照 2005 年 8 月 12 日并在 2005 年 11 月修正的指导文件"行业和 FDA 工作人员指南：传统和简略的 510（k）s 的格式"。

第二节 | 恢复献血者由于抗乙型肝炎核心抗原（抗HBc）的反应性测试结果而延期进入资格的重新鉴定方法

Requalification Method for Reentry of Blood Donors Deferred Because of Reactive Test Results for Antibody to Hepatitis B Core Antigen（Anti-HBc）

一、简介

FDA 发布本指南规定，为您提供收集全血或用于输血的血液成分的机构，依据之前测试的决定，提供献血者乙型肝炎核心抗体反复活性的测试是假阳性，并且没有证据表明感染了乙型肝炎病毒的恢复延期进入资格的重新鉴定方法或过程的建议。目前在不止一次反应抗 HBc（收集来自同一个献血者反复活性的乙型肝炎病毒抗体的多个样本）活性的献血者，必须根据 21 CFR 610.41（a）无限期地延迟。尽管两种抗 HBc 之间的检测似乎不可能是假阳性，由于这些检测的相关非特异性，这样的情况有可能发生。结果是由于抗 HBc 的检测结果，许多其他合适的捐赠者无限期地延迟，即使这些捐赠者的医学追踪表明他们没有感染乙型肝炎病毒。

FDA 批准的乙型肝炎病毒的核酸检测的有效性，在检测单个样本时特别敏感，提供了一个另外的强效的方法，确定由于抗 HBc 反应而被推迟的供体是否真的感染乙肝病毒。由于 FDA 许可的乙肝病毒的核酸检测有效性和抗 HBc 试验改善的特异性，我们在本指南中建议了由于抗 HBc 反复活性假阳性的测试而导致的捐赠者延迟再入资格。2008 年 3 月相同标题的指南草案自本指南实施之日起废除。

二、背景

（一）乙肝病毒感染捐赠者筛查的临床意义

乙肝（乙肝病毒）是具有约 3200 个碱基的部分双链体环状脱氧核糖核酸（DNA）基因组的包膜病毒。其是引起急性和慢性肝炎，肝硬化和肝癌的主要人类病原体。急性乙肝病毒感染的死亡率约 1%。大多数成人原发性感染是自限性的。这种病毒清除血液和肝脏以及个人发展持久的免疫力。然而，感染人群 5 岁以上占 2%~6%，且 30%~90% 被感染的儿童在 5 岁以下发展为通常无症状的慢性感染（即携带者状态），但可能不是良性的。大约 20% 慢性感染的患者有肝硬化，慢性感染的对象比非携带者肝癌的风险高出 100 倍。在美国，慢性乙肝病毒感染的死亡人数估计每年在 3000~5000 人。

目前，乙型肝炎病毒通过输血比丙型肝炎病毒或人类免疫缺陷病毒更频繁地传播。来自乙肝表面抗原（HBsAg）和抗 HBc 的捐赠者筛查的输血后乙肝病毒感染的残留风险，估计为每个捐赠单位的 1/205 000~1/269 000。乙肝病毒通过血液传播的主要原因是，感染急性乙肝病毒无症状的捐赠者没有乙肝病毒表面抗原或抗 HBc（即血清反应为阴性的空窗期的捐赠者），有时甚至是慢性感染的供体，未检测到血清学标记（隐匿性乙型肝炎）。血清反应为阴性的感染者的鲜血会传播乙型肝炎。在这样的情况下，使用聚合酶链反应的回顾研究显示可以在捐赠者血液中观察到低水平的乙肝病毒 DNA。

HBsAg 在感染后 30~60 天内在血液中可见，随后出现抗 HBc。在检测到 HBsAg 之前几周发展的病毒血症，在急性感染中可以达到每毫升 10^9~10^{10} 病毒体。通过免疫反应清除乙肝病毒感染，HBsAg 从人体血液中消失，可检测到的抗 HBc 和 HBsAg 的抗体通常无限期地存在。然而，有证据表明抗 HBc 会在处理感染的几十年期间减少甚至消失。尽管如此，在慢性感染个体中，HBsAg 和抗 HBc 的检测通常为阳性，在血液中可以长期观察到较低的病毒滴度，尽管它们随时间趋于下降。

现在已经开发了用于检测乙肝病毒 DNA 的乙肝病毒核酸检测试验测定，并且已被许可使用微型样品筛选捐献的血液。这些测定也用于个人捐赠的测试样本，从而提高测试灵敏度。在 2004 年 10 月 21 日的血液制品咨询委员会（BPAC）的会议（Ref.7）中，我们要求对不止一次反复抗 HBc 检测结果的捐助者再入资格算法进行科学评论。该鉴定方法基于 HBsAg、抗 HBc 和乙肝病毒 DNA 的敏感性乙肝病毒 NAT 的供体随机测试。根据这一计划，使用 FDA 授权的核酸检测试验的乙肝病毒 DNA 检测将取代以前考虑的包括乙型肝炎表面抗原（抗 HBs）抗体检测的供体再入资格的建议。

由于广泛的乙型肝炎疫苗接种计划已经存在多年，导致许多个体接种了抗 HBs，所以我们不再提供额外的抗 HBs 检测作为供体再入的一部分。因此，抗 HBc 现在作为乙肝病毒感染的标志物有令人怀疑的价值。虽然委员会没有对该算法进行正式表决，但委员会讨论了这种做法，没有表达对再入算法计划的充分性的担忧。自上面提到的 2004 年血液制品咨询委员会（BPAC）以来，我们已经向供体（包括全血和血液成分的供体，源血浆和其他活体供体）直接检测人血浆中的乙肝病毒 DNA 进行了定性测试，敏感性 <2% 国际单位 / 毫升（约 10 份乙肝病毒 DNA/ 毫升）当使用具体程序时，检测到 95% 的乙肝病毒 DNA。FDA 许可的敏感的可用性，乙肝病毒核酸检测试验提供了另一种强有力的方法，确定由于抗 HBc 反应性而被推迟的供体是否被 HBV 感染。由于 FDA 许可的乙肝病毒核酸检测试验和改善的乙肝病毒核心抗体特异性试验的有效性，我们在本指南中建议抗 HBc 的再入资格算法。实证性研究支持这种算法的实用性。

（二）恢复再入资格方法的基本原理和程序

根据 21 CFR 610.40（a），您必须检测用于制备产品的人类血液或血液成分的每次捐献，包括作为成分或用于制备医疗器械的捐献，以作为在其他传染病试剂之间乙肝病毒感染的证据。乙肝病毒感染的证据检测包括检测 HBsAg 和抗 HBc 的存在。此外，一些血液机构还通过乙肝病毒核酸检测确立检测乙肝病毒 DNA 的血液捐献。

根据 21 CFR 610.41（a）的要求，一般情况下，您必须推迟 21 CFR 610.40 要求的电池筛选测试反应性的捐赠者。然而，只在一种情况下对重复检测抗 HBc 反应的捐赠者不需要延迟（21 CFR 610.41（a）（1））。来自这些捐赠者的捐献物不适合同种异体的传输（21 CFR 610.41（a）（1）和（2）），根据 21 CFR 610.40 的要求检测传染病试剂时，其他不反应的捐献物，可以在 FDA 没有批准之前用于进一步制造成血浆衍生物（21 CFR 610.41（h）（2）（v））。在不止一种情况下检测反应的捐赠者不属于这种异常情况，必须延迟（21 CFR 610.41（a））。

根据 21 CFR 610.41（b），"随后由 FDA 认定可接受的重新鉴定方法或过程，可能发现延期到目前为止，由于没有补充额外的、更具体的可用测试，我们没有推荐由于抗 HBc 的多次反应性测试结果而延迟的捐献者的再入资格的重新鉴定方法。尽管抗 HBc 的供体筛选有助于血液安全性，但是依赖于潜在的假阳性抗 HBc 检测结果，大部分具有抗 HBc 反应性的供体符合所有其他供体适应性标准的供体被无限期推迟。估计在 20 世纪 80 年代后期和 90 年代，由于假阳性抗 HBc 结果，每年有多达 21 500 名潜在合格的捐赠者被推迟，超过 20 万捐赠者可能有资格再入。

为了重新进入捐助者库，由于不止一次地对抗 HBc 进行反复检测而被无限期推迟的捐赠者，我们建议（参照本节"三、"部分），在第最后一次抗 HBc 反应性检验至少 8 周后，您从捐赠者处获得新的预捐献血样（即在下次捐赠之前获得的血液样本）进行随访测试，通过 NAT 使用 FDA 批准的 HBsAg 测试，抗 HBc 和 HBV DNA。如果对 HBsAg、抗 HBc 和 HBV DNA 进行新的预捐献血样检测结果为阴性，则捐赠者可以返回献血。当捐赠者返回捐赠时，在捐赠前样本的 HBsAg、抗 HBc 和 HBV DNA 检测确定为阴性后，只要捐助者符合所有资格标准，我们建议您重新进入供体，以符合资格捐献全血和血液成分。请注意，捐赠者的再入可以允许来自满足捐助者适用性标准的再入资格捐赠者的预期捐赠。它不影响该捐助者以前的获得的状态。

对于捐赠者的重新测试时间，我们建议是在最后一次抗 HBc 反应性检测后至少 8 周（56 天）后，如果捐赠者已经在上次抗 HBc 反应性捐赠时感染了乙肝病毒，遵循上次抗 HBc 反复活性的测试，因为这期间提供了充足的信心可以观察到 3 种乙肝病毒标志物（HBsAg、乙肝核心抗原和乙肝病毒 DNA）中的至少一种。此外，根据限制的异常情况（21 CFR 640.3（b）），全血捐献之间允许的最短期限是 8 周。

为了获得再入资格，我们建议您使用 FDA 许可的乙肝病毒核酸检测，标签上注明 95% 检出率的敏感性 ≤ 2IU/ml[1IU=~5 份]。乙肝病毒核酸检测是阴性结果的捐赠者，在这样的敏感程度下几乎不可能感染乙肝病毒。根据试验和使用的平台，检测个人捐赠者样本时才能达到这个敏感程度。

三、建议

1. 您可以重新进入捐赠者库，由于在不止一种情况下对抗 HBc 进行反复的反应性检测，捐赠者将被无限期地单独延期。

（1）在最后一次抗 HBc 反复反应性检测后至少 8 周，您收集捐赠者的后续样本，本样品通过核酸检测测试对 FDA 批准的 HBsAg、抗 HBc 和 HBV DNA 检测为阴性（95% 敏感度，检出率 ≤ 2 IU/ml）。

（2）捐赠者捐赠后，在新的捐献前血液样本通过核酸检测（NAT）对 FDA 批准的 HBsAg、抗 HBc 和乙肝病毒 DNA 进行检测阴性，您确定捐赠者符合所有全血和血液成分的资格标准。

2. 对于不止一次地推迟了其样品或捐赠测试的抗 HBc 反应活性，您应该继续无限期地延期捐赠者:① HBsAg 反复的反应性检测(中和试验是否为阳性）;②抗 HBc 反复活性的检测；③乙肝病毒核酸检测的反应。通过病毒核酸检测的 HBsAg、抗 HBc 或乙肝病毒 DNA 的阳性检测结果有助于捐赠者咨询服务。

3. 如果您希望对由于抗 HBc 检测结果推迟的捐赠者进行后续测试，基于捐赠者通知目的或医疗理由，您可以在 8 周等待时间之前这样做。通过病毒核酸检测的后续 HBsAg、抗 HBc 和乙肝病毒 DNA 检测结果为阴性，有助于捐赠者咨询服务。然而，在最后一次反应性抗 HBc 结果后至少 8 周获得的所有三项测试（HBsAg、抗 HBc 和 HBV NAT）均为阴性结果将有再入资格。如果您在 8 周的等待期间获得了反应性乙肝病毒核酸检测、HBsAg 或抗 HBc 反复活性，或阳性 HBsAg 中的任何一个检测结果，捐赠者将不符合资格再入，我们建议您无限期延期捐赠者。

原指南（参照本节"三、1."部分）描述的恢复资格的捐赠者，由于在不止一种情况下抗 HBc 反复反应性的检测，在随后的情况下会无限期地单独延期。通过再次遵循原指南（参照本节"三、1."部分）描述的所有程序，您可以再次进入捐赠者库。

四、实施

我们认为本指南中的建议是由于抗 HBc 的阳性错误重复反应性测试而延期的捐助者的再入资格的可接受的重新鉴定方法。执行这些建议的经许可的机构必须根据 21 CFR 601.12（a）的要求向 FDA 报告此更改。我们考虑在本指南原则中全面实施建议，而不作为对经批准的许可证申请作出微小的更改。因此，经许可的机构不需要获得 FDA 先前的批准，并可以在 21 CFR 601.12（d）中的年度报告中提交此变更的声明，说明修订的标准作业程序的实施日期。对本指南原则全面、无修改地执行建议的未经许可的机构无须报告变更。

除非 FDA 批准，否则我们不考虑实施本指南中描述的可接受的另一种恢复资格的方法。根据 21 CFR 610.41（b），您不得再次捐献，除非通过 FDA 认为可接受该目的的重新鉴定方法或过程。有意使用替代重新鉴定方法的许可企业必须根据 21 CFR 601.12（b）的要求提交预批准的补充资料，以备事先批准。类似地，根据 21 CFR 610.41（b），FDA 必须在实施之前找到由无许可机构提出的替代重新鉴定方法。

第三节 | 保护药品供应链的标准——处方药包装的标准化数字识别

Standards for Securing the Drug Supply Chain-Standardized Numerical Identification for Prescription Drug Packages

一、简介

本指南旨在解决《联邦食品药品和化妆品法案》部分提出的有关处方药包装的标准化数字识别（SNIs）的 505D 条款的规定。在本指南中，FDA 识别包装等级上的标准化数字，作为 FDA 发展和实施确保药品供应链的其他措施的初始步骤。

二、背景

（一）2007 年的食品药品监督管理局修订法案

2007 年 9 月 27 日，食品药品监督管理局修订法案（FDAAA）（公法 110-85）签署成为法律。《联邦食品药品和化妆品法案》505D 部分建立了本法规 913 部分，要求卫生与人类服务部部长发展标准，识别和验证有效的技术以确保反对假冒、转移、效力差的、不合格的、参入次品的、贴错标签或过期药品的供应链。第 505D 部分指示部长与特定实体协商，优先考虑和发展识别、验证、鉴定、跟踪和追踪处方药的标准。法规也指导在 FDA 修订法案颁布后 30 个月内，部长应发展足以促进识别、验证、鉴定、跟踪和追踪处方药的适用于包装或托盘层级上的处方药生产和重新包装。应用标准化数字识别的重新包装与生产联系在一起，在可行的程度上，标准化数字识别应与国际公认的标识符标准一致（参照 505D（b）（2）部分）。法案 505D（b）部分的规定的实施和建立，通过 FDA 长期的努力进一步确保美国的药品供应。自本指南生效之日起，2009 年 1 月 16 日相同标题的指南草案（74 FR 3054）废除。

（二）本指南的范围

本指南旨在成为 FDA 针对该法案 505D 执行的几项指导和法规之一，以实施法案 505D 部分，它的发行还旨在帮助发展识别、验证、鉴定、跟踪和追踪处方药的标准和系统。本指南只定义了包装等级的标准化数字识别。基于本指南的目的，FDA 考虑通过预期或可用的制造商或重新包装者进行处方药包装作为最小单元的洲际贸易，用于个人向药房出售或其他药物产品的分配。证据表明个人出售的一个单位和在本指南目的下构成的单独"包装"，包装上的标签，旨在足以允许个人分发。例如，如果制造商的最小单元的销售包装是 6 个充满药物的注射器，标准化数字识别将成为其包装上的标识符；个人注射器没有标准化数字识别，制造商不用于个人出售。如果之后重新包装商的容器发生故障，重新包装了每个个人注射器，然后重新包装商必须确保个人注射器上的标签和新的特有的标准化数字识别成为每个新包装的标识符（例如，每个充满药物的个人注射器）。通过重新包装商链接到制造商的 6 个充满药物的注射器的标准化数字识别（505D（b）（2）），标准化数字识别适用于每个新的包装。

本指南没有涉及如何把重新包装商的标准化数字识别链接到制造

商的标准化数字识别，也没有涉及除了包装外的处方药标准化数字识别的标准，例如箱子和托盘级。本指南也没有涉及跟踪和追踪、鉴定、验证的标准，因为本指南仅针对标准化的数字标识符本身而不是实现或应用程序问题。

三、标准化数字识别

（一）大多数处方药包装级别的标准化数字识别应是什么

大多数处方药包装的标准化数字识别（standardized numerical identifiers，SNI）应是序列化的国家药品代码（sNDC）。序列化国家药品代码（sNDC）由与制造商或重新包装机生成的特定药品（包括特定包装配置）相结合的唯一序列号的国家药品代码（NDC）（如21 CFR 第 207 部分所述）组成。对于每个单独的包装，序列号应该是数字（数字）或字母数字（包括字母和 / 或数字），并且应该不超过 20 个字符（字母和 / 或数字）。下面显示的例子是一个 10 个字符的 NDC。

序列化国家药品代码（sNDC）的例子		
国家药品代码（NDC）	+	序列号
5555 666 77		11111111111111111111
贴标机的代码 + 产品代码 + 包装代码		唯一的，相当于 20 个字符

（二）对于不使用 NDC 编号的某些生物制品的包装级别的标准化数字识别应是什么

根据《公共健康服务法》351 部分批准的一些处方药，比如血液和血液成分，某些最低限度操纵的人类细胞、组织、细胞和组织的产品（HCT/Ps），目前没有使用国家药品代码数字。没有使用国家药品代码数字的 HCT/Ps 包括同种异体的胎盘 / 脐带血，外周血中前体细胞和用于输注的供体淋巴细胞。相反，此类产品目前使用其他公认的标识，如 ISBT 128，它为每个产品包装创建一个唯一的标识号。参照 http：//iccbba.org/about_gettoknowisbt 128. html."行业指南：统一的血液和血液成分容器标签的识别和使用标准"。（http：//www.fda.gov.BiologicalBloodVaccines/GuidanceCompliance RegulatoryInformation/Guidances/Blood/ucm073362.htm）这些产品的标准化数字识别应当是在认定的其他标准下对每个包装建立的唯一识别数字，比如 ISBT 128.5。

（三）标准化数字识别包括有效期限和 / 批次或批号吗？

有效期和 / 或批次或批号不是建议数字化标准识别的一部分，有效期和 / 或批次或批号可以被包括，因为 FDA 法规要求每个药物产品标签上需有这个信息的内容（参照 21 CFR § §201.17、201.18、211.130、211.137、610.60 和 610.61）。此外，标准化数字识别可以链接到包含这个和其他信息的数据库。标准化数字识别中的其他信息将不必要地增加标准化数字识别的长度和引起其的复杂性。然而，制造商或重新包装商选择包含有效期和 / 或批次或批号，可以确保生成的数字仍然允许使用者区分和利用标准化数字识别。例如，有效期和批次或批号可以根据使用全球贸易数字（GTIN）GS1 标准合并（参照"（六）"部分）。

（四）为什么 FDA 对于大多数处方药包装级别的标准化数字识别选择序列化的国家药品代码

FDA 选择序列化的国家药品代码（sNDC）作为大多数处方药的包装级别标准化数字识别，因为我们认为它符合药品供应链的需求，作为识别个别处方药包装的一种方法，又反过来促进认证，跟踪和追踪这些药物。大多数处方药产品的包装已经有国家药品代码。通过结合 20 个字符的序列号和国家药品代码，序列化的国家药品代码应该足以支持没有重复的标准化数字识别的数十亿单元的上市产品。这种方法将允许制造商和重新包装商结合国家药品代码给单独产品包装的唯一标识符分配序列号。标准化数字识别也可以链接到包含型号或批号、有效期、分配/交易历史信息和产品相关的其他标识符等产品属性的数据库。正如前面所述，定义标准化数字识别预计是促进确保药品供应链的其他标准和系统的第一步。随着开发利用标准化数字识别的标准，实施包装级别识别的许多方面将在未来成形。

（五）标准化数字识别是否应成为人类可读和机器可读的形式

FDA认为标准化数字识别通常应适用于人类可读和机器可读形式的每个包装。然而，目前FDA没有说明合并包装上的标准化数字识别的方法。本指南中描述的标准化数字识别是兼容和灵活的，编码成机器可读的各种形式的数据载体，比如二维条形码和射频识别（RFID），对确保继续识别供应链和开发利用标准化数字识别的技术保留选择。当难以获得电子方法时，包装上多余的可读标准化数字识别将提供识别包装的能力（例如，硬件/软件故障的事件）。由于各种各样的包装要求适应不同产品和产品完整性的需求，FDA也没有说明包装上标准化数字识别的位置。如果国家标准代码已经以可读形式印刷在包装上，然后在产品包装其他部位以非连续的方法印刷可读形式的序列号。包装上的任何标准化数字识别不能阻碍FDA要求的标签信息，并且应以允许其容易扫描/浏览而不损害包装或产品完整性的方式进行放置。

（六）FDA建议的标准化数字识别是否与国际标准兼容

除了促进确保药品供应链的其他措施，采用sNDC作为大多数处方药的标准化数字识别和其他认定标准，比如ISBT128，对于某些生物制品，满足505D（b）（2）部分的要求，在切实可行的范围内通过 FDA 开发的标准化数字识别对这些标识符的国家认定标准进行协调。具体来说，使用 sNDC 与全球贸易项目代码（GTIN）兼容，并且可以呈现在全球贸易项目代码（GTIN）中，GTIN 可以使用应用标识符（AI）（21）进行序列化，以创建用于 RFID 或某些条形码的序列化 GTIN（sGTIN）。全球贸易项目代码（GTIN）是通过 GS1 建立的识别项目和对象的全球标准，与制造商、分销商、零售商和药品供应链中其他人共同工作的共识的、非营利的国际标准组织。全球贸易项目代码可以通过供应链用于特异地识别包装级别的条款。FDA 在医疗保健和药物产品相关的 GS1 标准开发中一直是活跃的观察者和参与者。根据 GS1 的文件，GTIN 在全球范围内由 23 个行业（包括医疗保健）使用，已被 65 个国家用来独特地识别药品。

第四节 | 最终湿热灭菌的人用和兽用药品参数放行申请文件的提交

Submission of Documentation in Application for Parametric Release of Human and Veterinary Drug Products Terminally Sterilized by Moist Heat Process

一、简介

本指南为申请人提供了相关信息的建议，以便在提交新药申请（NDA）、简化新药申请（ANDA）、兽药新药申请（NADA）、简化兽药申请（ANADA）、生物制品许可证申请（BLA）、补充或其他上市报告时包括最终湿热灭菌的支持灭菌产品的参数放行申请。

目前，FDA 要求灭菌产品放行之前符合某些无菌要求。在多数情况下，通过指导从批处理完成的无菌试验，来完成批放行的要求。参数放行定义为无菌保证放行程序，表明杀菌过程的控制使公司可以使用定义的关键过程控制，代替无菌试验实现 21 CFR 211.165（a）和 211.167（a）中的目的。根据这一策略，最终灭菌产品的放行可以依据符合定义的灭菌参数，而不是执行经批准的无菌试验。符合参数放行过程的要求可以为符合无菌要求的批次提供更大的保证，而不是通过从批次中提取的成品单元的无菌试验来实现。

本指南不提供关于湿热灭菌过程的有效性和鉴定／验证的程序、研究或数据的信息。本指南也不提供关于无菌保证验证程序的信息。然而，您可以在当局的行业指南"人用和兽药产品杀菌过程验证申请的文件提交"中发现有关这个问题的信息。现行药品生产质量管理规范（cGMP）对验证过程的要求可在21 CFR 211.100和21 CFR 211.113（b）中无菌产品发现。所有上市产品要求遵循cGMPs。

本指南中的原则也可以适用于通过其他杀菌过程灭菌的产品，比如辐射灭菌，适用于参数放行。对于这些类型的申请，我们建议申请人与审查部门讨论是否适合应用指南。

指导原则也适用于通过其他终端灭菌工艺灭菌的产品，如辐射灭菌，可适用于参数放行。对于这些类型的申请，我们建议申请人与审查部门讨论是否适用这些指导意见。

二、背 景

通过批处理完成培养的无菌实验，其检测污染的能力是有限的，原因如下：①测试所需的样本数量少，限制了捕获大量分散的微生物的能力；②规定培养基刺激所有潜在微生物生长的能力有限。这些典型的检测将只观察制造过程中导致大量产品污染的主要错误。然而，来源于经过验证的最终杀菌过程进行的中间控制的数据，可以提供更多有关无菌产品的信息，因为在单个产品杀菌过程中微生物产品存活的可能性计算结果为小于百万分之一的概率。

参数放行允许制造商代替成品样本的无菌检测作为放行标准，并具有用于控制所识别的工艺参数的接受标准。这些称之为"关键参数"的参数，对于成功的杀菌过程至关重要，是基于对过程、产品、产品本身杀菌过程的效果，在生产过程中与产品有关的任何微生物的深入了解。批次参数放行基于关键参数控制的文件证据，消除了检测成品样本的需要。

每次的装载都包括以物理、化学（ANSI 2008）或生物指示剂形式的灭菌装载监测器，以满足实验室测试的要求。此外，灭菌装载监测器始终被认为是关键的工艺参数。一个成功的装载物监控结果，满足关键参数的验收标准，并具有良好验证的无菌保证程序，表明产品的制造过程处于控制状态。装载监视器应放置在适当的位置，以指示装载物暴露于灭菌过程，该过程需测量和记录，以符合规定的参数放行标准。这个职位是根据发展和资格数据的评估来确定的。监视器的位置和数量应在应用程序中进行描述和证明。在提交参数发布计划之前，应与审查部门讨论用于证明一次装载物或部分装载物暴露于灭菌过程的替代程序。

FDA 作为审核人员、合规员和现场调查员之间共同努力的一部分，引导科学地评价参数放行计划。

自 1985 年以来，FDA 已经接受通过最终湿热灭菌的药物产品的参数放行实践。人用药品注册技术要求国际协调会议（ICH）Q6A（ICH 2000）通过美国（PDA 1999, USP 2009）、欧盟（PIC/S 2007, EMEA 2001）和日本（Sasaki 2002）监管的或制药的生产组的支持，描述参数放行。

三、参数放行的提交内容

第"四、"部分描述了获得参数放行批准所需的提交要求。参数放行实践的批准是基于对申请人提出的关键过程参数的评估以及它们的控制方式。验证生产终端的灭菌周期、微生物控制以及生产周期参数的监测和控制在已确定的有效范围内的可靠性是本评估的一部分。提出的参数放行产品的终端灭菌过程应根据当局的行业指南：用于人用药和兽药产品应用的灭菌过程验证文件的提交。FDA 批准的参数放行计划将基于公司的良好运行程度确定产品的无菌风险。应提供符合 ICH Q9（ICH 2006）原则的风险评估表，其中描述了以下内容：

● 目前控制终端灭菌方案的策略；

● 这些策略可能无法确保无菌风险；

● 如何将先前的生产经验和知识纳入风险评估。

（一）终端灭菌方案的控制策略

使用控制策略来确保符合参数放行过程和终端灭菌周期的验收标准，以确保产品无菌。

控制策略应包括以下内容：

● 适用于产品放行的检测和控制最终灭菌过程实施方法的原理（关键工艺参数）；

● 选择关键工艺参数的原理；

● 参数放行的验收准则的描述；

●药物产品和容器封闭系统的描述（包括二次包装）将成为参数放行计划的一部分；

●在最终灭菌周期的验证限制内，推荐的产品载体模式和验证的描述，或从上次批准和验证以来没有改变的说明（适用的话）；

●自上次验证以来没有改变的最终灭菌或说明之前的产品和成分的微生物监测计划的描述。芽孢检测和耐热性研究应强调基于微生物污染水平的杀菌周期。

如果您参考先前提交的符合这些建议的信息，则应包括申请号和提交日期以及任何其他相关引用文献提供给当局的记录信息。

（二）风险评估、工艺分析和先验知识

成功的参数放行系统依据无菌保证计划控制策略的可靠性。我们建议您的风险评估集中于不能实现每个批次每单元中非灭菌部分要求的最小可能性的风险。风险评估应包括以下内容。

●在验证限度内终端灭菌周期的性能一致性。

●关于产品无菌风险的讨论如下：①生产终端灭菌周期；②生产装载模式；③集装箱封闭系统（包括二次包装）；④任何来自环境的潜在污染风险（适用的话）。 对于经批准的申请，您应当表明以上条款的任何变化，并提供与这些更改相关的产品无菌风险的评估。 例如，尽管建立的最短灭菌时间不能减少，但如果支持增加提供适当的稳定性数据，则可以增加最大消毒时间。

●关于提出或类似产品（以及容器封闭系统），提出的或类似的

杀菌过程，无菌的总体风险，您在评估和控制这些风险时采取的措施的经历。对于新的产品，来自开发和注册 / 展示批次的先验知识已经足够了。

● 您将对将要进行参数放行的药物产品相关的整体现有知识和生产和测试经验的讨论。

（三）参数放行过程的文件

您的提交文件中应包括以下特定的关于提交参数放行过程的信息。

● 描述引用完整的和详细的目前相关的最终灭菌周期。

● 为参数放行提出的产品（包括这些关键参数的最小和最大限制）确定关键过程参数（产品发布必不可少的过程 / 循环参数和适当的装载监控）。 关键工艺参数应在已经验证并被批准用于本产品无菌性保证的限度内。

● 确认遵守参数放行程序的关键参数将替代无菌检测的性能作为产品的主要放行标准，并且成品的无菌检测结果将不用于驳回任何不符合参数放行计划的验收准则。 如果发生故障，质量控制部门将拒绝特定的消毒器载体，除非有重新加工的规定，否则不予放行。

● 确认无论使用批量放行技术如何，根据无菌参考试验方法测试的任何样品（如汇编或 FDA 规定）都将符合无菌标准（如稳定性测试或上市后调查）。

●对无菌装载监测的描述表明：①推荐的监测类型；②装载监视器的使用和分析方法；③监视器正在测量哪些功能；④显示器位置的理由。另外，对于间接显示器，我们建议您用一个声明，说明您按照美国国家标准学会（ANSI 2008）定义的间接指标的分类。在某些情况下适用第三类指示剂；然而，大多数时候建议使用第五类指示剂。

●用于验证装载物暴露的杀菌过程的控制系统的文件。

●对参数放行的每个产品的分析证书或批量发布记录进行修订，以表明参数放行现在是用于提供无菌要求的保证的方法。我们建议您显示批放行标准和申请中承诺之间的联系以提供参考。

四、填写要求

为了在原始提交申请中请求参数放行，请求应当包括针对参数放行的信息，以及无菌验证信息和产品放行标准。对于经批准的申请的变化，参数放行的请求应在 21 CFR 314.70、21 CFR 601.12 或 21 CFR 514.8（b）（2）之前的的事先批准补充中提交。更改参数放行需要 FDA 批准才能实施。如果申请人目前在同一制造场所使用参数放行与相当的灭菌周期，并且所提出的产品的制造过程符合相同的参数放行验证协议（例如，容器封闭系统、装载模式、循环过程参数和循环验收标准），则申请人应当符合申报要求，并附有人用药物专用报告或兽药产品或生物制品年度报告。如果您的产品符合其中一个归档类别，请联系您的产品审查部门以验证提交要求。

第五节 | 药物基因组学数据提交
Pharmacogenomic Data Submissions

一、简介

本指南旨在促进药物基因组学领域的科学进展和药物研究中基因组学数据的使用。本指南建议申请人持有新药临床研究申请（INDs）、新药上市申请（NDAs）和生物制品上市许可申请（BLAs）：①在药物或生物制品药物产品开发和审查过程期间，向当局提交药物基因组学数据；②以什么格式和内容提交；③什么时候以及如何在监管决策中使用药物基因组学数据。关键信息，包括何时要求药物基因组学数据的提交，何时接受基因组学数据（VGDSs）自愿提交的案例均在个附件中提及。

（药物基因组学数据提交原指南附件：自愿提交物的例子或在 21 CFR 312，314 或 601 部分要求下的提交物。）

基于本指南的目的，"药物基因组学"一词定义为与药物治疗联合进行的药物基因组或遗传测试（参照原指南术语表中的定义）。药物基因组学不包括以生物制品特性研究或质量控制（例如，细胞库特征，生物检定）为目的而采取的基因或基因组学技术。FDA 计划为将来的使用提供指南。药物基因组学也不涉及来源于蛋白质组学或代谢物组学的技术。本文件并不为药物蛋白质组学或多种蛋白质分析物的基础技术提供指南。但如有需要，本指南中描述的自愿提交过程可以用于提交这些数据。

二、背景

药物基因组学的前景在于它有助于确定药物反应中个体间变异性来源（有效性和毒性）；这个信息将有可能治疗个性化以达到效率最大化和风险最小化的目的。然而，药物基因组学领域目前在开发的早期阶段，这个期望尚未实现。当局已经听说申请人一直不愿意在 FDA 规定的有关药物研发期间进行药物基因组学检测的项目，因为在药物申请审查过程中 FDA 将如何使用这些数据是不确定的。本指南旨在帮助阐明 FDA 在这个领域的政策。

提交或持有新药临床研究申请（INDs）、新药上市申请（NDAs）或生物制品上市许可申请（BLAs）的申请人提交给有关当局的关于药物安全性和有效性数据必须符合 FDA 的要求（包括 21 CFR 312.22、312.23、312.31、312.33、3144.50、314.81、601.2 和 601.12）。由于这些规定是在广泛的动物或人类遗传或基因表达测试出现之前生效的，所以在提交此类数据时并不具体说明。FDA 已经收到了许多关于这些规定对正在进行测试的申请人有哪些要求的咨询。

从公共政策的角度来看，解释这些法规如何应用于开发药物基因组学领域时应考虑许多因素。因为药物基因组学领域正迅速发展，在多数情况下，试验结果可能不足以系统科学地做出监管决策。

例如：

● 实验室技术和检测程序可能不能很好地验证。此外，检测系统可能有变化，所以结果在不同平台上可能不一致或不可一概而论。

标准化检测的举措正在制定中，在未来几年内应该能够提供更多的信息。

● 解释生理学、毒理学、药理学或某些实验结果的临床意义的科学框架可能不好理解。

● 特定研究中的发现往往不能跨物种或不同研究人群外推（例如，不同基因背景下的各种人类亚种群）。

● 传输、加工、存储芯片技术产生的大量高维度数据的标准既没有被很好地定义，也没有广泛用于检测。

尽管存在这些担忧，一些药物代谢测试——主要是与药物代谢相关的药物测试，已经具有能够被广泛接受的机制并且具有临床意义，目前正被纳入药物研究决策和临床实践。

对于 FDA 重要的是在评估药物基因组检测时发挥作用，确保以最科学的依据修订法规并增强公众对该领域的信心。FDA 颁布本指南以促进在药物研发期间进行药物基因组检测，并鼓励公开和公开共享关于药物基因组学测试结果的数据和信息。

为此，当局已经采取了从科学界和公众征求意见的程序。2002 年 5 月 16 日和 17 日，机构召开了由制药业集团共同发起的研讨会，以确定与药物遗传学和药物基因组学在药物研发中应用时相关关键问题。随后，2003 年 4 月 8 日，FDA 理事会发表公开演讲。本演讲包括关于制定有关药物基因组学测试信息的指导意见的建议，以及用于决定是否自愿或必须提交此类数据的可能规则。科学委员会支持推进这两个建议。在 2003 年 11 月，FDA 发行了本指南的草案版本，并收到了草案指南的公众意见。当局也发布了有关药物基因组学和自愿提交的内部政策。

本最终指南中概述的政策和程序旨在考虑以上因素，并以有利于药物开发计划和公共卫生的方式协助推动该领域。

三、提交政策

（一）总则

FDA 认为药物基因组数据的提交政策必须与临床试验和上市申请的提交者和持有者相关编码化的监管提交要求相一致。目前，许多药物基因组结果不足以科学地作出适当的监管决策。本指南解释了 FDA 对临床试验和上市提交的规定，目的在于说明 FDA 目前对提交药物基因组数据规定的时间，以及接受自愿提交这些数据的时间。在某些情况下，需提交药物基因组研究的完整报告，而在其他情况下，建议或必须提交简略报告或大纲。

由于 FDA 法规对临床试验申请、未经批准的上市申请和经批准的上市申请有不同要求，本指南为以上每一类制定了不同的提交规则。本指南也说明了当局目前打算如何将这些数据应用于监管决策中——即数据被认为是足够可靠的可以作为监管决策依据的情况；被认为仅支持某个决定的情况；以及数据不被用于监管决策的情况。

本指南还区分可能被认为是可能或已知的有效生物标志物（可能适用于监管决策）的药物基因组测试，以及其他不成熟的观察性或探索性生物标志物测试，单独不足以作出监管决定。尽管目前，大多数药物基因组测量不被认为是有效的生物标志物，但某些标志物（例如，用于药物代谢）是具有明确临床意义的良好生物标志物。毫无疑问，随着科学的发展，适合与不适合监管决策的区别会随着时间的推移而发生变化。在这些测试的整个开发过程中，FDA 会评估生物标志物是否有效（例如通过咨询委员会会议讨论），同时也会根据需要继续征求公众意见。

基于本指南的目的，药物基因组检测结果可以被视为有效的生物标记物，如果：①它是在具有确定的性能特征的分析测试系统中测量的；②有既定的科学框架或证据主体阐明了测试结果的生理学、药理学、毒理学或临床意义。例如，人类细胞色素 CYP 2D6 酶和嘌呤甲基转移酶中遗传变异对药物代谢的影响在科学界可以被有效解释，并且反映在某些批准的药物标签中。鉴定这些酶的等位基因变异的基因组检测的结果完善的，因此被认为是有效的生物标志物。

另外，本指南区分了被科学界广泛接受的已知有效生物标记物和对临床结果有预期价值但尚未被广泛接受或通过其他调查人员或机构独立验证的潜在有效生物标志物（见原指南术语表）。当申请人形成或拥有足以建立药物基因组测试结果与临床结果之间显着关联的数据时，测试结果表示可能的有效生物标志物。预计这种生物标志物将符合上述①和②的标准，并且与有意义的结果的联系将在多个实验中得到证实。

以下描述的临床试验和上市申请持有者的规则中，介绍了什么时候向 FDA 提交已知的有效生物标记物数据。关于可能的有效生物标志物或人类安全研究中可能的有效的生物标志物（见第"四、（一）"部分）的数据不需要提交给 IND，除非申请人利用这些数据判定特定动物安全研究或临床试验（例如，使用生物标志物数据作为包含或排除标准，评估治疗相关预后或批准的患者）。然而，我们建议申请人按照"四、（二）"部分的规则，将所有可能的有效生物标志物报告体现在给新的（即未经批准的）新药上市申请（NDAs）或生物制品许可申请（BLAs）提交文件中。

许多由药物申请人或科学机构实施的药物基因组测试计划倾向于开发建立新基因组生物标志物有效性所必需的知识库。在这样的科学探索期间，测试结果对于制定与药物的安全性或有效性有关的监管者的判断无效，不被认为是已知或可能的有效生物标志物。然而，这种科学发展对于促进对基因型或基因表达与药物反应之间的关系的理解是非常需要的，因此应该被鼓励和促进。由于这些原因，尽管法规没有要求提交探索性药物基因组数据，但 FDA 鼓励自愿提交这些数据，如下所述。

（二）药物开发和标签中基因组数据的特定用途

随着药物基因组学领域的进展，申请人可能（并且希望）开始采用药物基因组测试来支持药物开发和 / 或指导治疗。申请人可以选择提交没有达到临床试验或上市申请的有效状态的生物标记物的药物基因组数据，来支持有关剂量和剂量时间表，安全性或有效性的科学论点。例如，申请人可能希望提供支持性的数据，证明药物诱导的基因表达的变化在对药物具有不同毒理学反应的物种之间是不同的，从而将某些基因表达模式的变化与特异性毒性相关联。或者说，药物基因组测试结果也可用于对临床试验中的患者进行分层，或者识别不良反应风险较高的患者，并将测试结果与临床结果相关联。

当药物基因组结果影响特定动物安全试验或人类安全或功效试验的设计时，下述提交规定表明，测试系统的完整信息必须在 IND 申请中提交（§§ 312.30（b）和 312.31。相比之下，在相同的 IND 申请（或 IND 申请以外）下为确立药物基因组测试潜在有效性而进行的早期可行性研究的结果（例如，从剂量反应研究中采集的样本）不是必须提交的，但是鼓励自愿提交。然而，如果在入侵性检查（包括静脉注射）计划中，有任何可能对样品进行药物基因组学测试的意图，那么必须在议定书和知情同意书（§§ 312.23（a）（6）和 312.30（b）和 50.25）中强调。

如果药物基因组检测显示出能够提高药物的剂量选择、安全性或有效性的希望，则申请人可能希望药物基因组数据完全整合到药物研发程序中。这种整合有以下两种方式。

1. 药物基因组数据可以以信息方式包含在药物标签中。

例如，这些数据可以用于描述基于药物代谢基因型（例如 CYP2D6*5）的剂量调整的可能性，或阐述个体基因型或基因表达谱中更严重或发生率更高的副作用的可能性。在这样的情况下，药物基因组检测结果被视为已知的有效生物标记物。然而，FDA 批准的药物基因组测试可能不可用或不需要可用，或商业性药物基因组测试可能不广泛可用。鉴于这种复杂程度，目前，建议申请人咨询相关的 FDA 审查部门，就具体情况如何进行处理。然而，每当申请人打算将药物基因组数据纳入药物标签中时，必须按照 §§ 34.50 和 601.2 所述向 FDA 提交有关测试及结果的完整信息。

2. 药物基因组数据和测试结果或测试应当包含在药物标签中，来选择剂量和给药方案，以识别高危患者，或识别患者的应答。标签中药物基因组检测的内容视性能特点而异。例如：

●患者将根据检测结果检测药物代谢基因型和剂量；

●依据基因型（不论是患者还是患者的肿瘤）或基因表达谱的功效试验，选择患者作为潜在的应答者（或由于高风险取消选择）；

●依据基因型或基因表达谱从临床试验中排除患者（例如，不良反应风险的生物标记物）。

在所有这些情况下，如果药物研究和药物基因组学测试当前无法获得，FDA 建议共同开发药物，并且向当局提交联合检测/用药的完整信息。FDA 计划进一步发布共同开发药物基因组检测和药物的指南。

药品审评与研究中心的体外诊断试剂办公室、生物制品审评与研究中心相应的审查部门、生物制品审评与研究中心或药品审评与研究中心的临床药理学审查部门愿意共同会见申请人，讨论有关新药物基因组检测的监管问题。药品审评与研究中心有正式（试验用医疗器械豁免制度）和非正式的过程来评估药物基因组检测发展的协议。

（三）自愿提交对于申请人和 FDA 的好处

在当前，大多数药物基因组数据本质上是探索性的研究，FDA 法规没有要求在申请 IND 时提交这些数据，也不要求在 BLA 或 NDA 提交完整报告。然而，一般来说自愿提交对行业界和 FDA

都有利，通过向申请人提供一种方法来确保监管科学界了解并准备适当地评估未来基因组的提交。FDA 和行业科学界类似地受益于增强对相关科学问题的理解，比如：

● 通过制药行业的药物基因组检测探索遗传位点或基因表达谱的类型；

● 采用的检测系统和技术；

● 药物基因组检测应用于药物开发遇到的问题；

● 传输、存储和加工大量复杂的药物基因组数据流保持精确的能力；

● 用于不同基因组分析平台的基因的名称和特征的标准化科学原理，开发用于评估药物基因组数据的生物信息学软件项目；

● 促进识别预测器的安全性、有效性或毒性。

更多地了解使用药物基因组数据的问题可能会减少对未来提交资料的延误，因为基因组学是药物开发计划中具体研究的组成部分。因此，当药物基因组数据在本规则另有要求时，FDA 正在要求执行此类计划的申请人考虑向该机构自愿提供此类数据。FDA 已经建立了一个多中心的跨学科药物基因组评估组（IPRG）来审查药物基因组数据（VGDS）、开展政策制定工作，并为药理基因组数据的解释和评估提供咨询意见。

对于申请人，自愿提交的基因组数据提供了一些具体的潜在好处：

● 与 FDA 进行非正式会见，并接受同行对科学数据的审查评估，这些数据来源于当局的药物基因组学专家；

● 了解与发展中的监管决策过程相关的遗传和基因组信息；

● 熟悉 FDA 科学家的早期药物基因组学实验，数据分析和解释方法；

● 通过获得来自 FDA 自愿提交的药物基因组数据的反馈，节约时间和资源，因为可以突出未来的问题，这些问题在产品开发过程中可能会耗费时间和费用；

● 识别药物开发中的新机遇（例如，FDA 的反馈可以帮助达成新的战略决策）。例如，当新的工具出现时，搁置的产品有可能将会继续，比如基因分型检测能有效地表明在亚种群中的有效性；

● 自愿提交的基因组数据资源库能够促进药物基因组学的进步，以及原理、政策和指南的发展。

四、药物基因组学数据的提交

FDA 法规为 INDs、新的（即未经批准的）NDAs 和 BLAs、经批准的 NDAs 和 BLAs 确立了不同的要求。基于这个理由，药物基因组学数据的提交有不同的提交程序。

（一）INDs 申报阶段基因组数据的提交

312.23 部分描述了 IND 的提交信息，包括药品 IND 期间产生或获得的数据。312.23（a）（8）部分包含药理学和毒理学信息的要求："有关药物的药理学和毒理学研究的充分信息，涉及实验动物或体外诊断，申请人推断其安全后方可进行临床实验"。体外诊断和动物研究需要建立国际确立的进行各种类型人体试验的基础。因此，当申请人希望使用这些数据做出科学案例，或当药物基因组检测是已知的有效生物标记物，来源于或有关动物或体外研究的药物基因组数据通常必须根据 § 312.23（a）（8）规定提交。

312.23（a）（9）部分提出了提交临床研究药物前人经验的要求。申请必须包括试验或有关药物安全性或有效性评估的前人经验的总结。因此，申请人必须提交人类已知的相关数据（例如，已知有效的药物基因组生物标记物）。此外，申请人或申请人必须提交"任何其他有助于评估关于安全性或设计的临床研究的信息，有可能作为对照临床试验支持药物上市"（§ 312.23（a）（10）（iv））。申请人可能有人类数据来说明一个特定的生物标记物是否是可能有效的生物标记物，评估药物的安全性。在这些情况下，必须向 IND 提交生物标记物的信息，因为这会根据法规潜在地帮助评估调查的安全性。

此外，312.23（a）（11）部分说明申请人必须提交"如果 FDA 要求，审查申请需要任何其他相关信息。"因此，在 IND 申报期间，FDA 可以请求当局考虑相关的药物基因组信息（例如，药物作用机制相关的信息）。

产生或拥有试验性药物相关的药物基因组数据的持有 INDs 的申请人，遵循 FDA 遵循以下程序的要求。

1. 必须根据 § 312.23 向药品临床试验申报提交药物基因组数据，如果以下情况适用：

（1）检测结果用于作出与特定临床试验或用于支持安全性的动物试验有关的决策（例如，结果会影响剂量和给药方式的选择，临床试验安全性监测的准入标准或主题分层）。

（2）申请人使用检测结果支持相关的科学参数，例如，药理作用机制、药物剂量和给药方式的选择，或药物的安全性和有效性。

（3）检测结果由已知有效的生物标记物（生理学、病理生理学、药理学、毒理学、人体临床说明或结果）组成，或人体研究安全性结果的检测时已知的有效生物标记物。如果生物标记物的信息（如人体 CYP2D6 的状态）不用于上述（1）、（2）的目的，信息可以作为简略的报告提交至 IND。

2. 不要求向 IND 提交，但鼓励自愿提交的情况（即信息不符合 §312.23 的标准）：

（1）如果信息来自探索性研究或者是研究数据，比如来自细胞 / 动物 / 人体的基因表达分析，或试验参与者的单核苷酸多态性分析。

（2）由检测系统的结果组成的信息，没有确立生物标记物的有效性。

尽管法规不要求提交上述（1）、（2）的数据，FDA 希望自愿提交药物基因组数据。参照原指南附录 1，评估是否向 IND 提交药物基因组数据。

注意：无论提交要求如何，采集样本进行潜在分析的事实必须在任何临床方案（§312.23（a）（6））和知情同意文件（第 50.25 段）中注明。

在 IND 申报下关于产品的自愿提交的药物基因组数据（VGDS），将不用于作出监管决策。然而，申请人自愿提交药物基因组数据之后，如果根据 §§312，314 或 601，其他引起提交要求的信息可用，申请人必须提交相关申请的数据，并且应遵循适当的程序。IND 中来自 VGDS 产品的提交的数据将不被用于监管决策。但是，在赞助商提交 VGDS 后，如果根据 §§312,314 或 601 要求的附加信息可用，发起人必须将数据提交相关申请，并遵循相应的程序。

（三）NDA、BLA 或补充申请中提交药物基因组数据

第 314.50 条概述了 NDA 提交的要求；第 601.2 条大致概述了 BLA 提交要求。根据 §314.50 的介绍，"NDA 申请需要包含申请人所申请的药物产品的所有调查报告，以及所有关于接受评估申请药品的其他信息。"因此，为了遵守这些规定，申请人必须在其 NDA 中提供某些药物基因组调查的报告，并允许对生物制剂申请进行彻底分析,申请人必须在其 BLA 中提交此类报告。然而，这些报告的范围和格式将取决于信息的相关性和适用性。

§314.50 中部分段落概述了特定的提交要求。§314.50（d）（2）描述了非临床药理学和毒理学的提交要求；§314.50（d）（3）描述了人体药代动力学和生物利用度要求；§314.50（d）（5）描述了临床数据的要求。

601.2 部分通常概述 BLA 申请的要求。601.2 部分说明了 BLA 申请的制造商应提交来自非临床实验室和临床研究的数据，表明制造的产品符合所描述的安全性要求。类似 NDA 的申请人，BLA 申请人必须在其生物制品许可申请中提供某些药物基因组调查的报告。然而，这份报告的内容和格式将取决于信息的相关性和适用性。

拥有药物基因组数据的申请人可以遵守法规要求，使用以下描述的程序提交报告的类型。

1. 提供全部（完整的）药物基因组调查报告，打算通过申请人用于药物标签或作为科学数据库的一部分用于支持完整提交的批准（不是简略报告、大纲或自愿提交的药物基因组数据的形式），包括 NDA 和 BLA 中相关部分关于检测程序和完整数据的信息。如果药物基因组测试已经被 FDA 批准，或者是已经向 FDA 提交申请，测试本身的信息可以通过交叉参考来提供。

以下例子符合这种情况：

●临床试验的药物基因组检测用于支持申请人作出的科学论证，关于选择药物剂量，评估安全性，选择治疗患者，或监测有益的反应；

●药物标签中描述申请人提出的药物基因组检测结果；

●药物基因组检测对于实现药物标签中描述的剂量、安全性或有效性是必不可少的。

2. 提交关于药物基因组测试结果的报告，构成已知有效生物标记物，用于相关物种的生理学、病理生理学、药理学、毒理学或临床状态或结果，但申请人不依赖或提及标签，作为缩写报告向 FDA 提交（不是以简介或 VGDS 的形式）。（如果这种类型的药物基因组检测作为一个更大的整体研究的一部分，药物基因组检测结果的报告可以被纳入更大的研究报告）。

3. 提交含有可能有效的生物标记物的生理学、病理生理学、药理学、毒理学、相关物种的临床情况或结果的药物基因组检测资料作为 NDA 和 BLA 的简略报告（如果这种类型的药物基因组检测作为一个更大的整体研究的一部分，简略报告可以添加到总体研究的报告中）。

4. 没有必要向 NDA 或 BLA 提交详细的一般探索性或研究信息的报告，例如广泛的基因表达筛选，血清或组织样本的收集，或不知道的药物基因组测试结果，或有效生物标志物的结果。因为 FDA 并不认为这样的研究能够确定产品的安全性或有效性，因此提交研究概要就可以满足 §§314.50 或 601.2 的要求。 然而，FDA 鼓励在 VGDS 中自愿提交此类研究中的数据。

（四）提交之前批准的新药申请或生物制品许可申请

在之前（原指南 §§314.81（b）和601.12）概述了提交经批准的新药申请或生物制品许可申请的新科学信息的要求。已必须在年度报告中提交关于已知或可能的有效生物标记物的非临床或临床药物基因组学调查结果，作为简要报告或缩写报告（§314.81（b）（2））。

其他类型的药物基因组研究结果不符合法规中的提交要求（§314.81（b）（2））。然而，这些报告可以自愿提交给 NDA 或 BLA 作为 VGDS。

在药物流行病学和观察性研究中收集的药物基因组数据可以由申请人根据本指南中的建议（参考"六，"部分）作为 VGDS 提交。

（五）遵守 21 CFR 58 部分

已经提出了关于药物基因组研究需求的问题，遵守 21 CFR 58 部分的要求，其中描述了支持 IND 和 NDAs 的非临床实验室研究的实验室管理规范（GLPs）。58.3（d）部分（21 CFR 58.3（d））将"非临床实验室研究"定义为"体内或体外实验"，其中试验制品在实验室条件下在试验系统中进行前瞻性研究以确定其安全性。该术语不包括使用人类受试者或临床研究或动物领域试验的研究，也不包括进行基本的探索性研究，以确定测试用品是否具有潜在的实用性。"

第 58 部分的要求适用于为支持安全性发现而提交的非临床研究，包括旨在支持监管决策的非临床药物基因组学研究。 如果不能满足 21 CFR 58 部分的全部要求，申请人必须在研究报告中明确指出这些数据不符合 21 CFR 58 部分的要求（§§312.23（a）（8）（iii）和 314.50（d）（2）（v））。 任何有资格根据上述程序在缩写报告、简介或 VGDS 中提交的研究都不属于第 58 部分。

FDA 认识到进行单独的、长期的非 GLP 临床前研究可能是不可行的。因此，FDA 鼓励对 GLP 研究中的组织进行抽样调查。应在方案中规定切除的组织样本和切除的理由（如探索性、机理研究、组织库）。从研究中去除用于研究目的的标本不会使主要毒理学研究的 GLP 状态无效，否则可以接受。如果随后分析组织样本，应将结果报告给 NDA 作为概要。 FDA 也有兴趣接收这些 VGDS 数据。如果申请人认为这些研究结果与正在研究的化合物的安全性相关（例如，与已知的有效生物标记物相关），则研究结果必须按照任何其他相关非临床研究的要求报告（312.23（a）（8），312.32（c）（1）（i）（B），314.50（d）（2））。

（六）独立申请研究自愿提交的基因组数据

FDA 还将接受以下调查人员的药物基因组数据，他们可能没有活跃在 IND，NDA 或 BLA，但希望根据本指南所述的方法向 FDA 提供信息。

我们建议所有 VGDS 在附件的附件信中被突出显示为 VGDS 或自愿提交（参照原指南附录 E）。

五、自愿提交的药物基因组数据（VGDS）的格式和内容

无论目前活性药品 IND、NDA 或 BLA 的主题是否为分子，FDA 都会邀请提交关于药物或候选药物的探索性药物基因组数据。探索性基因组数据可能来自例如基因芯片表达谱分析实验、基因分型或单核苷酸多态性（SNP）分析实验，或来自使用旨在促进基因功能的整体分析的进化方法的其他研究，但对药物剂量、安全性评估或有效性评价没有特定要求。目前，虽然这些标准正在发展，但是不存在提交和交换基因组数据的共识标准。因此，本指南不建议使用 VGDS 的特定数据格式。

为了实现"三、"部分描述的自愿提交药物基因组数据过程的目标，我们建议内容和详细程度应足以向当局解释信息，并独立地分析数据，证明结果，探索可能与研究相关的基因型 – 表型。然而，我们不希望自愿提交的药物基因组数据（VGDS）对于申请人过于繁重和耗时。因此，可以用多种形式自愿提交药物基因组的数据。

1.作为一篇文章将原始或处理过的数据以电子形式提交给科学杂

志的同行审评。

●作为特定类型实验不断发展的公共标准，比如微阵列实验数据的微阵列实验基本信息系统（MIAME）标准。使用与 MIAME 内容相似的一种方法可以格式化自愿提交的药物基因组数据，包含基因分型或其他来源于科技平台而不是核酸杂交数组的基因组数据。

●作为基因表达微阵列实验的完整报告，该内容可能包含以下分析，临床前和 / 或临床信息，例如：

—扉页
—目录
—背景和科学原理
—主要和次要的研究目标
—大纲和发现总结
—研究设计和样本收集
—阵列设计和描述
  – 样本处理和准备
  – 表明 RNA 或 DNA 的质量
  – 杂交过程和参数
  – 完成杂交的措施，比如尖端控制
  – 测量和量化
  – 标准化控制
  – 重复次数（阵列杂交），进行生物测定的次数

—数据分析
  – 数据分析
  – 使用的生物信息学分析工具和软件，源基因注释

—结果和结论，包括，例如数据可视化（例如，散点图、主成分分析（PCA）、分级群聚（热点图））、表达图谱和结果之间的联系、相关辅助因子的适当信息

—参考文献

2. 微阵列研究相关的附加研究信息可能包括：

—通过测序或其他试验确认 SNP 分析

– 通过其他常规试验确认基因表达（例如，杂交法、RT-PCR（实时定量聚合酶链反应））。所有重要的基因都应该尽可能地通过二次测定来证实。然而，如果基因组谱是重要的，则对所选择的受影响基因亚群进行采样可能是合适的。

– 在某些情况下检查除基因表达变化以外的终点的替代方法也是合适的（例如，如果试剂可用，则为免疫组织化学或蛋白质免疫印迹）。

六、提交药物基因组数据的过程

使用决策树时（参照原指南附录 1–3），申请人应根据以下建议提交基因组数据。

对于要求的提交物，完整报告、简略报告或药物基因组研究的完整报告，应通过常用渠道进行新药临床研究申请（INDs）、新药申请（NDAs）或生物制品许可申请（BLAs）。

对于候选药物或独立自愿提交（不与任何申请相关的提交），申请人应提交清楚标明为"自愿提交的基因数据（VGDS）"的包装。原指南附录 E 中包括可以使用的自愿提交的附信。对于与现有新药临床研究申请（IND）、新药申请（NDA）或生物制品许可申请（BLA）相关的自愿提交的基因组数据（VGDS），请在自愿提交的附信中加入参考编码。

七、自愿提交的基因数据的机构审查

FDA 在应用审查过程中收到了许多关于使用药物基因组数据的问题。问题反映了当局将根据探索性药物基因组学研究的结果提出新问题并需要额外的数据，或基于初步人体药物基因组数据需要或提出新的研究，表明人群将基于药物基因组导致亚群变窄或受限制，或者在回顾性分析后建议基于药物基因组亚组的差异反应，将需要在亚群体中进行新的研究。还有人担任专家解释这些数据的可能性。

FDA 不会使用通过自愿过程提交的基因组信息进行 INDs、BLAs 或 NDAs 的监管决策。

VGDS 将由跨学科药物基因组评估小组（IPRG）进行审查。审查过程旨在确保科学人员在评估基因组学研究方面参与第一手分析和审查数据有经验。任何数据评估将以科学和信息为目的，而不是监管决策。如果申请人提交了根据 §§312，314 或 601 要求的 VGDS，附加信息可用，则申请人必须遵循本指南中描述的提交的合适方法将数据重新提交调查或上市申请。此外，当药物基因组数据作为 IND、NDA 或 BLA 的一部分提交时，审查部门可以咨询 IPRG。

支持 IND 过程各个阶段的人体试验需要动物和体外毒理学数据库，以确保支持上市的短期或长期的药物使用。关于替代或添加新的动物基因组安全性检测的任何建议通常都是涉及国际科学合作和药物开发委员会的公共进程的产物。如果 FDA 知道一个特定的药物基因组检测对于积累经验有重要意义（例如，评估提交的结果，和 / 或获得咨询委员会的意见），当局将通知申请人有关的这些研究结果。

如上所述，目前人体中某些代谢酶的药物基因组检测很少被视为已知有效的生物标记物。对于 FDA 如何评估较新类型的药物基因组数据表达了相当大的关切（例如，可以预测不良反应风险增加的结果，或者指有效性应答增强的概率）。FDA 在处理其他情况下的这些问题上有成功的经验。药物基因组学研究如何适应这一经验的例子包括以下内容。

●药物代谢表型的描述和对于剂量影响的讨论在药品标签中是常见的。药物基因组检测信息的推断是简单的。

●有很多条件或协同因素会增加个人不良反应的敏感性（例如，合并病症、代谢易感性如肝衰竭或伴随药物治疗）或有益反应的概率。

在这种情况下，FDA 通常的方法是要求将信息添加到药物标签中，描述可能的相互作用和相关因素，并就预防措施提供建议。如果申请人发现新的药物基因组测试，可能用于区分严重不良事件风险较高的患者，申请人和当局很有可能对探索适当人群的相关性感兴趣。但是，如果申请人也在整体指标人群中进行药物研发，FDA 将根据其优缺点对安全数据进行评估。如果发起人决定仅在基于药物基因组测试排除某些患者后的人群中进行药物研发，FDA 将建议药物基因组测试（作为诊断）和药物的共同研发，因为 FDA 将无法批准风险收益预测是基于不可用的药物基因组测试的药物。

很可能在不久的将来，药物基因组生物标记物预测药物毒性将在与整体药物开发相似的道路上得到确定和发展。换句话说，药物将以常规方式开发，同时努力确定适当的毒性预测因子。如果药物的风险收益概况在整个目标人群中是可接受的，那么在努力完成相关药物基因组测试之前，可以批准该药物。如果当可以确立检测的预期价值，并且这个检测是可以商用的（不论是作为经批准的装置还是服务），可以改变药物标签来反映数据。

FDA 对可能对治疗反应的目标人群进行测试有相似的经验。

几十年前，标签中描述了广泛的适应证。随着时间的推移，随着更精确的诊断的发展，申请人根据进行的临床试验寻求更窄范围的适应证。随着耐药性测试的出现，抗 HIV 治疗领域也发生了类似的进展。我们鼓励申请人继续开发药物基因组检测，预测亚群对治疗反应的增加程度。但是，如果在较大的人群中进行整体药物研究，则应评估该群体中有效性和风险收益，批准决策将以总体数据为基础。

关于 FDA 在这方面的举措多是关注于基于药物基因组测试可能给出关于亚群中安全性和有效性概率的确切答案的看法。这种特异性可能偶尔发生（例如，当产品设计为抑制特定分子靶标时），并且在这种情况下，高度鼓励诊断测试的快速发展。然而，这不太可能是一般情况。在大多数情况下，基因型或特定基因表达谱可能是影响不良事件或有利反应发生性的众多因素之一。因此，药物基因组生物标记物通常可以像临床领域的其他非基因组预测标记一样处理。

第六节 | 以电子格式向 CBER 提交申请——新药临床研究申请（INDs）

Providing Regulatory Submission to CBER in Electronic Format-Investigational New Drug Applications (INDs)

一、简介

本指南文件旨在帮助申请人以电子格式向生物制品审评与研究中心（CBER）提交注册资料。FDA 会定期更新电子提交指南，来反映技术的演进和技术经验的积累。正如 FDA 开发通用技术文件（CTD）格式的新药临床研究（IND）申请电子提交的指南，本指南将与 CTD 指南保持一致。

在本指南中，我们讨论了新药临床研究（IND）申请及其修订版电子提交的具体问题。我们在 1999 年 1 月的指南手册"以电子格式提供监管意见书—总则"（1999 年 1 月 28 日，64FR 4433）中描述了所有提交中普遍的问题，比如可接受的文件格式、媒介以及提交程序。

本指南作为 1998 年 5 月的发布的指南草案"行业指南：生物制品电子新药临床研究（eIND）申报的试点计划"的定稿，草案于

1998 年 6 月 1 日在《联邦公报》上发布（63 FR 104）。我们把试点的经验纳入本指南，包括来自公众的评论和曾于 1999 年 11 月发布的"行业指南：以电子格式向生物制品审评与研究中心提供监管意见书—生物制品上市申请 [生物制品许可申请（BLA）、产品许可申请（PLA）/ 机构许可申请（ELA）和新药申请（NDA）]"（1999 年 11 月 12 日 ；64 FR 61647）。

二、目的

本指南旨在促进以电子格式提交 INDs，以及确保审查者快速和简单地获取信息。本指南特点在于 IND 的主文件夹可以在整个申请周期中使用。IND 的主文件夹包括 6 个子文件夹，其中与生物制品审评与研究中心的审查科目类似的 4 个文件夹。将在"四、（二）"部分阐述。

我们使用了导航结构的目录（TOC）和书签，与生物制品审评与研究中心的电子上市申请使用的结构相似。您应当在书签的层次结构中包括以下书签：导航（roadmap）、主要目录和项目目录（即当前审查的项目）。当您在电子 IND 中提供目录时，左边空白处应当有类似的书签。

您的提交中应包括含有数字前缀的独立 PDF 文件。数字前缀应反映审查提交的文件中的修订编码。数字前缀将促进新文件加载到已存在的文件夹结构中，突出 IND 的主文件夹及其 6 个子文件夹（参照"四、（二）"部分）。然而，以下 PDF 文件不应包含数字前缀：roadmap.pdf（参照原指南附录 A），protocalctoc.pdf（参照"五、（四）1."部分和原指南附录 A），adverse_eventstoc.pdf（参照"五、（四）2."部分和原指南附录 A）。这些文件是累积的，将在后续的提交中被取代。

电子 IND 也突出了 roadmap.pdf 文件的使用。这是电子提交推荐的入口点。roadmap.pdf 文件应包含链接到初始提交主目录和每个后续提交主目录的超文本功能。应在提交的每个文件前缀中发现提交的序列号。结果是 roadmap.pdf 文件将经常包含当前全面提交的历史，将使审查者可以通过主要目录较易获取初始 IND 及其后续修订版。

当修订 IND 时，您应当在初始的 IND 提交中利用相同的 IND 主文件和子文件夹名称（您使用的）。修订的 IND 提交主文件应包括其内容的适当子文件夹（参照"四、（二）"部分）。应通过在文件名前缀中使用修订的序列号来识别文件（参照"三、（六）"部分）。我们将加载新修订案中的文件到服务器中之前存在的子文件夹中，并赋予新的提交序列号。如果修订案中包含之前没有提交给 IND 的文件内容，我们将加载整个子文件夹至服务器上的 IND 主文件。您应当提交一个更新的总体提交索引和每个修订案子文件夹的具体索引至 IND。我们将把这些索引加载至之前存在的文件结构中。

三、一般问题

21 CFR 312 部分的规定为提交至生物制品审评与研究中心的 INDs 提供了一般要求。目前 FDA 1571 表格（http : //www.fda.gov/ opacom/morechoices/fdaforms/cber.html）概述了提交 IND 要求的部分。

（一）与上市申请指南一致

只要有可能，我们已经尝试使以电子格式提供 INDs 和上市申请的指南一致。您可以参考 1999 年修订的"行业指南：以电子格式向生物制品审评与研究中心提供监管意见书——生物制品上市申请 [生物制品许可申请，产品许可申请 / 机构许可申请和新药申请]"（http : //www.fda.gov/cber/guidelines/htm. ）。

（二）有关初始 IND 的提交

本指南同样适用于初始 IND 和后续修订初始申请的提交。我们根据条款 11 的 FDA 1571 表格描述了 IND 提交类型。如果您决定以电子格式提交 IND，您应当以电子格式提供整个意见书。您也应以电子格式提供初始提交材料的所有修订稿。

（三）电子提交的可接受性

在 1997 年 3 月 20 日的《联邦公报》上（62 FR 13467），当局宣布建立摘要，编码为 92S–0251（http : //www.fda.gov/ohrms/dockets/92s0251/92s0251.htm），发布其接受电子格式的提交。一旦审评中心在摘要中确认了只能以电子格式加工、审查、存档的提交类型，您将只能利用电子媒介，而不是纸质文档来提交申请。（21 CFR 11.11（d）和 11.2）

（四）电子签名

我们正在开发电子签名存档文件的程序。直到应用这些程序之前，电子文档中应包括以下内容：

● 法规要求原始签名的文件。

● 包括申请人授权代表的手写签名的纸质副本；识别电子文档和附件的 IND 编码。

（五）其他 INDs 的交叉引用

有时候，通过交叉引用另一个 IND 来支持 IND 的提交（21 CFR 312.23（b））。如果提供给 IND 所有参考材料，将进一步增加电子 IND 提交的效用。您应当用处理提交给 IND 的其他电子文件夹的同样方法处理这些文件。例如，如果可能的话，应从电子来源中产生文件而不是扫描纸质文件。如果无法使用电子来源的文件，我们将接受扫描副本。您应当在本指南中描述这些文件的格式和组织结构。

如果生物制品审评与研究中心已经存在一份电子 IND 或文件表格，并且提供适当的授权信，IND 审查小组将被授权获取这些文件。如果您选择参考的文件已经用电子格式提交，您应当根据 21 CFR 312.23（b）的要求在文档中包含主文件名称代替卷名。您应当在管理文件夹中提供授权信的副本。

（六）文件夹和文件名

我们提供了提交的文件夹和子文件夹的具体名称，以及包括 roadmap 文件的目录文件。使用这些名称将降低审评中心的审查者之间的混淆。

对于没有具体描述的文件名，我们希望您使用以下命名规范：

●在最初的四个文件中包括提交文件的序列号；

●使用描述性名称的文件共有 28 个字符，32 个字符包括 4 个数字序列号；

●使用适当的 3 个字符的文件扩展名（例如，pdf，xpt）；

●与文件名一致。例如，如果您使用协议号码作为初始协议名称的一部分，您应当在协议修订版中包括相同的名称。

例如，修订案中第六个协议 1234 可以命名为 0006_1234.pdf. 修订后的协议作为修订案 125 的一部分提交，命名为 0125_1234.pdf.

（七）书签和超文本链接

对于所有文件的目录，您应当在文档目录的每项中提供书签和超文本链接，包括所有表格、图形、公开资料和附录，即使包含在一个单独文件中，作为提交目录的一部分。

为了促进审查，您应当提供超文本链接以支持注释、相关章节、参考文献、附录、表格或图形，在文件主体中不位于同一页面。在文件末尾的参考文献列表中，您应当提供适当 PDF 出版文件中列出的超文本链接。为了向审查者提供使用电子文件的最大灵活性，请避免在提交文件中出现链接项。我们打算根据学科来审查信息，因此您应以模块化的方式呈现信息。例如，如果您打算使用参考文献支持 CMC 文件夹中的一个观点，您不应用将参考文献放在临床文件夹中。

（八）引用的公开资料

您应当对所引用的每份公开资料建立单独的 PDF 文件公开资料。在正文的引用参考位置和公开资料之间建立一个超文本链接。应在每个出版文件文档信息字段的标题部分包括引用的公开资料。

（九）提交管理

及时与中心和办公室员工在提交必需的电子文件之前进行交流。问题出现时请联系我们。

您应当在申请截止日期之前至少 3 个月，书面通知我们所提交的电子 IND 的内容。通过接受和审查书面通知，我们的员工将安排一个电话会议来讨论提出的电子档案。您应在提交目标日期 45 日之前提交一个 CD-ROM，其中包含模型文本和数据，传达您对指南的解释。随着个体申请人或产品团队采用这种方式的经验，我们可以发现提交 CD-ROM 是非常必要的。

由于初始 IND 的审查必须在 30 日内完成，电子 IND 的平稳运行非常必要。CD-ROM 被证明是确保平稳运行的关键部分。CD-ROM 演示应通过演示模型的文本、表格、图形和提交至生物制品审评与研究中心的数据，来促进提交过程中的讨论。CD-ROM 演示将：①给我们一个机会确保所有电子 IND 申请中文档的格式均符合要求；②提供一个审查小组反馈监管信息的机会（例如，数据集结果、超文本链接、书签、文件质量）；③给我们的技术人员一个机会。提供如何提交与指南一致的推荐提交物的反馈。有效使用的证明和及时与员工的交流应增强对指导文件及其内容的理解。我们在原指南附录 3 中列出了适当的联系人员。

（十）申请结构

IND 是一段时间内收集的许多小型提交资料的汇编。在审查 IND 提交的期间，审查者将经常需要参考早期的提交。为了帮助审查者浏览整个申请，您应当给每个提交物提供目录，包括不仅在目前提交中包括的文件，还有之前提交的文件（参照原指南附录 1—roadmap.pdf 文件）。

这个列表应按照提交的逆时间顺序排列，PDF 文件部分称为 roadmap.pdf（参照原指南附录 1）。这个文件与提交的主要目录有关，依次链接到每个子文件夹提供的目录。参照"四、（五）"部分目录文件的其他细节。

四、组织主文件夹

您应该在主文件夹中包括所有电子文件和数据集，旨在成为电子 IND 的一部分。唯一的例外是申请目录（roadmap.pdf 文件）。这个文件应放置在根目录中。如图 3–1 所示。

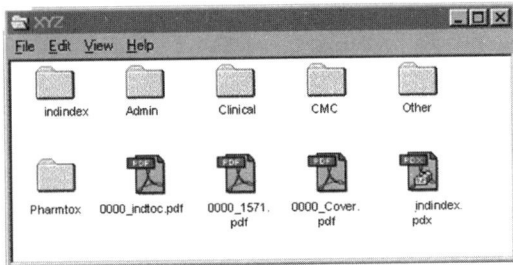

图 3–1 IND 主文件

（一）主文件夹命名

初始提交的主文件夹应被命名为 IXYZ，包含申请人名称、产品和说明书的简写。对于这次提交，在监管意见书到达之前，您不知道 IND 编码以及怎样产生 IND 编码。所有申请的修订版应使用命名为原始提交的相同主文件夹。

（二）文件夹

在主文件夹中应提供 5 个文件夹，管理（admin）、化学、制造和控制（cmc）、药理学与毒理学（pharmtox）、临床（clinical）和其他（other），在 IND 的原始提交和后续修订案中提供组织文件和数据集（图 3–1）。参照每个文件夹中表 1–8 类型文件。此外，主文件夹应包含指数文件夹（参照"（六）"部分）。

应当如下表 3-1 命名文件夹。您不应在提交的子文件夹中附加扩展。我们的目的是在每个提交中创建一组文件夹，并上传支持这些文件夹的其他信息。这将给审查委员会一个中心位置作为与审查密切相关的信息资源库。

将下列类型的文件 / 信息放入指定文件夹。

表 3-1 组织的文档

文件夹位置	文件类型
管理（admin）	介绍性说明，年度报告，地址更改，联系方式更改，申请人更改，授权信，会议记录，中期报告，最终报告要求关闭，快速通道，失活，再活化，滚动式生物制品许可申请或新药申请，债务转账，撤回，会议请求，对临床或请求信件的信息
化学、制造和控制（cmc）	化学、制造和控制信息（§312.23（a）（7））以及与化学、制造和控制相关的修订信息（§312.31），包括产品特征，设备信息，规划，标签，批放行，生产信息，装运的产品，原始信息，规格，批放行数据，稳定性，无菌，排除的环境评估或要求
非临床药理学与毒理学（pharmtox）	药理学和毒理学信息（312.23（a）（8）），与制药相关的修订信息（§312.31），包括药理学和毒理学数据，临床前信息，动物模型，体外模型，药代动力学，临床前报告和方案，毒理学
临床（clinical）	方案（§312.23（a）（6）），方案修订（§312.30），之前的人类经验（§312.23（a）（9）），安全性报告（§312.32）和与临床相关的修订信息（§312.31），包括不良反应，同意表格，调查人员信息，一般临床实验的计划，调查人员手册，伦理审查委员会批准，新方案，修订方案，位置信息，调查数据，CV's，1572's
其他（other）	交叉引用文件和其他信息

（三）附信

应在主文件夹中提供命名为 XXXX_cover.pdf 的 PDF 文件的附信，XXXX 是提交序列号。附信中应包括以下内容：

●提交的描述中包括适当监管信息；

●描述电子提交物，包括使用电子媒介的类型和数量（例如，两个 CD-ROMs）以及文档的近似大小（例如，1，2 千兆字节）；

●一份关于提交的软件描述没有病毒的说明，以及用于检查病毒的软件信息（名称、版本和公司）；

●本指导文件中建议的任何改变应在附信中记录；

●申请中监管和信息技术的连接点。

（四）FDA 1571 表格

在主文件夹中，提供命名为 XXXX_1571.pdf 的 PDF 文件的 FDA 1571 表格，XXXX 是提交的序列号。当局正在开发允许提交电子签名的程序。直到程序完善之前，您应当与 FDA 1571 表格一同提交一份纸质版的附有申请人授权代表签字的 1571 表格。

（五）IND 目录

21 CFR 312.23（a）（2）法规要求的提交目录。

对于电子提交，目录应包含三个层次的细节和适当的超文本链接和书签（参照原指南附录 B）。第一个层次的细节，目录将包含 FDA 1571 表格第 12 部分中条款的简易列表。您应当把这些条款的超文本链接和书签至 IND 目录的适当条款中。这个单页的 PDF 文件将被命名为 XXXX_indtoc.pdf，XXXX 是提交的序列号。您应当把主要目录放置在主文件夹中。

第二个层次的细节是 IND 每个主文件夹的目录。您应当用以下方法以 PDF 文件命名的目录，例如，0000_admintoc.pdf, 0000_ cmctoc.pdf, 0000_pharmtoxtoc.pdf, 0000_clinicaltoc.pdf and 0000_othertoc.pdf. , 您应当在适当的子文件夹中放置这些条款。对于每个目录，您应当列出关于特定子文件夹中的所有文件，在列出的目录中提供每个文档或数据集的书签和超文本链接。一般而言，这些目录应长约数页。您应当提供导航主要目录的书签和最高层级书签的项目目录。这将为审查者浏览整个电子文档提供方便。第三个层次的细节关于报告和方案。您应当包括这些文档目录的书签和超链接。对于数据集，您应当提供一个数据定义表格作为数据集使用元素的对照表。

（六）提交的完整上下文索引

您应当提供全文的索引和提交中所有条款的文档信息字段。通过使用阅读器目录产生 PDF 的索引。命名索引定义文件为 indindex.pdx。应在命名为 indindex 的文件夹中放置所有相关的索引文件。在 IND 主文件夹中放置 indindex.pdx 定义文件和 indindex 文件夹。将 XXXX_indtoc.pdf 文件与索引文件联系起来，这样不论什么时候打开目录文件，相关的索引将自动添加到可用的索引列表中。这将促进阅读器中检索功能的使用。这个功能使审查者可以输入一个具体的词语，通过当时索引加载的文档搜索这个词在文档中的位置。索引文件夹和文件没有数字前缀，因为它们是可以累积更新的。每次向 IND 提交修订案时应更新索引信息。

五、组织提交步骤

在 IND 的原始提交中蕴含 5 个内容文件夹中的每个文件，以及电子格式的所有后续修订案。

（一）管理（admin）

表 3-1 中列出了文档的类型，您应当在管理文件夹中给出。应在管理子文件夹中直接放置所有这些文件。不在管理文件夹中提供任何子文件夹，除了全文索引和公开资料引用的公开资料文件夹。

1. 授权信

当通过另一位申请人向当局提交参考信息时，您必须提供一份授权参考的书面说明，并由提交信息的人签字（21 CFR 312.23（b））。您应当提供作为个人 PDF 文件的授权信并将其放置在管理文件夹中。

2. 中心通信的回复

在我们寄给您的信件中应包括额外信息沟通的实际评论，问题和请求，以及对这些条款的回信。您应当标记每个条款以促进信息获取，还应通过回信中包含的超文本链接支持额外的信息获取。

3. 年度报告

除了调查人员的手册（21 CFR 312.33（d）），您应以单独的 PDF 文件提供年度报告要求的信息。您会在 21 CFR 312.33 中发现年度报告要求的条款。作为年度报告文件的一部分，您应当提供 21 CFR 312.32 详细列出的每一项的目录，在文档中标记和超链接参考信息目录的每一项。提供调查人员手册的信息如下文所述。

4. 其他文档

您应当在子文件夹中提供其他文档，包括以个人 PDF 文件在表 3-1 中：文档组织中描述的文档。

5. 引用的公开资料

您应当以单独的 PDF 文件提供每个引用的公开资料，把文件中引用的所有公开资料包含在管理文件夹中，按字母顺序放置在公开资料的单独文件夹中。您应当在引用位置和公开资料文件夹的资料之间建立一个超文本链接。您应当在每个公开资料文件的文档信息字段的标题部分中包括引用的公开资料信息，应包括第一作者的名字、出版年份和引用文章的标题。

6. 全文索引

您应在这个文件夹中提供全文索引和所有文档的文档信息字段，将索引文件命名为 admin.pdx。您应将所有相关的索引文件放置在管理索引文件夹中，把 XXXX_admintoc.pdf 文件和索引文件联系起来，这样不论什么时候打开目录文件，相关的索引会自动添加到可用的索引列表中。这将促进阅读器中检索功能的使用。这个功能使审查者可以输入一个具体的词语，通过当时索引加载的文档搜索这个词在文档中的位置。索引文件夹和文件没有数字前缀，因为它们的目的在于积累。每次向 IND 提交修订案时应更新索引信息。

（二）化学、生产和控制（CMC）

表 3-1 中列出了应在 cmc 文件夹中提供的文档类型。您应把所有文件直接放在 cmc 文件夹中，不应在 cmc 文件夹中提供任何子文件夹，除了全文索引和公开资料文件夹。

1. 文档和数据集

参照 1999 年 11 月修订的"行业指南：以电子格式向生物制品审评与研究中心提供监管意见书—生物制品上市申请 [生物制品许可申请、产品许可申请 / 公司许可申请和新药申请]"，CMC 提交的特定文件和数据集文件的格式指南。

对于上市申请中描述的文档，您应当提供个人 PDF 文件的文档，并把它们放置在 cmc 文件夹中。

2. 公开资料

您应当以单独的 PDF 文件提供每个引用的公开资料，并把文件中引用的所有公开资料包含在 cmc 文件夹中，按字母顺序放至名为公开资料的单独文件夹中。您应当在引用位置和公开资料文件夹的资料之间建立一个超文本链接。在 cmc 文件夹中放置公开资料文件夹，在每个公开资料文件的文档信息字段的标题部分中包括引用的公开资料信息，应包括第一作者的名字、出版年份和引用文章的标题。

3. 全文索引

您应在这个文件夹中提供全文索引和所有文档的文档信息字段，将索引文件命名为 cmc.pdx。您应将所有相关的索引文件放置在管理索引文件夹中，把 XXXX_cmctoc.pdf 文件和索引文件联系起来，这样不论什么时候打开目录文件，相关的索引会自动添加到可用的索引列表中。这将促进阅读器中检索功能的使用。这个功能使审查者可以输入一个具体的词语，通过当时索引加载的文档搜索这个词在文档中的位置。索引文件夹和文件没有数字前缀，因为它们的目的在于积累。每次向 IND 提交修订案时应更新索引信息。

（三）非临床药理学和毒理学（Pharmtox）

表 3-1 中列出了应在 pharmtox 文件夹中提供的文档类型。您应把所有文件直接放在 pharmtox 文件夹中，不应在 pharmtox 文件夹中

提供任何子文件夹，除了全文索引和公开资料文件夹。

1. 文档和数据集

参照 1999 年 11 月修订的"行业指南：以电子格式向生物制品审评与研究中心提供监管意见书—生物制品上市申请 [生物制品许可申请、产品许可申请 / 公司许可申请和新药申请]"，非临床药理学和毒理学提交的特定文件和数据集文件的格式指南。

对于上市申请中没有描述的文档，以个人 PDF 文件提供文档并放置在非临床药理学和毒理学文件夹中。

2. 公开资料

您应当以单独的 PDF 文件提供每个公开资料，并把文件中引用的所有公开资料包含在 pharmtox 文件夹中，按字母顺序放至名为公开资料的单独文件夹中。您应当在引用位置和公开资料文件夹的资料之间建立一个超文本链接。在 pharmtox 文件夹中放置公开资料文件夹，在每个公开资料文件的文档信息字段的标题部分中包括引用的公开资料信息，应包括第一作者的名字、出版年份和引用文章的标题。

3. 全文索引

您应在这个文件夹中提供全文索引和所有文档的文档信息字段，将索引文件命名为 pharmtox.pdx。您应将所有相关的索引文件放置在 pharmtox 索引文件夹中，把 XXXX_pharmtoxtoc.pdf 文件和索引文件联系起来，这样不论什么时候打开目录文件，相关的索引会自动添加到可用的索引列表中。这将促进阅读器中检索功能的使用。这个功能使审查者可以输入一个具体的词语，通过当时索引加载的文档搜索这个词在文档中的位置。索引文件夹和文件没有数字前缀，因为它们的目的在于积累。每次向 IND 提交修订案时应更新索引信息。

（四）临床

表 3-1 中列出了应在临床文件夹中提供的文档类型。您应把所有文件直接放在临床文件夹中，不应在临床文件夹中提供任何子文件夹，除了全文索引、公开资料、方案和不良事件文件夹。

1. 方案和方案修订版

您应当在子文件夹标注的方案中以单独的 PDF 文件提供每个方案。为了更容易地识别文件，可以使用方案编号作为文件名的一部分。每个方案应有一个目录、超文本链接和标注目录。对于方案修订版或修订案，您应当使用相同的方案编号来识别原始方案。您应当提交任何修订方案的完整文件副本，这也可以通过我们的临床审查者促进阅读器中"文章比较"的功能来实现。

您应当在方案文件夹中创建一个名为 protocolctoc.pdf 的 PDF 文件（即方案积累的目录）。protocolctoc.pdf 是方案和修订版的积累列表，以 PDF 文件出现的时间提交。积累的列表应按逆时间顺序在列表开头提交最近的方案。由于这个文件是积累的，没有数字前缀。protocolctoc.pdf 不应影响任何提交内容。您应当把方案和修订案超链接文本至他们在本文件中参考的文档内。您应当更新任何方案或修订案的提交。文档应类似于 roadmap.pdf 文件的方式发挥作用（参照原指南附录 1 和 2）。

2. 不良事件

您应当在"不良事件"的子文件夹中以单独的 PDF 文件提供每个不良事件报告。为了帮助中心的员工识别每个 PDF 文件，请使用每个文件名的方案编号、患者编号和事件日期的组合（例如，RIT_02–004_010–023_07132001）。在不良事件子文件夹中应提供名为 adverse_eventsctoc.pdf 的 PDF 文件（即不良事件累积目录）。adverse_eventsctoc.pdf 是临床试验期间发生的所有不良事件的积累列表。积累列表应按照逆时间顺序在列表开头提交最近的不良事件。由于文件是积累的，没有数字前缀。adverse_eventsctoc.pdf 不应影响任何提交的内容。您应当超文本链接这些文件中的不良事件报告至他们参考的文档中。您应当更新任何不良事件报告的提交。文档应类似于 roadmap.pdf 文件的方式发挥作用（参照原指南附录 1 和 2）。

3. 调查人员手册
您应当以单独的 PDF 文件提供调查人员手册，并在手册中包括目录。应把文件命名为 XXXX_investbrochuretoc.pdf.。您应当标注和超文本链接本文件的目录。

4. 一般临床试验的计划
您应当以单独的 PDF 文件提供一般临床试验的计划，并在计划中包括目录。应把文件命名为 XXXX_geninvestplantoc.pdf.。您应当标注和超文本链接本文件的目录。

5. 临床试验数据库
我们建立了临床试验数据库以收集临床试验方案的信息。请列出您对严重和危及生命疾病的方案（1997 年 FDA 现代化法案 113 部分）。在结束时，您应当根据 2001 年 6 月的"行业指南草案—严重或危及生命疾病的临床试验信息计划：实施计划"列出您的方案。

6. 调查人员信息

您应当以单独的 PDF 格式提供调查人员信息。如果文件中包括不止一个调查人员，您应当给每个调查人员提供书签。

7. 之前的人类经验

您应当以单独的 PDF 文件提供之前的人类经验作为摘要信息。您应当在之前的人类经验文件中包括目录，将文件命名为 XXXX_prevhumexptoc.pdf。您应当标注和超文本链接本文件的目录。如果您提供了研究报告，您应当在适当的上市指导文件中描述。

8. 其他文件

参照 1999 年 11 月修订的"行业指南：以电子格式向生物制品审评与研究中心提供监管意见书—生物制品上市申请 [生物制品许可申请、产品许可申请 / 公司许可申请和新药申请]"，临床提交的特定文件和数据集文件的格式指南。

对于上市申请中没有描述的文档，以个人 PDF 文件提供文档并放置在临床文件夹中。

9. 公开资料

您应当以单独的 PDF 文件提供每个公开资料，并把文件中引用的所有公开资料包含在临床文件夹中，按字母顺序放至名为公开资料的单独文件夹中。您应当在引用位置和公开资料文件夹的资料之间建立一个超文本链接。在临床文件夹中放置公开资料文件夹。您应当在每个公开资料文件的文档信息字段的标题部分中包括引用的公开资料信息，应包括第一作者的名字、出版年份和引用文章的标题。

10. 全文索引

您应在本文件夹中提供全文索引和所有文档的文档信息字段，将索引文件命名为 clinical.pdx。您应将所有相关的索引文件放置在临床文件夹中，把 clinical.pdx 定义文件和临床索引文件夹放在临床文件夹中，XXXX_clinicaltoc.pdf 文件和索引文件联系起来，这样不论什么时候打开目录文件，相关的索引会自动添加到可用的索引列表中。这将促进阅读器中检索功能的使用。这个功能使审查者可以输入一个具体的词语，通过当时索引加载的文档搜索这个词在文档中的位置。索引文件夹和文件没有数字前缀，因为它们的目的在于积累。每次向 IND 提交修订案时应更新索引信息。

（五）其他

表 3-1 中列出了应在子文件夹中提供的文档类型。您应把所有文件直接放在其他文件夹中，不应在其他文件夹中提供任何子文件夹，除了全文索引。

1. 文档

您应当给每个文档提供个人 PDF 文件。

2. 全文索引

您应在其他部分所有文档中提供全文索引和所有文档的文档信息字段，将索引文件命名为 otherindex.pdx。您应将所有相关的索引文件放置在名为 otherindex 的文件夹中，把 otherindex.pdx 定义文件和其他索引文件夹放在其他文件夹中，XXXX_othertoc.pdf 文件和索引文件联系起来，这样不论什么时候打开目录文件，相关的索引会自动添加到可用的索引列表中。这将促进阅读器中检索功能的使用。这个功能使审查者可以输入一个具体的词语，通过当时索引加载的文档搜索这个词在文档中的位置。索引文件夹和文件没有数字前缀，因为它们的目的在于积累。每次向 IND 提交修订案时应更新索引信息。

第七节 | 抗癌药和生物制品——上市申请的临床数据

Cancer Drug and Biological Products— Clinical Data in Marketing Applications

一、简介

本文件向申请人提供了建议，即向 FDA 提交收集的癌症临床试验数据，支持新药申请（NDAs）、生物制品许可申请（BLAs），或新适应证的补充申请。收集的数据应当足以评估治疗的安全性和有效性，但不需要包括其他非相关的数据。本指南也用于私人调查者、癌症合作组织、合同研究机构和其他设计的或开展的用于抗癌药或生物制品的上市申请的临床研究。

由于临床试验的复杂性，不同情况下应包括不同的数据，指导文件中不能指定每个试验的精确数据。本指南提供了数据收集和提交的一般原则。我们强烈建议申请人参考这些原则，制定数据收集的具体建议，并与 FDA 在会议上讨论他们的建议，比如第二阶段末期会议。指定这些数据应避免收集不必要的信息，允许指向研究中重要终点的来源，确保收集和报告的数据足以支持研究。

二、背景

（一）一般规定和指南

本指南是一系列规定和指南之一，概述了评估癌症治疗的特殊注意事项。在 IND 药物规定的 E 部分（21 CFR 312 subpart E），概述了危及生命疾病的新疗法加速发展、评估和上市的特殊程序，比如癌症。这些程序反映了一个事实，如果这个产品对于治疗危及生命的疾病可能是有益的，医生和患者愿意接受产品的更高风险或不良反应。新药申请规定的 H 部分（21 CFR 314 subpart H）和生物制品许可申请的 E 部分（21 CFR 601 subpart E）允许新药的加速批准，从现有的危及生命疾病治疗中获益，比如癌症，基于可能预测临床效益的替代终点的使用。1996 年倡议了重塑抗癌药的监管（1996 年 3 月，全国绩效评估委员会）的若干举措。在行业指南"用于已上市药物和生物制品的新癌症治疗的 FDA 批准"（1998 年 12 月），FDA 强调了研究的编号和类型，建议支持已上市药物或生物制品用于新的肿瘤。

（二）数据要求和指南

21 CFR 314.50 要求提交对照试验研究报告的支持性数据，但没有描述应收集的数据数量和类型。细节问题有时候会在申请之前与审查部门的会议上决定，但其往往采用既定的做法。要求提交在研究期间由于不良反应死亡或退出的患者的病例报告表（CRFs）（22 CFR 314.50（f）（2）），并提交来自所有研究的个别患者安全性数据和病例报告表中要求的支持有效性的对照试验的个别疗效数据（21 CFR 314.50（f）（1））。这些表格包括每个研究中每个患者的数据，除了申请人可以提前删除当局认可的表格，与药物安全性或有效性的审查不相关。最近当局说明病例报告表可以作为电子数据集提交。这是大多数肿瘤学的首选数据提交形式，因为电子提交数据通常可以更快速和彻底地审查。

（三）总则

当局认为数据库中的收集、质量控制和数据输入是一个昂贵和耗时的过程。一些申请人收集大量信息来确定他们有当局要求的所有数据。非商业的申请人，比如癌症合作团体，经常完成重要的多中心研究，并被商业申请人后来所使用。这些非商业申请人的代表告知 FDA：商业申请人经常鼓励非商业申请人收集比调查人员更多的数据。事实上，许多这些数据在上市申请中可能并不被提倡用于癌症治疗。行业代表有可能使用上市申请的数据提交标准，用于不严重的疾病或假设在许多情况下可以修改的标准。我们因此鼓励在第二阶段末期会议讨论具体数据的要求，以减少不必要的数据收集。理想情况下，这些会议的背景文件应包括带注释的病例报告表，说明将收集数据库的数据以促进讨论。当申请人和 FDA 对数据收集的范围达成一致，协议应当简化为书面并成为行政记录的一部分。

为了了解需要提交的数据，重要的是考虑整个药物计划和研究在提供数据中起的作用，即表明安全性和有效性。提交的数据可以不同，取决于如下因素：

● 监管意见书的类型（新上市申请与使用有确定不良影响的药物功效补充）；

● 对已经批准的药物新用途的相似建议；

● 研究中的人群（手术辅助设置的患者，得到一线治疗的患者或难治性疾病的患者）；

●药物安全性其他来源的可用补充信息数量，比如相似患者人群试验的数据。

三、数据收集的建议

在生物制品审评和与研究中心、药品审评与研究中心审查肿瘤申请的经验中，给出试验中数据收集的以下建议，支持抗癌药或生物制品的上市申请。在实施之前应与当局讨论数据收集计划。

（一）人口数据

研究参与者的人口数据应包括出生日期、种族和性别。应当给每个患者分配一个唯一的研究识别号码。应记录随机取样的日期。

（二）病史

对于影响重要器官功能的重大疾病（例如，肾衰竭、肝功能不全、心脏病），应收集每一个新的人口研究指定的患者数量基线的信息。这些数据有助于确定某些疾病是否倾向于患者的特定不良反应。收集影响特定器官系统的疾病的额外历史数据，适合于一些药物并应在方案中指定。

（三）癌症诊断和阶段

验证诊断和研究中治疗癌症的阶段的数据是重要的。其他细节根据特定方案对象和计划分析而异。应收集主要功效结果的重要预后因素。方案应详细说明所有基线数据，充分描述人口，评估实现重要预后因素平衡的随机化，并允许考虑调整分析。

（四）癌症治疗历史

收集以前辅助治疗的数据很重要，因为这可以成为治疗的预后反应。对于转移性疾病，之前化疗收到的特性是有帮助的，但其他试验（例如，药物剂量、治疗反应）通常不是必要的。应记录所有试验中所有患者的癌症治疗历史，在一定程度上保证有资格记录患者。例如，应记录一线治疗、二线治疗的适应证。当有安全性顾虑时（例如，蒽环类药物使用的历史对于被怀疑有心脏毒性的药物很重要），癌症治疗历史的具体数据也应被记录。

根据所有难治肿瘤可用疗法的肿瘤反应，偶尔在加速批准规定下寻求新药的批准。这些申请常常涉及单组研究而不是随机的比较研究。在这样的情况下，当对难治性疾病提出指示，方案应明确定义难治性疾病的意义，并收集充分的治疗历史，用文件证明患者进入的难治性状态。根据方案中难治性的定义，可以包括药物名称、药物剂量、开始和结束的日期、最好的药物反应、连续日期和／或停药的理由。

（五）实验室测试

协议中应详细说明实验室测试，指导药物的全面评价。所有新的新药申请或生物制品许可申请应包含患者样本，开展完整的实验室评估，将成为所有患者研究的一部分（新的功效补充可能根据具体情况和已知的情况要求更少的数据，如"（三）"部分的讨论）。对于集中监控组，重要的是收集定期和不定期的实验室数据。数据样本中的患者数量应与 FDA 肿瘤学部门咨询进行确定。完整实验室数据的收集是必要的，例如，只有在提交的试验之一或大型试验的患者，假设包括研究的足够数量的患者和相关的人口学。

1. 基线测试

上市新药产品的初始申请应包含在特定患者数量的基线收集的实验室测试的详细数据。在方案设计期间应与 FDA 讨论确定患者的数量。在这些患者中，基线数据对于解释后续的异常值很重要。这些基线研究应包括电解质、肌酸酐、血红蛋白、粒细胞计数、血小板计数、转氨酶、碱性磷酸酶、胆红素和尿液分析。特定药物的其他基线实验室测试和其他测试（如心电图），应在方案中进行评估。

2. 后续测试

类似地，在每个药物申请的患者特定编号中，后续的测试应包括血红蛋白、粒细胞计数、血小板计数、肌酸酐、肝酶、碱性磷酸酶和胆红素。如果一个药物在之前的申请或其他研究中已经充分地研究了毒理学，方案仅需囊括调查人员和申请人所同意囊括的那部分的实验室测试，以此来保证药物给药的安全。在方案设计期间，申请人应与当局讨论其他后续的实验室测试，考虑药物已知或可疑的毒性以及被研究的特定人口。

3. 相应的严重毒性测试

定期和不定期的实验室异常测试，对应于4~5级的血液毒性和3~5级的非血液毒性，应收集所有监管机构并进入数据库。也应当用文件证明这些数据是否解决了异常以及解决的日期。

（六）体检

除了应当在基线记录的体重和体力状态，研究前体检注意到的大多数重要发现将在研究前的医疗历史中反映出来，所以这些数据不需要定期收集。与不良反应有关的阳性体征应当在毒理学数据中记录。

（七）疗效数据和肿瘤大小

方案中应指定全面评估功效的基线和后续数据的定期收集。除了调查人员对疗效的评估，所有收集用于评估疗效的数据应在病例报告表上记录并提交给 FDA（实际的肿瘤图像往往不需要提交，尽管在 FDA 审计的调查网站可以得到肿瘤图像；如果需要这些图像，申请人和审查部门应在第二阶段末期或提交前的会议讨论）。这些数据允许 FDA 检查效果的基础评估。当肿瘤反应或进展是重要的监管终点，肿瘤大小数据的提交非常关键。另一方面，当存在一级终点，申请人希望证明两个试验中的生存优势，肿瘤反应的评估对于确定疗效可能不是关键的，记录数据库的肿瘤大小也可能不重要。当评估反应和进展时，方案中应详细说明这些终点的标准，方案中也应不时指定收集的数据。以下是肿瘤大小数据的重要注意事项。

● 方案和相应的病例报告表（CRF）应解释清楚肿瘤评估旨在用于评估反应和进展。缺失数据是 FDA 评估这些终点的长期问题。

● 病例报告表应当用文件说明在基线访问期间或至少在治疗之前的目标病灶的识别。这些病灶的回顾性识别往往被认为是不可靠的。

● 应给肿瘤病灶分配一个唯一的识别字母或号码。这允许区分发生在一个解剖点的不同肿瘤，匹配肿瘤尺寸的基线，并在后续期间测量肿瘤。

● 需要有一个机制确保后续关键时期收集完整数据。病例报告表应确保在后续每次获取中评估目标病灶，尤其是注意到反应和进展的获取。对于文件证明的肿瘤反应，一种方法是增加一个评估表来显示三个时间点的数据：基线获取、第一个表明肿瘤反应的获取以及验证反应的获取。

（八）抗癌药剂量

应收集每个重要研究中所有患者的抗癌药剂量的详细数据，以充分描述每个研究机构的治疗剂量强度。重要的是证明是否能耐受研究药物的推荐剂量，对照组中是否给予了足够的治疗剂量。应当用文件记录减少剂量的理由。这些数据可以用复选框的形式收集，对应于单独的剂量减少的预期理由，结合空间进行评论。

（九）毒性

应经常收集美国国家癌症研究所（NCI）的 4~5 级血液毒性和 3~5 级非血液毒性的数据。新给药方案的上市申请也应收集 1~2 级非血液毒性和 1~3 级血液毒性数据，来自一个或多个研究的足够数量患者，或这些研究中的部分患者。在大样本患者的临床研究中，可能仅在一例患者中就足以收集详细数据，比如实验室数据和 1~2 级毒性数据。完整的数据收集可以只在一个主要试验或大型试验的患者样本中完成，假设研究的患者足够，并且包括了相关的人口统计小组。FDA 和申请人应在第二阶段末期会议确定患者的数量，上市申请中应包括完整的数据。在补充的功效申请中建议已上市药物在类似人口中的新用途，1~2 级非血液毒性和 1~3 血液毒性的其他数据可能不重要，不需要收集。应收集有关药物使用的严重不良事件，或导致中止或治疗剂量减少的不良事件的数据。

应记录毒性的持续时间，除非在之前的申请中很好地描述了方案的毒性。根据之前的研究中如何评估毒性，只有选择毒性的列表和／或只有大型研究中的部分患者可能需要持续时间的信息。应在方案设计期间与当局讨论。

除非之前的申请已经充分描述了方案的毒性，否则应遵循之前文件记录的毒性。后续的访问应记录是否重新评估或解决了毒性。类似地，除非之前的申请已经充分描述了方案的毒性，应记录和分类采取的主要措施（例如，延迟治疗、减少剂量、住院）。调查人员归因的毒性数据通常不是上市提交所必需的，因为通常有随机对照组进行比较。

在某些背景下（例如，药物在预期中只提供边际临床效益），量化某些已知毒性的发生率对于作出风险效益评估很重要。在这样的情况下，应收集选择毒性的预先计划数据，包括 1~2 级毒性。这些毒性应在方案中明确识别，并在病例报告表中单独报告。

（十）联合用药

如果收集了联合用药的数据，通过设计寻求关于特定联合用药的具体问题，将提高这些数据的质量。没有必要记录每种药物的使用。例如，患者定期使用抗组胺药、催眠药和镇痛药，只要它们可能反映药物毒性的反应或有可能的相互作用的顾虑，就应当记录。只收集并记录某些类别的药物信息可能是足够的，是否使用某种类型的药物，忽略了每种药物的名称和剂量。然而，当这种药物会影响功效评估时，应收集靶向药物数据的列表（例如，减轻痛苦是治疗脑肿瘤的地塞米松或麻醉药使用申请的一个重要终点）。如果由于特定功效或安全性顾虑，靶向联合用药的协议专用信息是重要的，方案中应明确特定的药物（或药物类型）。病例报告表应被用于收集这些特定药物或药物类别的数据，以促进预先计划的分析。

（十一）进一步的抗癌疗法

当生存是一个重要的研究终点，研究疗法之后应记录给定的抗癌疗法。当后期疗法代表交叉随机研究时尤其如此。除了生存的情况以外，通常只有药物的名字应当记录下来，而不是剂量或结果。这将允许评估后期疗法的潜在影响。只收集研究疗法之后的第一个方案通常就已经足够。治疗的第一疗程不太可能影响生存。

四、收集抗癌药物开发期间的数据：
　　一个假设的例子

下面说明了数据收集如何在抗癌药开发的不同阶段有所不同。这纯粹是开发一种新的抗癌药 A 的假设例子。药物 A 开发期间，在治疗 E、F、G 癌症时将与药物 B、C、D 作比较。

药物 A 最初在小型的 Ⅰ 期临床进行研究。然后在三个单组 Ⅱ 期临床中针对难治性的老年人 E 癌症进行研究。基于药物 A 治疗的令人印象深刻的客观肿瘤应答率，在 21 CFR 314 subpart H 要求下授予 A 药物难治性 E 癌症的加速批准。有可能依赖替代终点（应答率）的加速批准，因为在难治的背景下不能获得其他可用的疗法。对于这个有限适应证和没有其他可用疗法的患者，来自 200 个患者的数据对于批准已经足够。对于批准药物 A 的决定至关重要的是：①公司对于之前癌症治疗的详细记录；②证明其是难治性肿瘤的可用疗法；③验证肿瘤反应率的肿瘤尺寸；④收集所有患者的详细安全性数据，包括所有严重程度的毒性和 / 或药物不良反应。

作为来源于法规 H 部分批准的一部分义务，申请人应计划进一步试验以作为转移性 E 癌症的一线治疗的支持。申请人完成了药物 B 附加设计的随机研究，结合药物 A，药物 B 用于这种癌症的一线治疗。800 名患者被随机分配到每项研究中。第一项研究的目的是证明，药物 A 和 B 共同治疗相对于药物 B 单独治疗能提高生存率。第二项双盲实验中，症状的减轻是一级终点，肿瘤反应是一个支持性的终点。FDA 注意到申请中应包括大多数详细数据，第二项研究中要收集癌症 C 的一线治疗，第一项研究可以相对简单，工作重点是收集存活和严重毒性的数据。用研究药物治疗后给定的癌症治疗数据也在第一项研究中收集，以评估药物对生存的潜在影响。肿瘤反应的数据、联合用药以及常规实验室值对于第一项研究不是必需的。

第二项研究的一级终点是减轻肿瘤相关的疼痛。相关的功效数据包括疼痛程度、麻醉药物使用和肿瘤尺寸。收集所有患者用药物 A 和 B 的剂量数据，允许在两个研究组中计算相对剂量强度。所有患者的病例报告表记录了起始剂量、剂量持续时间和减少剂量的理由。本试验收集了毒性持续时间和毒性的所有程度，允许全面评估药物 A 的附加毒性。病例报告表中仔细记录了镇痛药物，以帮助评估一级终点对疼痛的影响。由于对 Ⅱ 期临床研究中对心脏毒性的担忧，记录了所有患者的心脏疾病用药，在使用药物 A 的 100 个患者样本中确定连续的左心室射血分数。收集存活数据作为二级终点的分析。

这种药物被批准用于转移性癌症 E 的一线治疗。Ⅱ 期临床研究的结果建议其对癌症 F 有效，并且是这种老年人癌症唯一可用的疗法。申请人进行了两个随机对照研究，比较药物 A 和 C。由于还未确立药物 C 的功效，设计的试验都显示用药物 A 治疗会比药物 C 产生更长的存活期。因为药物 A 已经在老年人口中进行了仔细评估，这些研究的数据收集集中于存活和严重毒性。在会议上当局赞同实验室测试、肿瘤尺寸、轻微不良事件、联合用药和进一步抗癌治疗的数据对于这个研究不是必需的。

欧洲Ⅲ期临床试验的数据显示了药物 A 治疗来自年轻和中年妇女的转移性癌症 G 的有效性，但这些数据不能提交给 FDA。申请人设计了大型随机研究，以评估癌症 G 的辅助治疗（在手术去除所有已知肿瘤之后给定的化学疗法）中药物 A 的功效。设计的大型研究包括 4000 名患者，来确定无病生存和药物 A 相对于 D 的存活率，辅助治疗批准的标准有良好的生存效果。由于比较性安全数据很重要，并且人口是新的和可能患肿瘤的，所有级别的详细数据和常规实验室数据（本文件 3.5.1 部分指定的）来自于一个适当样本，涵盖前 400 名和后 200 名登记的患者。所有严重的毒性反应都会被记录。此外，由于心脏毒性的可能性仍然是个问题，这个样本中的患者确定了连续心脏射血分数。在评估前 400 名患者之后完成临时的毒性分析。收集所有患者肿瘤复发和存活的功效数据。收集所有患者联合使用的心脏药物，但不收集其他联合用药。记录所有患者的研究药物和对照药物剂量的具体数据，允许在两个研究组中计算相对毒性程度，并允许探索可能的剂量相关的效益和毒性。所有患者的病例报告表记录了起始剂量、减少剂量及其理由。本试验记录了所有患者的严重毒性和毒性持续时间。

以上虚构的药物开发历史显示了可以根据药物开发阶段，寻求指示和临床试验设计来建议数据收集。考虑这些因素可以减少收集不必要的数据，允许申请人在临床试验中包括更多的患者，并提高所收集的数据的质量。申请人应评估他们的药物开发计划，考虑本指南中概述的原则，并提出数据收集的建议。考虑到抗癌药开发过程的复杂性，我们鼓励申请人在实施之前与当局讨论数据收集的计划。

第八节 | 第八节 以电子格式向 CBER 提交申请——生物制品上市申请

Providing Regulatory Submissions to the Center for Biological Evaluation and Research（CBER）——Biologics Marketing Applications

一、简介

本指南讨论了向 CBER 电子提交有关许可申请 [例如，生物制品上市许可申请（BLAs）、产品许可申请 / 公司许可申请（PLAs/ELAs）]、新药申请（NDAs）以及这些申请的补充和修正的问题。正在开发的关于电子提交的指导文件列表，以及与所有电子提交相关的一般问题指南，指的是伴随的指导文件，即 "以电子格式监管的提交—总则"（1999 年 1 月）http：//www.fda/gov/cber/guidelines.htm.

二、一般问题

美国联邦法规 21 CFR 的 601.2 和 314.50 部分提供了向 CBER 提交上市申请的一般要求。目前 FDA 356h 表格（http：//aosweb.psc.dhhs.gov/forms/fdaforms.htm）概述了生物制品或新药申请提交时要求的部分。

（一）拒绝文件（RTF）

与公布的拒绝条件（http：//www.fda.gov/cber/regsopp/8404.htm）一致的情况下，CBER 可能拒绝 21 CFR 601.2 和 21 CFR 314.101 提供的申请或补充文件。因此，如果纸质或电子部分难以辨认、无法解释或有明显不足，包括不兼容的格式和有缺陷的组织结构，CBER 可能会拒绝这些申请或补充文件。如果缺少可接受格式的完整电子数据库，CBER 会进行审查和统计学分析，这些文件可能会被认为不充分，从而导致 CBER 拒绝文件。本指导文件的目的是在建立电子提交时提供你需要的信息。遵循本指导文件有助于确保你的电子提交符合法规的要求，并且易于存档和加载，使之可在指定时间内被 CBER 审查。

（二）审查和档案副本

在 1997 年 3 月 20 日的《联邦公报》上（62 FR 13467），当局宣布建立一个案卷，编码为 92S-0251，http：//www.fda.gov.ohrms/dockets/dockets/92s0251/92s0251.htm，公布可以接受的电子格式的提交文本。一旦 CBER 在案卷编号中识别出只以电子格式审查和存档的提交类型，你就应该提供电子格式的全部或部分存档或审查的档案副本。申请中没有以电子格式提供的部分应以纸质形式提交。如果提交包含电子和纸质部分，索引[通常指目录（TOC）]应包括作为纸质副本提交的信息位置。信息位置只需要在电子提交中通过使用占位符标注出来。占位符应向审稿人指明纸质文件的存在，并提供案卷和页码。FDA 356h 表格中的每一项最好是一个完整的电子和/或纸质文档。许可申请的纸质部分应根据其他机构的指导文件提交。

（三）补充和修正

本指导文件同样适用于申请、后续申请和修正的原始提交。

（四）电子签名

考虑到电子签名的提交，当局正在开发程序。直到这些程序就绪之前，法规要求原始签名的文档，比如表格和证书，应伴随含有手写签名的纸质副本。当机构准备接受电子签名，上述案卷中将会有电子签名。

三、组织主文件夹

所有旨在成为电子许可申请一部分的电子文档和数据集，应被命名为 blamain 放置在主文件夹中。遵循分配给许可申请的参考编号，指定的参考编号应被当作主文件夹的标题。当提交信息给已有的电子提交物，分配的参考编号应作为主文件夹的标题。

（一）提交的结构

向 CBER 电子提交的结构和内容应以 FDA 356h 表格为基础。交付原始许可申请或补充之后，任何附加的电子和 / 或纸质信息将被添加至提交副本的现有网络基础，并被分配至相应的审查者。电子申请的根目录应包含 roadmap.pdf 文件，引导审查小组确定原始提交，以及任何和所有后续添加至申请的信息。

CBER 建议 roadmap.pdf 文件用于建立超文本链接至申请人主目录、单独的文件夹和提交文件。"roadmap" 应作为添加至申请的附加信息进行更新和重新提交。后文显示了一种可能的路径格式的例子。

路径文件本身不应以任何方式构成审查的内容，它仅是帮助浏览文件的一个导航。在阅读器的"Document"菜单选项下使用"Repalce file"命令，更新或调整提交的 roadmap.pdf 文件。这个功能将自动代替之前提交部分的超文本链接，只留下建立对应于最近提交信息的新链接的任务。

除了提供申请的可行指导，roadmap.pdf 文件应包括 DD-MM-YYYY 格式的申请人提交日期（如 01-Jan-1999）。原始提交和后续修订案的内容应在 roadmap.pdf 表格中简要描述。提交的只读型光盘存储器（CD-ROMs）或数字线性磁带（DLT）中这些文件和文件夹的位置应在 roadmap.pdf 中指出。只以纸质形式提交的部分应被标记为"paper only"包含在路径和内容图表中。

上交给 CBER 的每个电子提交应包含 40 个描述提交内容的关键词列表。这个列表应由申请人开发，并包含识别电子文档的术语 [例如，申请人名称、参考编号（如果可以获得）、适应证、产品名称、促销名称、美国药物命名委员会（USAN）指定的名称、关键试验类型（对照，非盲）、数据类型等]。这些总结应被放置在 CD-ROM 或 DLT 的根目录中。

包含 40 个关键词的文件应是名为 Summary.txt 的美国信息交换标准（ASCII）文本文件。ASCII 检测文件将被用于从 CBER 的电子文档室（EDR）检索电子提交。

（二）文件夹

在主文件中，所有文档和数据集应按照 FDA 356h 表格第二页描述的项目进行组织。每个项目应当有一个指定的子文件夹，用来放置项目的文档和数据集，如表 3-2 所示。

表 3-2 FDA 356h 表格描述的 BLA 中包含的项目

项目	描述	文件夹名称
1	目录（索引）	Main folder
2	标签	Labeling
3	总结	Summary
4	化学部分	CMC
5	非临床药理学和毒理学部分	Pharmtox
6	人体药理学和生物利用度 / 生物等效性部分	Hpbio
7	临床微生物学部分	Micro
8	临床部分	Clinstat
9	安全性更新报告	Update
10	统计部分	Clinstat
11	病例报告表格	Crt
12	病理报告表	Crf
13	专利信息	Other
14	专利证书	Other
15	公司描述	Estab
16	禁令声明书	Other
17	实地认证副本	Other
18	用户费用首页	Other
19	其他	Other

（三）附信

在主文件夹中提供了一份附信，名为 cover.pdf 的 PDF（便携式文件格式）文件。存档副本的任一纸质副本也应包括附信。附信应包括以下项目。

●含有适当的管理信息的提交文件的描述。

●以纸质、电子格式或既有纸质又有电子格式存档的提交部分列表。

●对电子提交文件的描述，含有电子媒介的类型和数量（例如，两组 CD-ROM，每组三个），提交文件的大致大小（如 2 个字节），包括用于 DLT 的格式。

●含有用于检查文件中病毒的软件的描述（名称、版本和公司）的声明，以证明提交物中没有病毒。

●申请的监管和信息技术联系点。

（四）FDA 356h 表格

在主文件夹中提供名为 356h.pdf 的 PDF 文件。在表格第二页，申请人应在每一项旁标记。。当局正在开发允许提交电子签名的程序。在这些程序就绪之前，提交物中应包含有签名的纸质 FDA 356h 表格。

（五）BLA 目录

在主文件夹中，申请人应当提供名为 blatoc.pdf 的提交物目录。

（六）主文件夹的图

图 3-2 是关于 BLA 123456 样本主文件夹的内容的例子。表 3-2 中每一项显示为一个单独的文件夹。

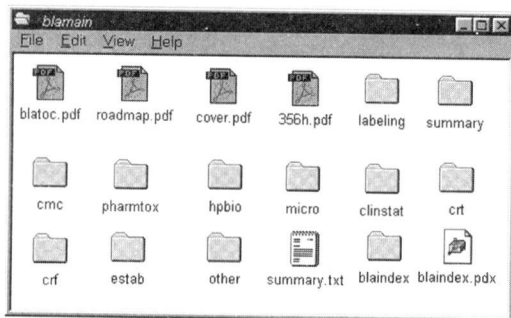

图 3-2 blamain 文件夹的例子

（七）提交管理

提交电子文档之前及时与相应办公室交流对于促进管理必不可少。CBER 应当在提交文件的目标到达日期之前至少 6~8 个月收到书面通知。在这个时间内，向 CBER 提交电子文档的申请人，应当提供完整的计算机辅助许可申请（CALA）调查副本（http：//www.fda.gov/cber/guidelines.htm）。收到 CALA 调查表之后 [通过适当的药品临床研究申报（IND）的监管提交传真或电子邮件]，相关中心员工将安排电话会议。在电话会议期间，将讨论关于电子提交信息的内容。在讨论期间，CBER 将通知申请人在目前的电子提交指南中没有涉及到的任何特定问题。CBER 也将讨论有关电子文档提交的行政和管理问题。

四、组织电子提交

申请的电子副本应包含符合 FDA 356h 表格所列项目的文档和数据集。

（一）第一项：目录（索引）

对于每个电子提交，应提交包含 3 个或 4 个层次的细节的整体目录，有适当的超文本链接和书签。第一个层次的细节简单列出了 FDA 356h 表格第二页（表 2）显示的 BLA 项目。在这个阶段，整体目录应当是单独一页，并作为单独的 PDF 文件。文件包含原始 BLA 或提交修订案的目录，应被命名为 blatoc.pdf。包含补充目录的文件应被命名为 suppltoc.pdf。

第二个层次的细节包含每一项的目录 [例如，标签、化学、生产和控制（CMC），病例报告表格（CRTs）]。项目文件夹中应显示一个特定的项目目录。在项目的目录中，包括项目的书签和提交的主目录书签。在列出的文件中给每个文档或数据集提供适当的书签和超文本。一般而言，这个目录应该包含几页。

第三和第四个层次的细节组成了每个文档或数据集目录的副标题。对于每个文档，提供在提交物适当位置输入的文档目录的书签和超文本链接。对于数据集，提供一个数据定义表作为用于数据集的关键元素。

BLA 123456 目录（表 3–3）的例子中，"非临床药理学和毒理学"的一部分是纸质，一部分是电子格式。纸质部分始于第五卷，电子部分可以在"pharmtox"文件夹中找到。"chemistry"部分只有四卷，从第一卷开始，并且没有电子版本。目录显示了整个提交物，包括纸质和电子部分。

如果某一项是纸质格式，有项目的案卷编号应在目录中列出。如果某一项是电子格式，目录中应列出包含文件的文件夹名称。如果部分项目是纸质和电子格式，目录中应列出案卷编号和文件夹名称。

表 3–3 主目录的例子

BLA 123456 的目录（n/a= 无效）			
项目	描述	案卷编号纸质副本	文件夹电子副本
1	目录（索引）	1	Main folder
2	标签	n/a	Labeling
3	总结	n/a	Summary
4	化学	4.1~4.4	n/a
5	非临床药理学和毒理学部分	5.5~5.10	Pharmtox
6	人体药代动力学和生物利用度	n/a	Hpbio
7	临床微生物学	n/a	Micro
8	临床	n/a	Clinstat

续表

项目	描述	案卷编号纸质副本	文件夹电子副本
BLA 123456 的目录（n/a= 无效）			
9	安全性更新报告	n/a	n/a
10	统计	n/a	Clinstat
11	病例报告表格	n/a	Crt
12	病例报告表	n/a	Crf
13	专利信息	n/a	Other
14	专利证书	n/a	Other
15	公司描述	n/a	Estab
16	禁令声明书	n/a	Other
17	实地认证副本	n/a	Other
18	用户费用首页	n/a	Other
19	其他	n/a	Other

一级目录应提供超文本链接，对应于每一项的表格。这些链接对于建立电子提交的整体目录是必不可少的。

表 3–3 中的一些项目，比如第 3、13、14 和 16~19 项，是单独的文件并且没有各自的目录。在这样的情况下，一级目录的超文本链接应直接指向文档。

申请和补充文件中应提供全文索引和文档信息文件。将索引定义文件命名为 blaindex.pdx。把所有相关的索引文件放入 blaindex 文件夹中。把 blaindex.pdx 及其子文件夹放入主文件夹中。将 blatoc.pdf 文件与索引文件联系起来，这样不论什么时候打开文件目录，相关的索引会自动添加至可用的索引列表。

（二）第二项：标签

标签是 FDA 356h 表格第二页的第二项。FDA 356h 表格可以在 http：//aosweb.psc.dhhs.gov/forms/fdaforms.htm 获得，所有标签应以 PDF 文件提供。本小节中指的内容和格式的文件应被命名为 356h.pdf。对于这部分所涉及到的内容和格式可参考 21 CFR

201.56、201.57、606.120–122、601.60–65 和 660.28–55，包括用于包装说明书的所有文本、表格和图像。该部分的 PDF 文本文件应该由电子源文档而不是扫描材料产生。

1. 文件夹

该部分所有文档应被放在单独的名为标签的文件夹中。图 3–3 是组织标签文件夹的一个例子。当根据相同的 BLA 或 PLA/ELA 提交多种产品时，应给每个产品标签建立单独的子文件夹。

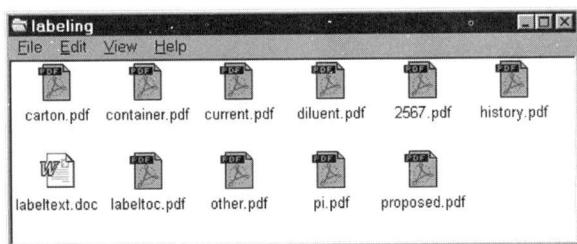

图 3–3 标签文件夹的例子

2. 目录

提供提交文件中包含的所有标签和标签更改历史的表格，如果可以的话将它命名为名为 labeltoc.pdf 的 PDF 文件。表 3-4 的示例标题可以用于组织文件目录。如果是电子形式，通过文件夹和文件名显示文件的位置，如果是纸质形式通过案卷编号显示文件位置。作为提交的目录部分，在列出的目录中的文档和目录中每一项相应的 PDF 文件及书签之间提供超文本链接。将 labeltoc.pdf 文件放在标签文件夹中。

表 3-4 标签目录的例子

标签目录	
	位置 *
I. 标签历史	
II. 包装说明书	
a. 建议的标签文本	
b. 当前使用的标签文本	
c. 上次批准的标签文本	
III. 容器标示	
IV. 纸箱标签 / 包装标签	
V. 稀释液	
VI. 其他	

（ * 如果信息以电子文档出现，使用文件名，或者如果文档是纸质副本，使用案卷编号 ）

3. 标签历史

每个提交文件中包含新标签，提供所有标签更改的总结，如果可以的话在名为 history.pdf 的 PDF 文件中并放在标签文件夹内。标签历史有助于 CBER 识别标签的更改，并应当包含以下信息。

● 当前提交中标签更改及其更改原因的完整列表。

● 上次批准标签的日期。

● 从上次批准的标签，所有变化的历史参考最开始描述的更改及其解释。

● 可能影响当前提交中的标签审查的补充的列表。

4. 包装说明书

标签文本应该有以下特征。

- 打印区域应适合 8.5~11 英寸，有一寸留白的纸张；
- 页面方向 –（适合的）；
- 没有分栏；
- 页码从第一页开始；
- 正文字体：12 号 Times New Roman；
- 表格字体：10 号，最好是 12 号 Times New Roman；
- 标题 1 的字体：大写加粗 12 号 Arial；
- 标题 2 的字体：加粗 12 号 Arial，每个单词首字母大写；
- 标题 3 的字体：常规 12 号 Arial，每个单词首字母大写；
- 标题 4 的字体：斜体 12 号 Arial，每个单词首字母大写；
- 草稿的左边缘，有按顺序排列的行号。

当显示信息表时，让审查者能够在一个单独的计算机屏幕上看到这个信息至关重要。10 或 12 号字体的使用可能会使显示变得更复杂，然而，在这些情况下，利用最大的字体能使审评和研究中心的标准桌面工作站中计算机屏幕上呈现表格成为可能。

文档信息字段应包含以下信息。

- 标题：USAN 或其他名称；
- 对象：产品名称；
- 作者：申请人，申请人的标识码；
- 关键词：BLA，PLA/ELA，NDA 编号（123456 形式），文档名，标签审查号码，如果知道的话，审评状态（草稿，批准，已生效的变化用 "cbe" 表示，年度报告用 "annul" 表示），ddmmyyyy

形式的标签日期。对于草稿，被影响的变化和年度报告的变化，使用提交日期。对于已批准的标签，使用批准的日期。

（1）推荐的标签文本

"推荐的标签文本"是初始申请的草稿标签或随后的优先批准补充文件。当提交了标签修订版或更改，以 PDF 文件提供带注释版本的副本（即排除的）。这个文件的目的是易于显示推荐的标签或当前批准的标签的变化。

"推荐的标签文本"应以名为 proposed.pdf 的 PDF 文件提供。建议标签的带注释版本应以名为 redline.pdf 的 PDF 文件提供。按如上所述填写在文档信息字段。

（2）当前的标签文本

"当前的标签文本"是用于提交时的标签文本。这个标签可以是批准的，也可以是未经批准的，比如年度报告影响或改变的变化。你应当以 PDF 文件提供 current.pdf 标签文本，并如上所述填写文档信息字段。

（3）最终标签

最终包装说明书应以 PDF 文件提供。文档应按照实际大小或规定比例获取。此外，PDF 文件应反映文档内文本、表格和图形的实际颜色。

5. 容器标识

应提供 PDF 文件的容器标识（所有表面）。容器标识（所有表面）应按照实际大小或规定比例获取。此外，这些 PDF 文件应反映容器标识（所有表面）的实际颜色。根据标签文本的描述填写文档信息字段。

6. 纸箱标签 / 包装标签

应提供 PDF 文件的纸箱标签（所有表面）。纸箱标签（所有表面）应按照实际大小或规定比例获取。此外，这些 PDF 文件应反映纸箱标签（所有表面）的实际颜色。根据标签文本的描述填写文档信息字段。

7. 稀释液

应提供 PDF 文件的稀释液标签（所有表面）。稀释液标签（所有表面）应按照实际大小或规定比例获取。此外，这些 PDF 文件应反映稀释液标签（所有表面）的实际颜色。根据标签文本的描述填写文档信息字段。

8. 其他

以 PDF 文件提供分成前面类别的任何其他标签，与每个面板的视图。这些标签(所有表面)应按照实际大小或规定比例获取。此外，这些 PDF 文件应反映标签（所有表面）的实际颜色。根据标签文本的描述填写文档信息字段 [例如，分发包、包装说明书、示范标签（安慰剂）]。

（三）第三项：总结

FDA 356h 表格第二页第三项是提交总结。

1. 文件夹

将总结文档放在单独的文件夹中，并命名为 summary。

2. 目录

应当有一个指向 summary.pdf 文件的提交目录的超文本链接。

3. 总结文档

总结部分的信息应以单独的 PDF 文件 summary.pdf 提供，并放在 summary 文件夹中。在文档信息标题字段也应识别提交总结。

4. 书签和超文本链接

在文档的目录中提供每一项的书签和超文本链接，包括所有表格、图形、公开资料和附录。

（四）第四项：化学、生产和控制（CMC）

FDA 356h 表格第二页第四项的化学、生产和控制部分。

1. 文件夹

该部分的信息应放在 cmc 的文件夹中。CBER 建议建立 4 个文件夹，substan、product、batch 和 pubs 来组织该部分的文件。图 3-4 显示了文件结构（cmcindex.pdx 和附加的子文件夹，cmcindex 是全文索引）。

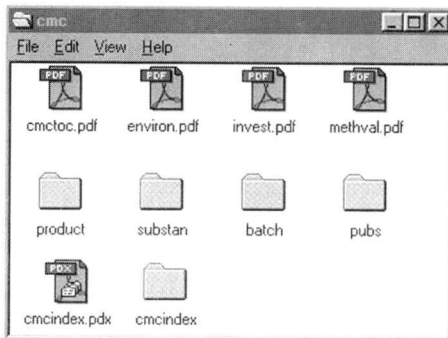

图 3-4 cmc 文件夹的例子

2. 目录

应提供目录，列出 CMC 部分的所有文件，作为名为 cmctoc.pdf 的 PDF 文件。使用表 3-5 中的示例标题组织目录中的文件。标题将随产品不同而变，应该在适合的指导文件中查阅正确的标题。作为提交的整体目录的一部分，在目录列出的文档和目录中每一项对应的 PDF 文件和书签之间提供一个超文本链接。把 cmctoc.pdf 文件放在 cmc 文件夹中。

表 3-5 CMC 目录的例子

CMC 目录
位置 *
I. 生物药物的物质
II. 生物制品
III. 临床试验配方
IV. 环境评估
V. 方法验证
VI. 批记录（分别列出每一批的记录）
VII. 公开资料（分别列出每个出版物）

（* 如果信息以电子文档出现，使用文件名，或者如果文档是纸质副本，使用案卷编号）

3. 生物物质

有关药物的信息应分为以下主题：

● 描述 & 特征
● 生产商
● 生产方法
● 参考标准
● 规范 / 分析方法
● 微生物学

● 容器 / 密封系统
● 稳定性

CBER 建议生物物质文件夹中列出的每个主题以单独的 PDF 文件提供，或结合（所有主题）成一个单独的 PDF 文件。如果提供了单独的 PDF 文件的生物物质信息，使用上述列出的主题组织本文档的目录。

将所有与生物物质相关的文件放在 CMC 文件夹的 substan 文件夹中。识别文档信息标题字段生物物质的每个文件，如果可以的话包括具体主题。

4. 生物制品

关于生物制品的信息应分为以下主题：

● 成分 / 组成
● 生物制品原料的规范和方法
● 生产商
● 生产和包装方法
● 规范 / 检测方法
● 容器 / 密封系统
● 微生物学
● 稳定性

CBER 建议生物制品文件夹中列出的每个主题以单独的 PDF 文件提供，或结合（所有主题）一个单独的 PDF 文件。如果你提供了单独的 PDF 文件的生物制品信息，使用上述列出的主题组织本文档的目录。

识别文档信息标题字段生物物质的每个文件，如果可以的话包括具体主题。

5. 临床试验配方 / 相似性

专注于临床试验配方的信息应使用单独的 PDF 文件，名为 invest. pdf。该文档的目录应分别列出所有临床试验配方的书签和超文本，链接至适当的配方。识别文档信息标题字段临床试验配方的文件。

6. 环境评估

应提供特别对象的环境评估或要求，在单独的名为 environ.pdf 的 PDF 文件中。识别文档信息标题字段中的这份 PDF 文件作为环境评估。

7. 方法验证

单独的名为 methval.pdf 的 PDF 文件中应提供所有方法验证。这个信息应当是能够识别的，并在生物物质和生物制品文档中提供。识别文档信息标题字段中的这份 PDF 文件作为方法验证。本文档的目录应列出书签和超文本链接至适当方法的每种方法。

8. 批记录

在单独的 PDF 文件中提供每个执行的批记录。将所有执行的批记录 PDF 文件放在单独的 batch 文件夹中。批记录的每个部分应包含一个书签。批文件夹应放在 cmc 文件夹中。用批记录编号识别文档信息标题字段中的这份 PDF 文件。例如，批记录 105 应被识别为批记录编号 105。

9. 公开资料

应以单独的 PDF 文件提供每个公开资料。把所有公开资料按照字母顺序放在单独的 pubs 文件夹中。在 pubs 文件夹的引用和公开资料之间建立一个超链接。Pubs 文件夹应放在 cmc 文件夹中。应当在每个公开资料文件文档信息字段的标题部分标出公开资料的出处。出处应包括第一作者的姓氏、出版年份和文章标题。

10. 书签和超文本链接

对于所有文档的目录，应当提供文档目录每一项的书签和超文本链接，包括所有表格、图形、公开资料和附录。

通过文档主体建立超文本链接，为不在同一页的注释、相关部分、公开资料、附录、表格或图形提供支持，以帮助审查者更高效地浏览文档。对于文档末尾的参考列表，应当提供适当的 PDF 公开资料文件中项目的超文本链接。

CBER 识别出某些经常需要了解的特定信息，有时候在特定提交中设置是耗费时间的。以下列出了该信息超文本链接的总结：

● 生物物质和生物制品批号的稳定性数据；
● 生物物质和生物制品批号的配方组成；
● 生物物质和生物制品批号的临床方案编号；
● 描述容器／密封系统的稳定性研究；
● 杂质分布图的强制降解数据；
● 杂质分布图的杂质来源；
● 验证测试方法报告的规范；
● 生物或化学物质的名称／结构添加物；
● 去除杂质来验证研究；
● 从过程控制参数验证研究；
● 交叉引用主文件的信件。

11. 全文索引

应提供全文索引和该部分的所有文档的文档信息字段。将索引定义文件命名为 cmcindex.pdx。把所有相关的索引文件放在名为 cmc 的文件夹中。将 cmc.pdx 定义文件和 cmc 索引文件的子文件夹放在主要的 cmc 文件夹中。把 cmctoc.pdf 文件和索引文件联系起来，这样不论什么时候打开文件目录，相关的索引会自动添加至可用的索引列表。

对于血液和血液产品的许可申请，应组织以下指导文件中可以获得的信息：http：//www.fda.gov/cber/guidelines.htm

化学、生产和控制，人体血液和血液成分描述信息的提交行业指南，旨在根据 FDA 356h 表格的输血或进一步生产，1999 年 5 月 "上市人用新药、生物制品或抗菌药物的申请"；

化学、生产和控制信息，生物体外诊断产品描述信息的内容和格式行业指南，1999 年 3 月；

提交化学、生产和控制，人用血源生物制品或动物用血浆或血清源产品描述信息的行业指南，1999 年 2 月；

应组织以下指导文件中出现的疫苗和过敏产品的许可申请：

化学、生产和控制信息，相关疫苗产品描述信息的内容和格式行业指南，1999 年 1 月；

化学、生产和控制信息，过敏提取或过敏源测试描述信息的内容和格式行业指南（草案），1999 年 4 月。

应组织以下指导文件中出现的治疗产品的许可申请：

提交化学、生产和控制信息，自体体细胞治疗产品描述信息的指南，1999 年 1 月；

提交化学、生产和控制信息，治疗重组 DNA 源产品或体内使用的单克隆抗体产品的行业指南，1996 年 8 月。

（五）第五项：非临床药理学和毒理学
FDA 356h 表格的第二页第五项是非临床药理学和毒理学部分。

1. 文件夹
该部分所有信息应放在名为 pharmtox 的文件夹中。CBER 建议建立 5 个子文件夹，名为 pharm、pk、tox、datasets 和 pubs，组织该部分的文件。pharm 文件夹包含药理学研究，pk 文件夹包含药代动力学研究，tox 文件夹包含毒理学研究。数据集文件夹包含数据集，pubs 文件夹包含公开资料。图 3-5 显示了文件结构（ptindex.pdx 和附加子文件夹，pindex 是全文索引）。

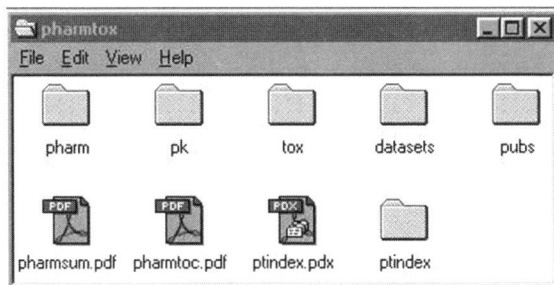

图 3-5 pharmtox 文件夹的例子

2. 目录

目录列出了所有研究报告（包括研究报告编号）、公开资料和总结，应在 PDF 文件名为 pharmtoc.pdf 的毒理学部分 PDF 文件中提供总结。如果提供了研究的数据集，在目录中注意。使用表 3-6 的示例标题组织目录中的文件。作为提交的整体目录之一，在目录列出的文档和目录中每一项对应的 PDF 文件和书签之间提供超文本链接。如果目录中列出了数据集，提供一个适当的数据定义文件的超链接（define.pdf）。该文件详情如表 3-6。把 pharmtoc.pdf 文件放在 pharmtox 文件夹中。

表 3-6 pharmtox 目录的例子

pharmtox 目录
位置 *
I. 总结
II. 药理学研究
a. 药效学
b. 安全药理学
c. 其他药理学研究
III. 药代动力学
IV. 毒理学研究
a. 单独和重复剂量毒性研究
b. 基因毒性研究
c. 致癌性研究
d. 生殖毒性研究
e. 补充毒性研究
V. 数据集
VI. 公开资料

（ * 如果信息以电子文档出现，使用文件名，或者如果文档是纸质副本，使用案卷编号）

3. 文档总结

单独的 PDF 文件 pharmsum.pdf 应提供整个非临床药理学和毒理

学部分的总结。这个文档应包括临床试验前的全面总结，以及每个部分更详细的总结（即药理学、药代动力学和毒理学）。应在文档信息标题字段 pharmtox 总结中识别。通过参考出版的文章、数据总结表格或图形来支持结论时，应提供对应于出版的文章、数据表格或图形的超文本链接（是否在研究报告中或其他地方）。

4. 研究报告

应提供单独的 PDF 文件的所有附录的研究报告。文件名中应包括研究编号。例如，研究 1234 可以命名为 1234.pdf。把文件放在 pharmtox 文件夹的适当子文件夹中。25MB 或更大的文件在技术上更难处理，所以大于 25MB 的研究报告应分成两个 PDF 文件，个别动物上市研究放在单独的文件中。如果提供动物上市的单独文件，应包括动物上市文件名的研究编号和文件名的添加（数据）。例如，包含动物上市的研究 1234 文件可以被命名为 1234.pdf。把两个 PDF 文件（例如，整体研究报告和个别动物上市）放在包括研究编号的名称的文件夹中。把这些文件放在 pharmtox 文件夹的适当子文件夹中。

5. 公开资料

应以单独的 PDF 文件提供每个公开资料。把所有公开资料放在名为 pubs 的单独文件夹中。在 pubs 文件夹的引用和公开资料之间建立超链接。Pubs 文件夹应放在 pharmtox 文件夹中。公开资料的引用应包含在每个公开资料文件的文档信息字段的标题部分。引用要包括第一作者的姓氏、出版年份和文章题目。

6. 书签和超文本链接

对于所有文档的目录，应当提供文档目录每一项的书签和超文本链接，包括所有表格、图形、公开资料和附录。

通过文档主体提供超文本链接，为不在同一页的注释、相关部分、公开资料、附录、表格或图形提供支持，以帮助审查者更高效地浏览文档。对于文档末尾的参考列表，你应当提供适当的 PDF 公开资料文件中项目的超文本链接。超文本链接也可以用于定位研究，证明毒性研究的剂量选择是正当的，比如致癌性和生殖毒性研究。

7. 全文索引

在 pharmtox 部分提供全文索引和所有文档的信息字段。索引定义文件应被命名为 ptindex.pdx。将所有相关的索引文件放在 ptindex 文件夹中。将 ptindex.pdx 定义文件和 ptindex.pdx 子文件夹放在主要 pharmtox 文件夹中。把 pharmtox.pdf 文件和该索引联系起来，这样不论什么时候打开 pharmtox 目录，相关的索引会自动添加至可用的索引列表。

8. 动物数据集

你需要提供纸质或 PDF 格式的动物数据集。每个领域应提供单独的数据集。

提交单独上市的电子数据集的决定，应是基于之前协议的审查部门的研究，而不是使用纸质或 PDF 格式。参照原指南附录 1 对数据集和数据元素的建议。

（1）数据集的格式

提供每个数据集作为伴随指南中描述的 SAS 传输文件，电子格式的监管提交—总则，以促进在不同软件工具中的使用。

应组织数据集文件，这样每个文件能小于 25MB 文件。文件不应被压缩。每个数据集应作为个人档案保存。

数据变量名应该不超过 8 个字符。也应提供多于 32 个字符长度的描述性变量标签。

（2）组织数据

在提交之前，你应当与审查部门讨论提供的数据，以及每个数据集中应包括的数据元素。在原指南附录 1 中提供了数据集和数据元素的例子来供用户考虑。这些例子用来作为与审查部门讨论数据集内容和组织的起点，因此并不是包括所有内容。CBER 计划提取这些数据元素，因为从中我们可以获得更多的经验。

数据集可以进一步细分，达到小于 25MB 的大小。例如，临床化学数据可以进一步分为特定的实验室测试。除非大于 25MB，就不要划分数据集类型，当你划分数据集类型时，用整个数据集最少的数字。文件名应包括 3 个延长字符 xpt，与我们的桌面设置兼容。

个别研究的所有数据集应放在通过研究名称识别的文件夹中，所有这些数据集文件夹应放在单独的 datasets 文件夹中。这个数据集文件夹应放在 pharmtox 文件夹内。

（3）数据集文档

为了使数据集可用，应定义数据元素。你应当在数据定义表格中记录所有数据元素。每项研究应有一组数据定义表。

第一个表应包括研究提供的所有数据集列表，描述数据集及其文件的位置。提供从数据集的描述至适当的数据定义表的超文本链接。提供从文件列表到 SAS 传输文件的超文本链接。在表 3-7 中，描述动物体重的数据集文件放在数据集文件夹内 1234 文件夹中，置于 pharmtox 文件夹中。

表 3-7 数据集文档的例子

研究 1234 的数据集		
数据集	数据集描述	位置
重量	动物体重	Pharmtox/datasets/1234/weights.xpt
…	…	…

后续页面应包含每个数据集的表格，包括组织数据集中使用的所有变量名称，32 个字符的描述性变量标签，数据类型，代码（和解码）和注释。注释字段是为了进一步描述变量。对于派生变量，计算变量的方法应包含在注释字段中。原指南附录 1 提供了数据定义表格的例子。

应提供单独的名为 define.pdf 的 PDF 文件，收集数据定义表，并放在 datasets 文件夹的适当研究文件夹中。每个数据定义的文档信息字段标题部分应指定为研究，按照研究编号和内容的格式。例如，研究 2001 的数据定义文件为：研究 2001，数据定义。

（4）数据集目录

数据集目录也是综合目录的一部分，应列出所有含数据集的研究。应当提供超链接至适当的数据定义表文件。内容的目录应作为名为 datatoc.pdf 的 PDF 文件，并放在数据集文件夹中。

（5）数据集的总则

如果遵循一些基本原则设置数据集，可以显著提高审查者使用数据集的效率。

●在整个申请中应该用单一、独特的所有数据集编号识别每种动物，为了通过研究评估每种动物的结果。每个数据集应提供唯一的编号。

●对于一个数据表，每个数据元素应代表一个单独的列标题。考虑到一种动物占了多行位置，每一行应包含单一样本观察或个别动物的结果。

●变量名和代码应与研究一致，应当是独特的特定属性。在整合数据集时这是必要的，并且能减少研究数据集的时间。例如，如果在大量的研究中检查了葡萄糖，在所有研究中使用相同的名称描述这个变量。相反地，不同变量不要使用相同的名称。

●持续时间常常是分析的一部分。为了促进审查，你应当提供基于研究治疗开始时间的持续时间，并用适合的分钟、小时或天数来表达。当用天数表达时，应使用以下公式计算研究天数（取样日期 – 首次剂量的日期 +1）。

●由于通常根据治疗组和动物性别分析结果，每个数据集应包括这些变量。

●数据变量名应用一个具体的名称，限制在 8 个字符之内，最多 32 个字符，以数据变量标签提供。

● 应该使用文本代替，或排除任意或含糊的数字代码。例如，对于变量器官，如果每个器官类型有一个数字代码，器官的文本名中应包括单独一列。

● 对于剂量数据元素，使用数字值而不是描述符，比如控制、LD（小剂量）、MD（中剂量）或 HD（大剂量）。

（六）第六项：人体药理学和生物利用度 / 生物等效性

FDA 356h 表格第二页第六项是人体药理学和生物利用度 / 生物等效性部分。

1. 文件夹

该部分要求的所有信息应放在 hpbio 文件夹中。CBER 推荐建立 4 个文件夹，即 bio、hupharm、assays 和 pubs，组织该部分的文件。Bio 文件夹包含有关生物利用度、生物等效性和配方的研究。Hupharm 文件夹包含使用人用生物材料的研究、药代动力学研究和药效学研究。Assay 文件夹包含试验描述和评估报告，包括交叉验证分析。Pubs 文件夹包含公开资料。图 3-6 显示了文件结构（全文索引的附加文件，bioindex.pdx 和 subfolder bioindex）。

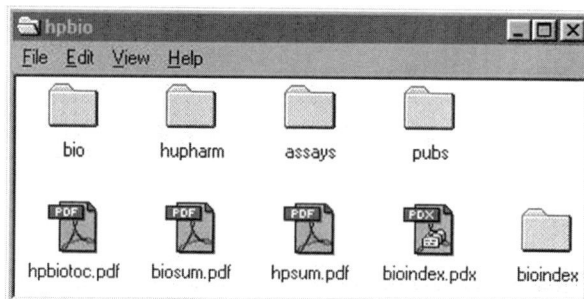

图 3-6 hpbio 文件夹的例子

2. 目录

目录列出了所有研究报告（包括研究报告编号）、公开资料和总结，hpbio 部分提供名为 hpbiotoc.pdf 的 PDF 文件，并放在 hpbio 文件夹中。如果研究提供了数据集，应当在目录中体现这点。表 3-8 的示例标题应该用于组织目录中的文件。作为提交的总体目录的一部分，在目录列出的文档和目录中每一项对应的 PDF 文件和书签之间提供一个超文本链接。如果目录中列出了数据集，提供一个数据定义文件的链接（define.pdf）。病例报告表格 11 项里描述了该文件。

表 3-8 hpbio 目录的例子

	位置*
I. 总结	
a. 生物利用度 / 生物等效性总结	
b. 人体药理学总结	
II. 生物利用度和生物等效性研究报告	
a. 生物利用度研究报告	
b. 生物等效性研究报告	
c. IVIVC	
III. 使用人用生物物质的研究报告	
a. 血浆蛋白结合率	
b. 使用肝细胞，微粒体的新陈代谢研究	
IV. 人体药代动力学（PK）研究报告	
a. 基线 PK 研究报告，初始安全性和耐受性	
1. 健康受试者	
2. 患者	
b. 人口子集的 PK 研究报告，评估内在因素的影响（如 年龄、民族、器官功能不全、性别，身体大小和重量）	
c. 人口子集的 PK 研究报告，评估外在因素的影响（如饮食因素、吸烟、药物之间相互作用）	
d. 患者研究报告	
V. 人体药效学（PD）研究报告	
a. 健康受试者研究报告	
b. 患者研究报告	
VI. 试验	
VII. 公开资料	

（*如果信息以电子文档出现，使用文件名，或者如果文档是纸质副本，使用案卷编号）

3. 总结

人体药理学和生物利用度 / 生物等效性部分的总结文档应分别以名为 hpsum.pdf 和 biosum.pdf 的 PDF 文件提供。将这些文件放在 hpbio 文件夹中。此外，在其中放置来自数据总结表或图形的总结中的每个参考的超文本链接，支持结论和相对应的数据表或图形（无论在研究报告中还是其他地方）。文档信息标题字段的总结应被识别，分别作为药理学总结和生物利用度 / 生物等效性的总结。

4. 研究报告

所有含有附录的研究报告 [除了 11 和 12 项中描述的病例报告表格（CRT）和病例报告表（CRF）] 应以单独 PDF 文件格式提供。在文件名中包括研究编号。例如，研究 1234 可以命名为 1234. pdf。使用目录作为指导，把文件放在 hpbio 文件夹的适当子文件夹中。

研究的文档信息标题字段应包括研究的类型和编号。例如，研究 201 的报告，一项药物相互作用研究，应被指定为"研究 201，药物相互作用"。

5. 数据集

CBER 正在开发人体药理学和生物药剂学数据的规范，计划在未来为结构化数据集提供详细指南。在该指南可用之前，应当以 SAS 传输文件的格式提供数据集。与合适的审查者协商数据集的类型以及数据集中包含的数据元素。

将所有数据集文件放在研究报告或数据 / 分析类型中 [例如，群体药代动力学研究数据的 popPK]。把这些文件夹放在 crt 文件夹的数据集子文件夹中。

如果包含数据集，在 hpbio 目录中注意各自的研究报告。包括文件位置和能够打开适当数据定义文件的链接（define.pdf）。

6. 公开资料

应当以单独的 PDF 文件提供每个公开资料。把所有公开资料放在单独的名为 pubs 的文件夹中。在 pubs 文件夹中引用和公开资料之间建立超链接。Pubs 文件夹应放在 hpbio 文件夹中。应当在每个出版文件的文档信息字段标题部分标明引用的公开资料。引用应包括第一作者的姓名、出版年份和文章标题。

7. 书签和超文本链接

对于所有文档的目录，你应当提供文档目录每一项的书签和超文本链接，包括所有表格、图形、公开资料和附录。如果研究提供了数据集，应当包含合适的数据定义文件的书签（define.pdf）。

通过文档主体提供超文本链接，为不在同一页的注释、相关部分、公开资料、附录、表格或图形提供支持，以帮助审查者更高效地浏览文档。对于文档末尾的参考列表，你应当提供适当的 PDF 公开资料文件中项目的超文本链接。

8. 全文索引

该部分应提供全文索引和所有文档的信息字段。索引定义文件应被命名为 bioindex.pdx。把所有相关的索引文件放在名为 bioindex 的文件夹内。把 bioindex.pdx 定义文件和 bio 索引文件子文件夹放在 hpbio 主文件夹中。将 hpbio.pdf 文件与该索引链接起来，这样不论什么时候打开文件目录，相关的索引会自动添加至可用的索引列表中。

(七)第七项：临床微生物学

FDA 356h 表格第二页第七项只适用于 CDER 的提交。

(八)第八项：临床

FDA 356h 表格第二页的第八项是临床部分。该部分内容的附加信息可以在 1996 年 7 月的"临床研究报告结构和内容"ICH E3 文档中找到，http：//www.ifpma.org/ich5e.html，以及 1999 年 9 月 21日的"提交简略报告和大纲支持上市申请的行业指南"，http：//www.fda.gov/cber/guidelines.htm.

1. 文件夹

该部分的所有信息应放在 clinstat 文件夹中。CBER 推荐为每个说明书及其功效完整的总结建立一个文件夹。在某些情况下，你也需要建立个别研究的文件夹，并放在适当的说明文件夹中。使用说明或研究编号作为文件名，将安全性总体研究、功效总体总结、风险和效益总体总结分别命名为 iss、ise 和 riskben，会促进审查。你也应建立两个文件夹 pubs 和 other，分别用于公开资料和附加信息。图 3-7 显示了文件结构的例子（附加文件 clindex.pdx 和子文件夹 clindex 是全文索引）。

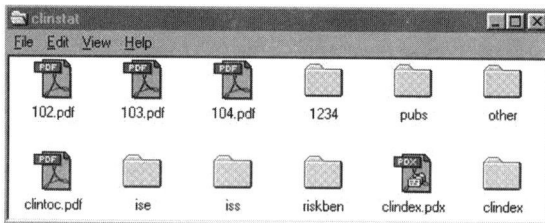

图 3-7：clinstat 文件夹的例子

2. 目录

在该部分提供列出的所有文件目录。应提供名为 clintoc.pdf 的 PDF 文件目录。该文件应放在 clinstat 文件夹中。Clinstat 目录应通过适当的研究类型（例如，对照临床试验、非对照研究）列出所有研究报告（包括研究报告编号），以及功效完整的总结的每个说明。如果提供一项研究或总结的数据集，你应当在目录中注意这点。临床部分的所有其他文档，包括公开资料也应列出。在目录列出的文档和目录中每一项对应的 PDF 文件和书签之间提供超文本链接。如果目录中列出了数据集，提供适当的数据定义文件的链接（define.pdf）。该文件在病例报告表格的 11 项描述。

在一些申请中，研究了不止一个适应证和 / 或治疗产品。如果是这样的情况，你也应通过适应证和治疗产品适当地组织文件列表。参照表 3-9。

表 3-9 clinstat 目录的例子

Clinstat 目录	
	位置 *
适应证	
对照研究报告	
非对照研究报告	
功效的综合总结	
安全性综合总结	
效益和风险综合总结	
其他研究和信息	
公开资料	

（＊如果信息以电子文档出现，使用文件名，或者如果文档是纸质副本，使用案卷编号）

3. 研究报告

应提供单独的 PDF 文件的每项研究报告。除了病例报告表（CRF）和个体患者数据清单 [病例报告表格（CRT）] 文件还应包括 ICH E3 文档 "临床研究报告的结构和内容（1996 年 7 月）" 定义的所有附录。文件名中包括研究编号，例如，研究 1234 可以被命名为 1234.pdf。

由于 25MB 或大于 25MB 的文件在技术上更难处理，大于 25MB 的研究报告应分为两个 PDF 文件。第一个文件应包括研究报告的主体、参考列表、表格和遵循研究报告的图形、方案、所有修订案和样本 CRF。这包括临床研究报告的 1 至 16.1.2 部分，如 ICH E3 "临床研究报告的结构和内容（1996 年 7 月）" 中的定义。第二个文件应包括所有剩余的附录，除了 CRFs 和 CRTs。在文件名末尾增加字母 a，以区分主文件中的附录文件。你应把这些文件放在以研究编号为名的文件夹中。该文件夹应放在 clinstat 文件夹中。

每项研究的文档信息字段标题部分应包括研究编号。

4. 完整总结

以相同方法处理研究报告的综合总结。将安全性综合总结、功效综合总结和风险 / 效益综合总结分别命名为 iss.pdf、ise.pdf 和 riskben.pdf。文档信息字段标题部分包括安全性综合总结、功效综合总结和风险 / 效益综合总结。

5. 公开资料

应当以单独的 PDF 文件提供每个公开资料。把所有公开资料放在单独的名为 pubs 的文件夹中。在 pubs 文件夹中引用和公开资料之间建立超链接。Pubs 文件夹应放在 clinstat 文件夹中。在每个出版文件的文档信息字段标题部分应包含引用的公开资料。引用应包括第一作者的姓名、出版年份和文章标题。

6. 书签和超文本链接
对于所有文档的目录，你应当提供文档目录每一项的书签和超文本链接，即使单独文件中包括所有表格、图形、公开资料和附录。对于数据集，应当包含适当的数据定义文件的书签（define.pdf）。

通过文档主体提供超文本链接，为不在同一页的注释、相关部分、公开资料、附录、表格或图形提供支持，以帮助审查者更高效地浏览文档。对于文档末尾的参考列表，你应当在所列项目与提供的 PDF 资料之间建立超文本链接。

7. 全文索引
该部分应提供全文索引和所有文档的信息字段。索引定义文件应被命名为 clindex.pdx。把所有相关的索引文件放在名为 clindex 的文件夹内。把 clindex.pdx 定义文件和 clindex 子文件夹放在 clinstat 主文件夹中。将 clintoc.pdf 文件与该索引联系起来，这样不论什么时候打开文件目录，相关的索引会自动添加至可用的索引列表中。

（九）第九项：安全更新
安全更新是 FDA 356h 表格第二页第九项。通常你应该遵循第八项指南，提供研究报告、公开资料和总结。

1. 文件夹
该部分所有文档应放在名为 update 的单独文件夹中，以及每个文档都提供一个单独的文件夹。

2. 目录

该部分所有文件的目录应以 PDF 文件的格式提供。目录的组织应遵循指南中的第八项。将 PDF 文件命名为 updattoc.pdf 并放在 update 文件夹中。

3. 全文索引

该部分应提供全文索引和所有文档的信息字段。索引定义文件应被命名为 upindex.pdx。把所有相关的索引文件命名为 update。将 update.pdx 定义文件和 update 索引文件的子文件夹放在 update 主文件夹中。将 updattoc.pdf 与索引文件联系起来，这样不论什么时候打开文件目录，相关的索引会自动添加至可用的索引列表。

（十）第十项：统计

对于电子提交，第八项和第十项是完全相同的。第八项中应包括描述统计学方法的文档。因此，对于该项，你只需要把提交目录链接至 clintoc.pdf。

（十一）病例报告表格（CRTs）

病例报告表格是 FDA 356h 表格第二页的第十一项。

应提供 CRTs 作为 SAS 数据集，如果审查部门使用他们的软件进行分析或作为 SAS 数据集的 PDF 格式输出。每个 CRT 数据集应是一个单独的文件，通常包括原始和派生数据的结合。在提交之前，申请人应与审查部门讨论提供的数据集，每个数据集中应包括数据元素。

电子功能的 CRT 数据集可能不足以消除申请人提交适合于复制和证实研究分析的数据文件的需要。应与合适的审查部门讨论这些

SAS 数据集的提交。

1. 数据集的格式

应当提供每个数据集作为伴随指南中描述的 SAS 传输文件（"以电子格式监管提交—总则"）。

应组织数据集文件，它们每个文件的大小通常小于 25MB。该文件不应被压缩。每个数据集应作为个人档案储存。

由于数据格式的限制，变量名的数据长度不应大于 8 个字符。CBER 建议提供一个更具描述性的数据变量标签，最多 32 个字符的长度。

2. 组织数据

数据组织随指令不同而不同。在提交之前，你应当与审查部门讨论应提供的数据集，每个数据集中应包括的数据元素，以及文件内数据的组织。通常提供个人数据集的类型来支持以下每项研究和综合总结：

● 人群统计资料
● 入选标准
● 排除标准
● 联合用药
● 医疗历史
● 药物暴露
● 分布
● 有效性结果
● 人体药理学和生物利用度 / 生物等效性数据

- 微生物学数据
- 不良事件
- 化学实验数据
- 血液学实验数据
- 尿检实验数据
- ECG
- 生命特征
- 体检

个人数据集中包含变量的例子展示在原指南附录 2 中。这些例子的目的是作为与审查部门讨论关于提交文件中应提供的数据元素的起点。数据元素和组织的不同取决于审查部门和指令。

数据集中行列的布局通常应模仿纸质提交中使用的印刷版 CRT 的布局。申请人应使用一种概念模式——只读模式，只允许在数据集文件内滚动流量。这样做会显示屏幕行和列的值，和 / 或与组织相似的呈现在纸上的传统文本信息。

把大于 25MB 的数据集划分为更小的数据集。例如，临床化学数据可以通过特定的实验室测试进一步划分。小于 25MB 的数据集则不应被划分，当划分一个数据集时，应保持数据集总数最少。与适当的审查部门讨论数据集的组织结构。文件名应包括三个延长字符 xpt，与桌面设置标准和培训兼容。

个体研究数据集、特定数据分析（如人群 PK）或综合总结的所有数据集应放在由研究名称标记的文件夹中，数据 / 分析类型或综合总结名称放在单独的 datasets 文件夹中。数据集文件夹应放在 crt 文件夹内。

3. 数据集文档

提供两个 PDF 文件，一个应包含数据定义表格（define.pdf），另一个应包含带注释的病例报告表（blankcrf.pdf），来描述每项研究、特定数据分析（如人群 PK）和综合总结的数据集。

为了可以有效使用数据集，应提供变量的定义。你应当在数据定义表的数据集中用文档记录所有变量。每项研究、特定数据分析（如人群 PK）和综合总结应有一组数据定义表。

第一个表格应包括研究提供的所有数据集列表，有对数据集的描述和数据集文件的位置。提供适当的数据定义表格的数据集描述的超文本链接。提供 SAS 传输文件列表的位置的超文本链接。

在表 3-10 中，AE 数据集被描述为不良事件，数据集文件放在数据集文件夹的 1234 文件夹内，在 crt 文件夹中。

表 3-10 病例报告表格数据集文档的例子

研究 1234 的数据集		
数据集	数据集描述	位置
AE	不良事件	Crt/datasets/1234/ae.xpt
…	…	…

后续页面应包含每个数据集的表格，其中包括用于数据集、描述性变量标签（最多 32 个字符）、数据类型、代码（和解码）和注释的所有变量名（最多 8 个字符）的组织列表。注释字段是变量的进一步描述。对于派生变量，计算变量的方法应包含在注释字段中。对于原始变量，如果 CRF 字段的名称不同于数据集中的变量名，应提供带注释的病例报告中变量的位置。提供来自数据定义表中每个原始变量名的超文本链接至 blankcrf.pdf 的适当位置，

也有助于审查过程。表 3-11 提供了研究 1234 人口统计数据集中部分数据定义表的例子。

表 3-11 病例报告表人口统计数据集变量的例子

研究 1234– 人口统计数据集变量				
变量	标签	类型	代码	注释
PATID	唯一的患者 ID 号	Char		人口统计页面 1
SEX	不同性别	Char	f= 女性 m= 男性	人口统计页面 1
BDATE	出生日期	Date		人口统计页面 1
DUR	治疗持续时间	Num		截止日期 – 起始日期
TRT	分配的治疗组	Num	0= 安慰剂 5=5mg/d	

应以单独的名为 define.pdf 的 PDF 文件提供数据定义表格，并放在数据集文件夹中的适当位置，如临床研究、具体分析类型或综合总结文件夹中。每个数据定义文件的文档信息字段标题部分应包括适当的研究编号，具体分析类型或综合总结名称和数据定义。例如，研究 2001 的数据定义文件应遵循这样的格式：研究 2001，数据定义。

应提供最终的数据定义文件，在一个单独的表格中列出研究中所有数据集的所有变量。该表格应按照字母表顺序安排变量名，也应包括每个数据集的名称，包含在列出的每个变量中。

带注释的 CRF 是一个空白的 CRF，包括治疗作业格式，其标注了 CRF 中的每处空白，对应于数据库的元素。带注释的 CRF 应提供变量名和代码。CRF 每一页和每个空白都应体现。申请人应在所有适用的部分写明 "not entered in database"。应提供 PDF 格式的带注释 CRF。将文件命名为 blankcrf.pdf 并放在数据集文件夹的适当子文件夹中。每个带注释的 crf 文件的文档信息字段标题部分应包括适当的研究报告编号和带注释的 crf。例如，研究 2001 的带注释 crf 应遵循这样的格式：研究 2001，带注释的 crf。

4. 数据集目录

数据集目录应列出所有研究和含数据集的综合总结。应提供一个超文本链接至适当的数据定义表格文件。应提供名为 datatoc.pdf 的 PDF 文件的目录，并放在数据集文件夹中。

5. 全文索引

应提供数据集文件夹中的全文索引和所有文档的信息字段。索引定义文件应被命名为 datindex.pdx。把所有相关的索引文件放在 datindex 文件夹内。把 datindex.pdx 定义文件和 datindex 子文件夹放在数据集主文件夹中。将 datatoc.pdf 和索引文件联系起来，这样不论什么时候打开文件目录，相关的索引会自动添加至可用的索引列表中。

6. 数据集总则

如果遵循一些基本的原则设置数据集，可以显著提高审查者使用数据集的效率。

● 在整个申请中应该用一个单一、独特的编号识别每个对象。每个数据集中需要提供这个唯一的编号。这对于加入不同的数据集是必不可少的。

● 变量名和代码应该与研究一致，并且是唯一的。在整合数据集时这是必要的，并且能减少研究数据集的时间。例如，如果在一些研究中检测了葡萄糖，使用相同的名称来描述所有研究中的该变量。相反地，对于不同变量不要使用相同名称。

●数据集中表示变量的格式应该与数据的相似类型一致。例如，所有规定一个日期的变量（例如，出生日期、筛选访问日期、随机选择日期、死亡日期等），应使用相同的格式表示日期。类似地，说明研究内或事件持续时间的数据应使用相同的格式（如天数、周或月），除非使用了非比较性的时间表。

●持续时间往往是分析的一部分。也应提供开始和停止时间以及日期作为治疗持续时间的参照，可按需选择分钟、小时或天数等适当的计量单位来连续表示。当用天数表示时，应使用以下公式计算研究天数 [（检测日期）–（首次剂量日期）+1]。

●根据临床研究、中心 / 场所、分配疗法、性别、年龄、和 / 或种族来分析结果。每个数据集应包括这些变量。

●对于分配疗法，在固定剂量的研究中，所有安慰剂应当是 0，分配疗法变量应当是处方剂量。

●数据变量名应限制在更具描述性的 8 个字符之内，最多 32 个字符，作为数据变量标签。

●应使用文本代替或排除任意的或含糊的数字代码。例如，对于"联合用药"变量，如果每种类型的药物有大量代码，联合用药的实际名称应包括单独一列。

●提供一个名为 sites.pdf 的文件。该文件应包含调查人员和研究场所的详细一览表。参考列表应包含以下四列：调查人员名称，调查人员 ID（场所编号），调查人员地址（研究场所），场所登记的个体数量。如果场所数量有变化，应在特定的场所数量下提供精确的登记的个体数量。

（十二）第十二项：病例报告表

FDA 356h 表格第二页第十二项是病例报告表。

如果纸质的 CRF 用于临床试验，提交的电子格式 CRF 应当是精确图像或纸质 CRF 的一系列图像，包含所有调整、附录、修正、注解、释文和任何临时的添加物的所有原始条目。对于电子数据的收集，CBER 建议使用 PDF 生成表格。在提交 CRFs 之前，使用远程数据输入，申请人应与涉及的审查部门讨论他们的提交物，并咨询行业指南：用于临床试验的计算机化系统，1999 年 5 月 10 日，可在以下网站获得 http：//www.fda/gov/cber/guidelines.htm.

1. 文件夹

该部分的所有信息应放在名为 crf 的文件夹内。为每项研究建立一个文件夹，以组织 CRFs。在每项研究的文件夹内，每个研究场所应有一个文件夹。命名各自的文件夹时使用研究编号和位点编号。图 3-8 显示了文件结构的一个例子（全文索引的附加文件，crindex.pdf 和子文件夹 crindex）。

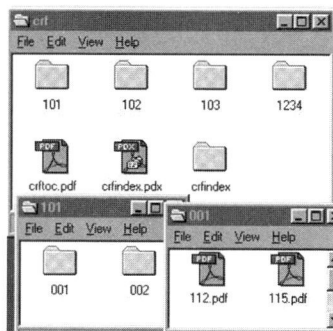

图 3-8 crf 文件夹的例子

2. 目录

应提供一个目录，列出研究、场所和分配疗法的所有 CRFs，作为名为 crftoc.pdf 的 PDF 文件。列出临床研究、场所和分配疗法的患者识别编号，并描述 CRFs 文件名和文件夹的位置。应提供目录中列出的文档和其中每一项对应的 PDF 文件和书签之间的超文本链接。将 crftoc.pdf 文件放在 crf 文件夹内。

3. 病例报告表

应该以单独的 PDF 文件提供每个患者的完整病例报告表。文件名中包括患者 ID。把 PDF 文件放在适当的研究场所文件夹内。例如，研究 301 场所 003 的所有 CRFs 会放在名为 003 的文件夹内，然后放在名为 301 的文件夹。

每个文件的文档信息标题字段应包括字母 crf、研究编号、场所识别和患者的唯一 ID 号。唯一的患者 ID 号应由研究编号、场所编号、患者编号或功能对等元素组成。例如，场所 003 的研究 2001 患者 001 的 CRF 有以下标题字段：crf，研究 2001，场所 003，PID 2001–003–001.

4. 书签和超文本链接

CBER 建议为每个 CRF 域和研究访问提供书签，来帮助审查者浏览 CRFs。这些书签可以被视为总体目录的一部分。

对于附录和修正，提供来自修正的页面或附录的修订项目的超文本链接。

5. 全文索引

应提供数据集文件夹中的全文索引和所有文档的信息字段。即使所有 CRFs 是图像，应该建立文档信息字段的文本索引。索引定义文件应被命名为 crfindex。把所有相关的索引文件放在名为 crfindex 的文件夹内。将 crfindex.pdf 定义文件和 crfindex 子文件夹放在 crf 主文件夹内。将 crftoc.pdf 与索引文件联系起来，这样不论什么时候打开文件目录，相关的索引会自动添加至可用的索引列表。

（十三）第十三项：专利信息

这是 FDA 356h 表格第二页的第十三项。

1. 文件夹

将该部分所有文档放在名为 other 的文件夹内。

2. 目录

应当有一个来自直接指向 patinfo.pdf 文件的提交目录的超文本链接。

3. 专利信息

关于专利信息的信息应在单独的名为 patinfo.pdf 的 PDF 文件中提供。

当局正在开发允许提交电子签名的程序。在这些程序生效之前，任何证书或声明必须是有签字的纸质证书或声明。

（十四）第十四项：专利证书

这是 FDA 356h 表格第二页的第十四项。

1. 文件夹

把该部分所有文件放在名为 other 的文件夹内。

2. 目录

应当有一个来自直接指向 patcert.pdf 文件的提交目录的超文本
链接。

3. 专利证书

关于专利信息的信息应在单独的名为 patcert.pdf 的 PDF 文件中
提供。

当局正在开发允许提交电子签名的程序。在这些程序生效之前，
任何证书或声明必须是有签字的纸质证书或声明。

（十五）第十五项：公司描述

公司描述部分是 FDA 356h 表格第二页的第十五项。

1. 文件夹

提交物中应包含名为 estab 的文件夹。在该文件夹内，应建立以
下单独文件夹：water、hvac、contamin、computer、diagrams 和
pubs。图 3–9 显示了文件结构的一个例子（全文索引的附加文件，
estindex.pdx 子文件夹 estabindex）。

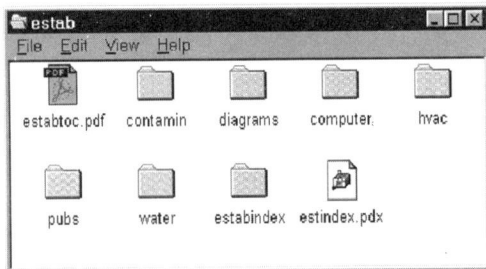

图 3–9 estab 文件夹的例子

2. 目录

应提供一个目录，列出公司部分提供的所有文件，作为名为 estabtoc.pdf 的 PDF 文件。使用表 3-12 的示例标题来组织目录中的文件。产品之间的标题不同，应当从适合的指导文件中寻找正确的标题。作为提交的整体目录的一部分，在目录列出的文档和其中每一项对应的 PDF 文件（除了书签）之间提供超文本链接。把 estabtoc.pdf 文件放在 estab 文件夹内。

表 3-12 estab 目录的例子

Estab 目录
位置 *
I. 水系统
II. 加热、通风设备和空调系统（HVAC）
III. 污染和交叉污染
IV. 计算机系统
V. 冷冻干燥
VI. 图表
VII. 公开资料（分别列出每个公开资料）

（＊如果信息以电子文档出现，使用文件名，或者如果文档是纸质副本，使用案卷编号）

考虑计算机辅助设计（CAD）的使用，来产生设备平面图，和 / 或设计蓝图。这些文件可以作为图形嵌入 PDF。这将促进公司信息的展示。

3. 公开资料

应以单独的 PDF 文件提供每个公开资料。把所有公开资料按字母表顺序放在名为 pubs 的单独文件夹内。在 pubs 文件夹内的引用和公开资料之间建立一个超链接。Pubs 文件夹应放在 estab 文件夹内。注意每个公开资料文件的文档信息字段标题部分的引用。
引用应包括第一作者的姓名、出版年份和文章标题。

4. 书签和超文本链接

对于所有目录中的文档，包括所有公开资料和附录，应当提供书
签和超文本链接。通过提供文档主体的超文本链接支持不在同一
页的注释、相关部分、公开资料、附录、表格或图形，帮助审查
者更高效地浏览文档。对于文档末尾的参考列表，应当提供来自
适当的 PDF 出版文件所列项目的一个超文本链接。

5. 全文索引

应提供数据集文件夹中的全文索引和所有文档的信息字段。索引
定义文件应被命名为 estabindex.pdx。把所有相关的索引文件放在
名为 estab 的文件夹内。将 estab.pdf 定义文件和 estab 索引文件子
文件夹放在 estab 主文件夹内。将 estabtoc.pdf 与索引文件联系起来，
这样不论什么时候打开文件目录，相关的索引会自动添加至可用
的索引列表。

对于第十五项中适当的公司内容更详细的描述，可以参考以下
文档：http：//www.fda.gov/cber/guidelines.htm：

提交化学、生产和控制，人用血源生物制品或动物用血浆或血清
源产品描述信息的行业指南，1999 年 2 月。

提交化学、生产和控制，控制信息，自体体细胞治疗产品的描述
行业指南，1997 年 1 月。

化学、生产和控制信息，生物体外诊断产品描述信息的内容和格

式行业指南，1999 年 3 月。

化学、生产和控制信息，过敏提取或过敏源测试描述信息的内容和格式行业指南，1999 年 4 月。

化学、生产和控制，人体血液和血液成分描述信息的提交行业指南，旨在根据 FDA 356h 表格的实施输血或进一步生产，1999 年 5 月"上市人用新药，生物制品或抗菌药物的申请"。

化学、生产和控制信息，相关疫苗产品描述信息的内容和格式行业指南，1999 年 1 月。

提交化学、生产和控制信息，治疗重组 DNA 源产品或体内使用的单克隆抗体产品的行业指南，1996 年 8 月。

（十六）第十六项：禁令声明书
这是 FDA 356h 表格第二页的第十六项。

1. 文件夹
应当把禁令声明书放在名为 other 的文件夹内。

2. 目录
应当有一个来自直接指向 debar.pdf 文件的提交目录的超文本链接。

3. 禁令声明书
应当在一个名为 debar.pdf 的单独文件夹内提供禁令声明书。

当局正在开发允许提交电子签名的程序。在这些程序生效之前，任何证书必须是有签字的纸质证书。

（十七）第十八项：用户费用首页
这是 FDA 356h 表格第二页的第十八项。

1. 文件夹
应当把用户费用首页放在名为 other 的文件夹内。

2. 目录
应当有一个来自直接指向 userfee.pdf 文件的提交目录的超文本链接。

3. 用户费用首页（FDA 3397 表格）
应当在一个名为 userfee.pdf 的单独文件夹内提供用户费用首页。当局正在开发允许提交电子签名的程序。在这些程序生效之前，任何证书必须是有签字的纸质证书。

（十八）第十九项：其他
这是 FDA 356h 表格第二页的第十九项。1 到 18 项不包括的信息在该项中包括。例如，该项中包括临床调查人员的财务披露证书。

1. 文件夹
应当把该项中所有附加信息放在名为 other 的文件夹中。

2. 目录
应当有一个来自直接指向该项中每个文件的提交目录的超文本链接。

3. 其他项

应当以单独的 PDF 文件提供每个附加项目。例如，通过临床调查人员提供财务披露证书，作为名为 financial.pdf 的单独 PDF 文件，并放在 other 文件夹内。在提交目录中列出该文件，并提供来自文件目录的一个超文本链接。

当局正在开发允许提交电子签名的程序。在这些程序生效之前，任何证书必须是有签字的纸质证书。

FDA

第四章
生物类似药指南

第一节 | FDA 与生物仿制药发起人或申请人之间的正式会议

Fromal Meetings Between the FDA and Biosimilar Biological Product Sponsors or Applicants

一、简介

本指南为 FDA 与生物仿制药发起人或申请人之间的正式会议提供建议。2012 年，FDA 颁布了作为《安全与创新法案》（FDASIA）一部分的《生物仿制药用户费用法案》（BsUFA），其修订了《联邦食品药品和化妆品法案》（the FD&C Act），授予生物仿制药一个新的用户费用计划。FDA 承诺满足卫生和人类服务部部长，卫生、教育、劳工和退休金参议院委员会主席，能源委员会主席，商务部众议院来信中提出的某些绩效目标，以及 FDA 与发起人或申请人之间在生物仿制药开发阶段正式会议的管理目标。FDA 鼓励发起人和申请人采用本指南描述的会议，以最优化产品开发并促进上市申请的提交。

基于本指南的目的，正式会议包括发起人或申请人遵循本指南提供的请求程序要求的任何会议，包括任何形式指导的会议（即面对面会议、电话会议或视频会议）。

FDA 鼓励发起人和申请人采用本指南优化产品的开发并促进提交上市申请。本指南旨在帮助发起人或申请人向 FDA 提出和提交会议请求、相关会议建议以及根据《公共健康服务法》（PHS Act）第 351（k）节要求提交生物仿制药申请。根据《联邦食品药品和化妆品法案》（the FD&C Act）第 505 节或《生物制剂许可证申请》（BLAs），该指南不适用于新药申请或简略新药申请相关的会议。

该指南讨论了会议质量管理规范（GMMPs）的规则，并描述请求、准备、安排、指导和记录这些正式会议的标准程序。

二、背景

FDA 审查人员每年参与许多会议，在这些会议上，开发商或申请人寻求有关开发和审查生物仿制药生物制品的建议。由于这些会议经常代表监管和开发过程的关键点，因此有保证会议及时、有效举行的一致程序是非常重要的。该指南的 GMMPs 旨在提供一致性程序，促进会议的良好管理，并确保这些会议安排合理，有效进行和适当的记录。

三、会议类型

发起人或申请人与 FDA 之间可以通过五种类型的正式会议，来讨论生物仿制品的开发。

（一）生物仿制品初步的咨询会议

生物仿制品最初的咨询会议是局限于一般讨论的初始评估，关于《公共健康服务法》（PHS Act）第 351（k）部分的许可对特定产品是否可行，如果可行，作为开发项目预期内容的一般建议。这种会议类型不包括涉及总结数据或全部研究报告的实质审查的任何会议。然而，会议应初步比较分析至少一批生物仿制品与美国获批的参比制剂的类似数据。分析数据间的相似性应足以使 FDA 根据《公共健康服务法》（PHS Act）第 351（k）节，初步决定特定产品是否可行，并提供有意义的建议。开发项目的总体概述，应包括所有完整性研究和计划研究信息的结果和概况。

基于生物仿制品期的开发阶段，预计不提供广泛分析、非临床和／或临床数据。如果发起人或申请人正在寻求任何比较性数据或充分性的针对性建议，或广泛咨询正在进行的生物仿制药的任何方面发展计划，应该要求不同的会议类型。

（二）BPD 类型 1 会议

生物仿制品开发（BPD）类型 1 会议对于继续进行一个止步不前的 BPD 项目是必要的。BPD 类型 1 会议的例子包括以下几种：

● 讨论临床方面的会议：①发起人或申请人寻求解决临床方面问题；②问题提交后，并通过 FDA 的审查，但 FDA 和发起人或申请人认为开发已止步不前，则应讨论一个新的推进计划。

● 根据《生物仿制药用户费用法案》（BsUFA）目标函第六章描述，收到 FDA 对协议的回信后，回应特别议定书评估程序提交的议定书，应请求特殊协议评估会议。

● 讨论重要安全问题的会议，当这个问题能够识别，并且 FDA 和发起人或申请人赞成时，应讨论这个问题。

● 争议解决会议：如 21 CFR 10.75 和 312.48，BsUFA 目标函第

IV 部分以及行业和审查人员指南草案《正式争议解决：上诉级别以上》。

（三）BPD 类型 2 会议

BPD 类型 2 会议是一个讨论具体事件（如提出的研究设计或终点）或 FDA 提供有关对正在进行的 BPD 项目的针对性建议。这个会议类型包括总结数据的实质性审查，但不包括全部研究报告的审查。

（四）BPD 类型 3 会议

BPD 类型 3 会议是一个关于正在进行的 BPD 项目的深入数据评审和建议的会议。这个会议类型包括对全部研究报告或大量数据（即详细和强有力的分析类似数据）的实质性审查，FDA 基于综合的数据提出关于生物仿制品和参比制剂之间的相似性建议，以及关于额外研究的需求建议，包括基于综合数据的设计和分析。

● BPD 类型 3 会议提交的例子包括：

—综合分析相似性数据使 FDA 在开发期间作出分析相似性的初步评估。提供的分析数据应当与开发人或申请人计划提交的《生物制剂许可证申请》（BLAs）的 351（k）节类似（例如，全部研究报告和 / 或支持全部研究报告的数据集）；

—临床研究的全部研究报告。

● 依据数据和 / 或数据集，以及全部研究报告中的结果，FDA 鼓励开发商或申请人提供生物仿制品不断更新的发展计划。除了深入的数据，发起人或申请人可以解决 BPD 类型 3 会议的一部分，提交内容包括以下几点：

—任何额外计划研究的提议；

—推断的提议。

（五）BPD 类型 4 会议

BPD 类型 4 会议是讨论根据《公共健康服务法》（PHS Act）第 51
（k）节提交生物仿制药品申请或补充的格式和内容的会议。尽管
将讨论申请的内容，但该种类型会议不包括总结数据或完整的实
质性审查。

不要求发起人或申请人按前后顺序请求会议（即生物仿制品最初
的咨询会议、BPD 类型 2、BPD 类型 3，然后是 BPD 类型 4）。会
议类型的要求取决于开发项目或寻求建议的阶段。尽管 FDA 最可
能给特定的生物仿制品授予生物仿制品最初咨询会议和 BPD 类型
4 会议，开发人或申请人可以适当地请求尽可能多的 BPD 类型 2
和类型 3 会议，支持正在开发的生物仿制品。

四、参与 FDA 的生物仿制品开发项目

根据法规规定，开发人或申请人必须支付生物仿制开发费用，对
于一个产品的开发需要接受 BPD 类型 1、2、3 或 4 会议来参与
FDA 的 BPD 项目。生物仿制品最初的咨询会议不需要费用。BPD
费用是一种年度产品费用，不是每次会议或审查活动的费用。有
3 种 BPD 费用的类型：初始的 BPD 费用、年度 BPD 费用和激活
费用。初始的 BPD 费用取决于开发人或申请人提交临床试验申
报（IND）和 FDA 确定的支持生物仿制品申请的调查的日期，或

者在之后 5 日内 FDA 授予产品的开发人或申请人 BPD 类型 1、2、3 或 4 会议,以先到者为准。

发起人或申请人支付初始的 BPD 费用之后,在下一个财政年度开始,将对产品进行年度费用评估,直到发起人或申请人提交上市申请被接受或参与产品终止 BPD 项目。如果发起人或申请人不再参与产品的 BPD 项目,并且希望再次与 FDA 合作开发生物仿制品,申请人必须支付再激活费用以恢复参与该产品的 BPD 项目。再生费用取决于申请人提交 IND、FDA 确定支持生物仿制品的日期,或者在 FDA 授予产品的开发人或申请人 BPD 类型 1、2、3 或 4 会议之后 5 日内,以先到者为准。

《联邦食品药品和化妆品法案》(the FD&C Act)第 744(a)(1)(E)节确定了无法支付 BPD 费用造成的影响。如果 FDA 授予 BPD 类型 1、2、3 或 4 的会议请求,授予会议请求引起支付产品初始 BPD 费用或激活费用,如果发起人或申请人没有在正式授权会议之后 5 日内支付费用,会议将被取消。此外,如果发起人或申请人拖欠有关产品年度 BPD 费用,FDA 将否决其对 BPD 类型 1、2、3 或 4 会议的请求,并取消任何已安排的 BPD 会议。

五、会议程序

每种类型的会议都遵从不同的程序,如下所述。

(一)生物仿制品最初的咨询会议

生物仿制品最初的咨询会议应安排在 FDA 接受书面会议申请 90 日内。如果发起人或申请人超过 90 日请求会议,FDA 将与发起人或申请人一起确定最早且合适的日期。

（二）BPD 类型 1 会议

如果发起人或申请人正在考虑提交 BPD 类型 1 会议请求，应当首先联系生物制品审评与研究中心（CBER）或药品审评与研究中心（CDER）的相关部门，讨论请求的适用性。BPD 类型 1 会议应安排在 FDA 接受书面会议申请 30 日内。如果发起人或申请人超过接受请求日期 30 日后请求会议，FDA 将与发起人或申请人一起确定最早且合适的日期。

（三）BPD 类型 2 会议

BPD 类型 2 会议应安排在 FDA 接受书面会议申请 75 日内。如果发起人或申请人超过接受请求日期 75 日后请求会议，FDA 将与发起人或申请人一起确定最早且合适的日期。

（四）BPD 类型 3 会议

BPD 类型 3 会议应安排在 FDA 接受书面会议申请 120 日内。如果发起人或申请人超过接受请求日期 120 日后请求会议，FDA 将与发起人或申请人一起确定最早且合适的日期。

（五）BPD 类型 4 会议

BPD 类型 4 会议应安排在 FDA 接受书面会议申请 60 日内。如果发起人或申请人超过接受请求日期 60 日后请求会议，FDA 将与发起人或申请人一起确定最早且合适日期。

六、发起人或申请人的会议请求

为了有效利用 FDA 的资源，在寻求与生物制品审评与研究中心（CBER）或药品审评与研究中心（CDER）相关部门的会议之前，发起人或申请人应考虑产品开发项目的其他可用信息的来源，比如 FDA 和国际协调会议指南。要求召开此类会议的书面函件应通过可控的文档系统提交给发起人或申请人（如 IND、BLA）。

如果没有申请,请求应提交给适当的药品审评与研究中心（CDER）部门领导，发送副本给项目管理工作人员的部门主管，或者给药品审评与研究中心（CDER）内相应的产品办公室的办公室主任 / 部门主任。当没有申请，通过传真或电子邮件提交任何会议请求之前，发起人或申请人应联系 CBER 内相应的产品办公室，或 CDER 内相应部门或生物仿制品项目工作人员、新药办公室，以确定谁来指导这些请求，请求应如何提交，以及请求的适当格式，并安排确认收到该请求。由于 FDA 工作人员每天收到大量的传真或电子邮件，这种联系降低了忽略传真或电子邮件请求的可能性。传真或电子邮件请求应在官方办公期间发送：周一至周五（除了联邦政府的假期）（上午 8:00 至下午 4:30）。

跨越多个审查部门且有多种说明的生物仿制品开发的会议请求，应提交给参比制剂的管理监督部门。

不论是什么提交方法，会议请求应包括充分的信息，以便 FDA 可以评估会议的潜在效用，并确定 FDA 工作人员有必要讨论拟议日常事项。会议请求应包括以下信息：

1. 产品名称；

2. 申请编号（如果可用）；

3. 建议的合适名称（或许可后的合适名称）；

4. 结构（如果可用）；

5. 参比制剂的名称；

6. 产品开发的建议或背景；

7. 请求的会议类型（即生物仿制品最初的咨询会议，BPD 类型 1、2、3 或 4 会议）。应包括请求会议类型的理由。

8. 会议目的的简要说明。该说明应包括潜在议程问题的简要背景。也可以包括完成或计划的研究或数据的简要总结，发起人或申请人计划在会议上讨论的问题，并询问关键问题的本质，以及会议什么时候适合整体的开发计划。尽管说明中不需要提供试验设计或完整研究和临床试验的记录，但应当提供足够的信息以促进问题的理解，比如总结主要结果的小表格。

9. 请求者期望会议的特定目标 / 结果列表。

10. 拟议议程，包括讨论每项议程需要的估计时间，不超过总的分配时间。

11. 按学科分组的问题列表。每个问题都应该是精确的，应当简要解释这个问题的背景和目的。

12. 参加发起人或申请人组织请求的会议的所有个人的职位与所属机构列表，包括顾问和口译者。

13. 要求参加会议的 FDA 工作人员名单（如果已知的话），请注意，FDA 工作人员本来是不要求的。应用程序的审查可能会影响在指定时间召开会议的能力。因此，FDA 工作人员要求出席非必要的会议时，会议要求请求者应说明后期的会议日期，以适应非必要的 FDA 参与者。

14. 建议的会议日期和时间（如上午或下午），应在请求的会议类型适当时间内或之外。也应包括未利用的日期和时间。

15. 建议的会议形式（即面对面、电话会议或视频会议）。

发起人或申请人应在其书面会议请求中定义请求生物制品审评与研究中心（CBER）或药品审评与研究中心（CDER）的具体领域。良好的书面会议请求使用以上内容作为指导，可以帮助 FDA 理解和评估与产品开发或审查相关会议的效用和时间。生物制品审评与研究中心（CBER）或药品审评与研究中心（CDER）相关部门将确定最终会议类型，但发起人或申请人应提供与产品相关的会议类型评估、发起人或申请人参与者列表和 FDA 参与者列表，以利于提供或准备会议。在请求和会议期间，可以改变计划的参与人员。如果有变化，应提供参与人员职位和附属机构的更新列表，可以在会议前至少 1 周与 FDA 联系。

目标和议程为会议主题提供了整体环境，但问题的列表对于理解信息种类或开发商或申请人集中于讨论会议需要是最关键的，应授权会议。每个问题都应该是精确的，应当对问题的内容和目的有一个简要的解释。应考虑提交问题的复杂性，在单独的会议请求中提交的问题应局限是在分配的会议时间内可以合理回答的问题。

七、评估会议请求

会议请求应包含会议文件包（参照第"十、"部分，会议文件的内容和提交，以及会议文件以外的其他内容）。这确保了 FDA 将有充分的信息评估会议的潜在效用，并准备会议。如果会议请求文件没有提交给适当的部门，会议请求将被视为不完整的，FDA 通常将否决会议。CBER 或 CDER 部门主任或收到会议请求的指定人员将确定是否举行会议，并且在收到请求和 BPD 类型 1 会议的会议文件的 14 日内，或者收到请求和生物仿制品最初咨询会议或 BPD 类型 2，3 或 4 会议的 21 日内，通过授权或否决会议对发起人或申请人作出回应。

（一）否决会议

如果否决了一个会议请求，给发起人或申请人的通知中将包括否决理由的解释。否决是依据实质性的理由，不仅仅是会议请求或会议文件的次要元素的出现。例如，如第"四"部分提到的，参与 FDA 的生物仿制品开发项目，如果发起人或申请人拖欠产品的年度 BPD 费用，FDA 将否决 BPD 类型 1、2、3 或 4 会议。此外，由于产品开发阶段不成熟或明显不必要，可以否决某个会议。然而，如果发起人或申请人没有拖欠产品的有关年度 BPD 费用，除了极少的情况，BPD 类型 1、2、3 和 4 会议的请求将被兑现。

被否决的会议，后续安排会议的请求将被视为一个新的请求（即第"五、"部分会议程序描述的值得建立新时间框架的请求）。

（二）授权会议

如果一个会议请求被授权，生物制品审评与研究中心（CBER）或药品审评与研究中心（CDER）相关部门将书面通知开发人或申请人其决定，并确定会议类型、日期、时间、长度、地点、形式（即面对面会议、电话会议或视频会议），以及期望的 FDA 参与者。所有时间表的信息将尽可能快地通过授权通知书传递给开发人或申请人，并且在规定的 BsUFA 时间内。

生物制品审评与研究中心（CBER）或药品审评与研究中心（CDER）相关部门可以确定多种合适的会议类型，可以授权而不是只请求一个不同类型的会议（例如，如果发起人或申请人请求一种产品的生物仿制品最初咨询会议，但研究中心确定 BPD 类型 3 会议更合适，FDA 可以授权 BPD 类型 3 会议代替生物仿制品最初咨询会议）。

如第"四、"部分描述的，参与 FDA 的生物仿制品开发项目，如果 FDA 授权 BPD 类型 1、2、3 或 4 会议的请求，可以要求发起人或申请人在 5 日内支付最初 BPD 费用或再生费用。

八、重新安排会议

出现特殊情况时，FDA、发起人或申请人需重新安排会议。如果会议需要重新安排，在原始日期之后应尽快重新安排。不需提交新的会议请求，且重新安排的会议也不应有新的时间框架。发起人或申请人和 FDA 应采取合理的措施避免重新安排会议。例如，如果一个参与者不可用，可以选择一个代替者，处理参与者话题的评论，可以遵循会议转发至开发人或申请人。部门判断是否重新安排会议取决于具体情况。

以下情况是重新安排会议的例子。这个列表包括代表性的例子，不是一个详尽的列表。

●审查小组确定需要 FDA、发起人或申请人的附加信息，以解决发起人或申请人的问题或讨论的其他重要问题，并且有可能识别需要的额外信息，用及时的方法安排提交。

●由于非预期或不可避免的矛盾或紧急情况，安排好的日期、时间以及必要参与者不再有效。

●会议文件提交之后，在 FDA 发送初步回应之前，发起人或申请人发送额外问题或数据给 CBER 或 CDER，目的是在会议上讨论并要求额外审查的时间。

●决定额外的 FDA 人员是否为预期或起始请求的参与人数是至关重要的，并且他们的参加改变了原来举行会议的日期。

九、取消会议

当 FDA 授权产品 BPD 类型 1、2、3 或 4 会议的请求，可以要求发起人或申请人在 5 日内支付最初的 BPD 费用或激活费用。如果发起人或申请人没有在要求的时间内支付费用，会议将被取消。如果发起人或申请人支付了最初的 BPD 费用或激活费用，而会议因为未付款而取消，会议程序时间框架如第"五、"部分描述。新的会议日期将从 FDA 收到付款的日期计算，而不是发起人或申请人最初提交会议请求的日期。

其他引起会议取消偶尔情况是，如果取消一个会议的理由不是未支付要求的最初 BPD 费用或激活费用，FDA 将考虑后续的请求，安排一个会议成为新的请求（即，如第"五、"部分所述的会议程序和第"七、"部分所述的评估会议要求，建立新的时间框架的请求）。发起人或申请人和 FDA 应采取合理的措施避免取消会议（除会议不再必要）。相应部门会根据具体情况判断是否取消会议。

以下情况是取消会议的例子。该列表包括代表性的例子，不是一个详尽的列表。

● 如果 FDA 授权发起人或申请人会议请求，但发起人或申请人后来没有在《联邦食品药品和化妆品法案》（the FD&C Act）第 744（H）（a）（1）（A）、（B）或（D）部分的要求的时间内支付要求的最初 BPD 费用，年度 BPD 费用或再生费用。

● 发起人或申请人确定书面会议对问题的应答足以满足需求，额外的讨论没有必要（参照"十二、会议的议程"）。在这样的情况下，发起人或申请人应联系生物制品审评与研究中心（CBER）或药品审评与研究中心（CDER）相关部门的监管项目的经理，请求取消会议。该部门将考虑是否同意取消会议。即使会议前的沟通似乎足以回答发起人或申请人的问题，由于讨论会议的产生和询问部门相关问题的机会，一些会议是有价值的。如果部门赞同发起人或申请人取消会议，部门将记录取消的理由，会议前的沟通将代表最终回答和会议的官方记录。

● FDA 确定会议文件非常不充分。会议是在支持讨论的适当的信息已提交的情况下开展的。发起人或申请人应充分地规划以避免这些问题。

十、会议文件内容和提交

会议前的准备对于实现富有成效的讨论或信息交换是至关重要的。准备的会议文件应帮助发起人或申请人专注描述其主要兴趣领域。会议文件应提供有关讨论话题的信息，并使 FDA 为会议做好充分的准备。

（一）提交时间
如第 "七、" 部分讨论的评估会议请求，如果会议文件没有与会议请求一起提交给相应的部门，会议请求将被视为不完整，FDA 通常将否决会议。

（二）大量的会议文件副本如何发送，发送至哪
会议文件档案副本应提交给相关的申请（即 pre-IND、IND 或 BLA）；如果没有确立申请，发起人或申请人应联系相关部门了解更多说明。FDA 强烈鼓励发起人或申请人根据电子提交格式建议提交电子版的档案会议文件（参照行业指南草案：电子格式提供监管提交一般注意事项）。

会议文件档案副本数量依据会议有所不同。该部门中联络点负责将会议所需要的副本的数量告知参与者。为了促进会议进程，FDA 强烈建议以电子格式和纸质两种方式提供会议文件的副本。

（三）会议文件内容
会议文件应提供有关产品、开发阶段和请求会议类型（参照第 "三、" 部分会议类型）的信息，以及回应发起人或申请人或部门提出的问题需要的任何补充信息。会议文件应包含充分的细节，以符合计划的会议目标。例如，除了派生的结论，原始数据的内

容可能在一些情况下适用。类似地，仅仅将结果作为重要的因素，却不能给部门提供足够的信息，给出好的建议或确认发起人或申请人错失才是重要问题。FDA 指南识别并解决了有关生物仿制品开发的多数问题，应被视为计划、开发及提供需要支持 FDA 会议的信息。如果产品开发计划偏离了当前指南或当前实践，应承认并解释该偏差。已知或预期困难的设计和证据问题应在讨论中提出（例如：不同于获批的参比制剂的研究人群的选择，剂量或终点的选择；适应证的推断）。

为了促进 FDA 的审查，会议文件内容应根据建议的议程进行组织。会议文件应当是连续页码的文件（个别部分可以单独编号，只要有覆盖全部提交文件的整体页码）与适当的目录、附录、交叉引用和不同部分标签。会议文件通常应包括以下信息。

1.产品名称和申请编号（如果可用）。

2.建议专有名称（或许可后的专有名称）。

3.结构（如果可用）。

4.参比制剂名称。

5.产品开发的建议说明或背景。

6.剂型、给药途径、给药方案（频率和持续时间）及描述。

7.将参与发起人或申请人组织请求的会议的所有人员的职位及附属机构列表，包括顾问和口译者。

8. 背景部分包括：

a. 开发项目的简要历史；

b. 产品开发的状态（例如：化学，制造和控制，非临床，临床，包括除美国外的任何开发）。

9. 总结会议目的的简要说明。

10. 拟议议程。

11. 根据学科分类讨论问题的列表，并附有每个问题的简要说明，解释问题的需要或背景。

12. 依据学科和问题组织支持讨论的数据。数据的详细程度应适合于请求的会议类型和产品开发阶段。

十一、发起人或申请人的会前沟通

CBER 或 CDER 举办内部会议，包括与生物仿制品审查委员会的会议（BRC），以讨论会议文件，并获得发起人或申请人问题的初步回应。我们的目标是在安排好的会议日期前 2 日与发起人或申请人交流这些初步的意见。会议前发起人或申请人与 FDA 之间的沟通，包括初步回应，可以作为讨论或最后会议的基本回应。然而，初步的回应不应作为"最终的"回应，除非发起人或申请人和 FDA 之间一致认为额外的讨论对于任何问题都是不必要的（即，由于发起人或申请人满意 FDA 的初步回应，会议被取消），或者个别问题被视为在其他时间内可以解决，会议期间着重讨论更复杂的问题。FDA 交流的初步回应不是提交新的会议日程或新的问题。然而，如果发起人或申请人提供新数据，改进的或新的提议，FDA 可能无法对提供关于新数据的解释，可能需要发起人或申请人提交新的会议请求。

十二、会议的议程

FDA 工作人员将主持会议，并且开始介绍和说明议程。通常不需要发起人或申请人来进行描述，因为审查和讨论需要这些信息，已成为会议文件的一部分。如果发起人或申请人计划演示，演示文稿应提前与 CBER 或 CDER 联系者进行讨论，以确定是否进行演示，并确保 CBER 或 CDER 在会议前提供演示材料。所有演示应保持简短，以尽可能增加讨论时间。

不会增加会议的长度来进行演示。如果演示中包含大量不同于之前数据的阐述或解释且提交给 CBER 或 CDER 审查的原始会议文件中不包括这些，FDA 工作人员可能无法对新数据进行解释。

会议结束之前，FDA 参与者和发起人或申请人参与者应总结重要的讨论点、协议、阐述和任务项。通常发起人或申请人提交总结，确保会议结果和任务项的相互理解。FDA 工作人员可以添加或进一步阐述总结中没有包含的任何重要点，这些项目可以添加至会议记录，也可以在会议末尾或讨论每个问题之后总结。

十三、会议记录

会议结果、一致的分歧、进一步讨论的问题和任务项的记录对于确保保存会议参与者和备查的信息很重要。FDA 会议记录是会议的官方记录。FDA 打算在会议的 30 日内向发起人或申请人发行官方的、最终的会议记录。

十四、解决关于会议记录的争论

本部分涉及有关会议记录的精确度和充分性争论。发起人或申请者反对会议记录的准确度或 FDA 发行的需要额外阐述会议记录的应联系 FDA 指定的联络点。该过程只解决了会议记录的问题。如果发起人或申请人需要讨论会议中没有解决的其他问题，应提交通信或新的会议请求。

如果遵循以上描述的内容之后，发起人或申请人和 FDA 理解官方会议记录内容有显著不同，发起人或申请人应书面通知 FDA 具体的不一致的部分。发起人或申请人应提交申请书，如果没有申请，则转发邮件给负责部门的办公室主任 / 部门主任，并附上描述关注事项的联系人的副本。

如果办公室主任出席会议，部门和办公室主任将考虑发起人或申请人的顾虑。如果会议记录被视为准确并充分地反映会议讨论，联络人将向发起人或申请人传达这个决定，并且会议记录将作为会议的官方记录。如果发起人或申请人讨论之后，FDA 认为有必要改变官方会议记录，官方会议记录的附录中将记录这些变化，附录也将记录发起人或申请人的任何异议。

第二节 证实参比制剂生物类似性的科学信息

Scientific Considerations in Demonstrating Biosimilarity to a Reference Product

一、简介

该指南旨在帮助申请人证实所提出的治疗性蛋白产品（下文中提出的产品）是参比制剂的生物仿制品，根据《公共健康服务法》（PHS Act）第 351（k）节提交上市申请。2009 年，《生物制品价格竞争和创新法案》（BPCI Act）改进了《公共健康服务法案》（PHS Act）和其他法规，建立生物制品简略的许可通道，生物仿制药与 FDA 许可的生物参比制剂是生物相似的或可互换的（参见《患者保护与评价医疗法案法》的第 7001 至 7003 节（公共法 111-148）。尽管 351（k）途径通常适用于生物制品，该指南着重描述了治疗性蛋白质产品，并且给出重要科学信息的概述证实其生物类似性。

本指南是 FDA 正在制定的一系列指南之一，用于实施 BPCI 法案。这些指南解决许多问题，包括：

●证实参比制剂的治疗性蛋白产品生物类似性的质量信息；

●证实参比制剂生物类似性的科学信息；

●生物仿制品：关于 2009 年实施的生物制品价格竞争和创新法案的疑问和解答；

● FDA 和生物仿制品发起人或申请人之间的正式会议；

●支持产品和参比制剂之间生物类似性的临床药理学数据。

适当时，该指南包括这些指南中的参考信息。

二、范围

该指南给出了 FDA 确定生物类似性方法的概述，并讨论证实其生物类似性重要的科学信息，包括：

●逐步证实生物类似性的方法，可以包括拟议产品和参比制剂关于结构、作用、动物毒理学、人体药效学（PK）和药代动力学（PD）、临床免疫原性、临床安全性和有效性的比较；

● FDA 将使用证据总和方法审查生物仿制品的申请，与当局评估科学证据的长期方法一致；

●比较性结构分析、功能试验、动物测试、人体 PK 和 PD 研究、临床免疫原性评估和比较性临床研究（包括临床研究设计问题）的一般科学原则。

讨论的其他话题包括：

●设计生物仿制品开发项目时，治疗性蛋白产品复杂性的信息，包括生产过程信息的思考；

●使用来源于研究的数据，比较非美国获批的产品和拟议产品；

●上市后安全性监测信息。

该指南适用于根据《公共健康服务法》（PHS Act）第 351（k）部分提交的申请。然而，本指南中描述的一些科学原理对于《联邦食品药品和化妆品法案》（the FD&C Act）第 505（b）（2）部分下开发的某些生物制品是有益的。《联邦食品药品和化妆品法案》（the FD&C Act）第 505（b）（2）部分和《公共健康服务法》（PHS Act）第 351（k）部分是两种单独的法定计划。该指南的目的不是描述这些计划下批准的标准之间的任何联系。

三、背景

2010 年 3 月 23 日，颁布的 BPCI 法案作为《平价医疗法案》的一部分。BPCI 法案建立了生物制品的简略许可途径，证实生物仿制品与 FDA 获批的生物参比制剂可互换。《公共健康服务法》（PHS Act）第 351（k）部分（42 U.S.C. 262（k））添加至 BPCI 法案，提出生物仿制产品的申请，可交换产品的申请或补充。《公共健康服务法》（PHS Act）第 351（i）部分将"生物类似性"定义为"生物制品与参比制剂高度类似，尽管临床非活性成分有较小差异"，以及"生物制品和参比制剂之间在安全性、纯度和效能方面没有临床意义的差异。"BPCI 法案也改进了生物制品的定义，包括"蛋白质（除了化学合成多肽）"。

根据《公共健康服务法》（PHS Act）第 351（k）部分，证实生物仿制品是生物仿制药的参比制剂，取决于某些现有的关于参比制剂有效性、纯度和效价的科学知识来支持许可。如果 FDA 确定申请中提交的信息足以显示生物制品与参比制剂生物类似，351（k）申请人（或其他适合的人）同意设备的检查是申请的一部分（即生产、加工、包装或保存推荐的生物制品的设备），FDA 将根据《公共健康服务法》（PHS Act）第 351（k）部分提交拟议的生物制品。

除其他事项外，根据《公共健康服务法》（PHS Act）第 351（k）部分提交的申请必须包括证实"生物制品类似于参比制剂"的信息，依据来源于以下的数据：

● 证实生物制品与参比制剂尽管在临床非活性成分上有较小差异，但依然具有高度的相似性；

● 动物研究（包括毒理学评估）；

● 足以在一种或多种适当情况下证实经许可的参比制剂的安全性、纯度或效能的临床研究（包括免疫原性和药效学或药代动力学评估），目的是用于生物制品的许可。

当局有判断力来确定上述的元素在 351（k）申请中是不必要的。FDA 建议申请人开发生物仿制品，以符合 FDA 提出的产品开发计划并建立一个时间表，作为与当局将来讨论的时间表。尽早与 FDA 讨论有关的产品开发计划，提供足够的科学论证将促进生物仿制药的开发。

四、蛋白质产品的复杂性

当设计一个项目来证实生物类似性时，申请人应考虑蛋白质产品的复杂性和相关的科学问题。

（一）蛋白质产品的性质和相关科学信息

小分子药物，结构通常能够被完整的定义和复制，但蛋白质较为复杂，并且不能与参比制剂的结构同一化。蛋白质结构中会产生许多潜在的差异。由于次要的结构化差异（包括糖基化模式的某些变化）可以显著影响蛋白质的安全性和/或有效性，所以评估这些差异很重要。

通常，蛋白质至少在三个方面有不同：①主要的氨基酸序列；②氨基酸的改变，比如糖环（糖基化）或其他侧链；③高阶次序结构（蛋白质折叠和蛋白质之间的作用）。氨基酸的变化可能导致多相性并且难以控制。通过配方和环境条件影响蛋白质变化和高阶次序结构，包括灯光、温度、湿度、包装材料、容器封闭系统和传送设备材料。此外，过程和产品相关的杂质可能增加蛋白质产品免疫应答的可能性和/或严重性，某些赋形剂可能会限制蛋白质产品的能力。

分析科学的改进，能够普遍描述一些蛋白质产品的物理化学和生物学特性，比如高阶次序结构和功能特性。这些分析方法显著提高了确定和描述蛋白质产品的原料和赋形剂以及产品生产过程相关杂质的能力。

尽管分析技术有显著改进，然而，当前的分析方法学并不能检测所有相关结构，以及两种蛋白质产品之间的功能差异。此外，对于产品的结构属性和临床效能之间的关系可能也不完全理解。因此，如 PHS 法案中提出，要求有分析性研究、动物研究和临床研究的数据来证实生物类似性，除非 FDA 确定该数据是不必要的。

（二）生产过程注意事项

不同的生产过程可能在某方面改变蛋白质产品，影响产品的安全性或有效性。例如，用于生产蛋白质产品的生物系统的差异可能造成不同的翻译后修改，这反过来影响产品的安全性或有效性。因此，当已上市的蛋白质产品的生产过程改变，申请持有者必须评估这些变化的影响，并通过适当的分析性检测、功能试验和 / 或在某些动物和 / 或临床研究中证实，质量、纯度或效能的变化对产品的安全性或有效性产生影响。国际协调会议（ICH）的行业指南《Q5E 生物技术 / 生物制品的可比性服从于生产过程的变化》（ICH Q5E）描述了生产变化可比性评估的科学原理。

证实生物产品与参比制剂生物类似，比同个制造商评估生产过程变化前后产品复杂性更加复杂。这是因为改变生产过程的制造商对于产品和现有的过程有广博的知识和信息，包括确定的控制装置和可接受的参数。相比之下，生物产品的制造商可能有不同的生产参比制剂的过程（例如，不同的细胞系、原材料、器械、工艺、工艺控制和可接受的标准），并且对参比制剂的生产过程没有直接认知。因此，ICH Q5E 中描述的某些科学原理将需要确立生物类似性，需要确定申请人生产产品和生产过程变化后的产品具有可比性。

五、美国许可的参比制剂和其他比较方法

根据《公共健康服务法》（PHS Act）法案第 351（k）节，为获得

许可的拟议产品，申请人必须证明所提出的产品与先前FDA已获批的单一参比制剂是生物相似的。申请人通常需要提供证实生物类似性的信息，依据直接比较拟议产品和参比制剂的数据。作为一个科学的问题，需要分析性研究和至少一个临床PK研究，如果适当的话还要有至少一个PD研究，旨在支持生物类似性，PHS法案第351（k）部分的目的必须包括拟议生物仿制品和非美国许可的参比制剂之间的比较充分，除非可以科学地证明不需要进行研究。在某种程度上，根据PHS法案第351（k）（2）（A）部分的要求解决。在这样的情况下，申请人应当提供充分的数据或信息，以科学地判断这些经许可的参比制剂的相关性。鼓励申请人在开发项目期间与FDA讨论他们的计划，以提供对美国许可的参比制剂的充分科学判断。FDA将在审查351（k）申请期间作出这些理由是否充分的最终决定。

六、发展和评估证实生物类似性的方法

FDA建议申请人使用逐步的方法证明生物类似性。FDA考虑评估申请人提供证据的完整性，与当局长期评估科学证据一致。

（一）使用逐步的方法证实生物类似性

生物仿制药开发项目的是支持拟议产品和参比制剂之间的生物类似性，包括评估产品之间观察到的差异的影响，而不是独立地建立拟议产品的安全性和有效性。FDA建议申请人使用逐步的方法开发支持生物类似性所需的数据和信息。在每个过程中，申请人应当评估与拟议产品生物类似性相关的其余因素的不确定性，并在下个步骤尝试解决不确定性。可能的情况下，进行的研究应设计为使其最大化表现出生物相似性。例如，临床免疫原性研究也可以提供其他关于拟议产品安全性的有用信息。

逐步的方法应从广泛的结构化和功能化特征开始比较拟议产品和参比制剂，作为生物仿制药开发项目的基础（参照"七、（一）"部分和"七、（二）"部分）。更全面和强有力的比较性结构和功能特征——这些研究能够（定性地或定量地）识别拟议产品和参比制剂之间相关产品差异的程度（包括原料药、赋形剂和杂质）——这些特征更有助于确定需要的额外研究。例如，表明拟议产品和参比制剂之间次要差异或没有差异的严密结构和功能比较，将加强动物和/或临床检测选择性和目标方法的科学判断，以支持证实生物类似性。这可能有助于进一步量化两种产品之间的类似性或差异，使用有意义的指纹状分析算法，包括大量额外的产品属性及其使用正交试验法结合的高灵敏度。这样的策略可以进一步降低产品之间未检测到的结构差异的可能性，并使动物和/或临床检测方法更具选择性和针对性。对原料药作用机制的充分理解，任何观察到的结构差异的临床关联，参比制剂的临床认知，以及表明低安全性风险的等级，相关 PD 测量的有效性可以为动物和/或临床研究方法的选择提供进一步的科学判断。

申请人应当考虑动物数据在评估毒理学中的作用，在某些情况下，提供证实生物类似性的额外数据将有助于免疫原性的选择（参照"七（三）"部分）。申请人应当进行比较性的人体 PK 和 PD 研究（如果有相关的 PD 测量）（参照"七、（四）1."部分），并比较适当的研究人群中两种产品的临床免疫原性（参照"七、（四）2."部分）。如果在进行结构化分析、功能性试验、动物测试、人体 PK 和 PD 研究和临床免疫原性评估之后有其余关于生物类似性的不确定性，申请人应当充分考虑解决不确定性所需的额外临床数据（参照"七、（四）3."部分）。FDA 鼓励申请人在完成比较性结构和功能分析后（结束临床项目之前），在整个发展过程中与当局广泛合作。

FDA 认为可以同时完成上述一些调查；然而，当局建议申请人使用逐步的方法更好地解决每一步后残留的有关生物类似性的不可能性，包含 FDA 审查在某些时候收集的数据和信息提供的建议。

（二）使用总体证据方法评估生物类似性

在评估申请人的生物类似性证明时，FDA 将审查申请中提交的数据和信息的完整性，包括结构和功能特征、非临床评估、人体 PK 和 PD 数据、临床免疫原性数据和比较性临床研究数据。FDA 将使用基于风险的方法评估提交的所有可用的数据和信息，确保拟议产品的生物类似性。

因此，即使有配方或次要的结构化差异，申请人也可以证实生物类似性。申请人提供充足数据和信息证实差异在临床上没有意义，拟议产品符合生物类似性的监管标准。例如，如果申请人提供的数据和信息表明，尽管临床非活性成分有次要差异，拟议产品与参比制剂高度相似，产品之间安全性、纯度和效能方面没有临床意义上的差异，某些翻译后修改或某些赋形剂的差异（例如，人体血清白蛋白）也许不能影响生物类似性。临床意义上的差异可以包含拟议产品和参比制剂安全性、纯度或效能在预期范围内的差异。相比之下，两种产品之间发生某些不良事件的概率有微小差异，通常不被视为临床意义上的差异。

七、证实生物类似性

本部分用逐步的方法讨论了开展证明生物类似性所需的数据和信息。为了确定生物类似性，申请人必须提供充足的数据和信息，表明拟议产品和参比制剂高度相似，临床非活性成分中有次要差异，并且两种产品的安全性、纯度和效能方面没有临床意义上的差异。基于特定产品特异性，分析和检测的类型和数量将足以证实生物类似性。

（一）结构化分析

PHS 法案第 351（k）节申请包括证实生物类似性的信息，除此之外，来源于分析性研究的数据证实生物制品与参比制剂高度相似，尽管临床非活性成分有次要差异，除非 FDA 确定 351（k）申请中不需要某种元素。FDA 首先期望，申请人将用最新的技术广泛描述拟议产品和参比制剂，因为产品的广泛描述是生物类似性证明的基础。拟议产品的表达载体预期将编码相同的初级氨基酸序列作为其参照物。然而，应当由申请人解释次要的变化，比如切断 N 或 C 端的不会改变产品性能。此外，申请人应当考虑蛋白质产品的所有相关特征（例如，一级、二级、三级和四级结构；翻译后修改；生物活性），来证实拟议产品与参比制剂高度相似，尽管临床上非活性成分有次要差异。结构和功能特征比较，动物和／或临床检测的选择性和针对性方法的科学判断更强有力。

申请人应使用对蛋白结构特征有足够的灵敏度和特异性的分析方法。一般情况下，这些检测包括拟议产品和参比制剂的比较：

● 一级结构，例如氨基酸序列；
● 高级结构，包括二级、三级和四级结构（包括聚合）；
● 酶转录后修饰，例如糖基化和磷酸化；
● 其他潜在变异体，例如蛋白脱酰胺和氧化；
● 定向化学修饰，例如聚乙二醇化位点和特征。

申请人应对拟议的产品和参比制剂进行广泛的结构表征，了解两种产品在制造过程中的批次间变化性。用于分析的批次都应该用于支持研究中的临床材料生物类似性，旨在证明拟上市的产品与参比制剂具有生物类似性。生产过程中批次的特征也有助于拟议产品的开发。申请人应合理选择代表性批次，包括批次的数目。

此外，FDA 建议申请人分析多批拟议产品和参比制剂的最终剂型，评估赋形剂和任何影响纯度的配方产物和工艺过程相关的杂质以及稳定性。拟议产品和参比制剂配方之间的差异是可能影响后续的动物或临床试验的程度和性质的因素。申请人在完成初始分析相似性评估或完成临床试验后考虑生产变化，支持 351（k）的申请，应完成新过程制造批次的分析类似性评估，并通过旧的和新的生产过程建立拟议产品和参比制剂的相似性。变化的性质和程度可以确定分析相似性和可比性研究，以及任何必要的附加研究的程度。

如果参比制剂或拟议产品不能用国家最先进技术充分描述其特征，拟议产品的申请不适用于 PHS 法案第 351（k）部分下的申请；申请人应向咨询 FDA 适当的提交途径。

（二）功能性试验

蛋白质产品的药理学活性应通过体内和 / 或体外功能性试验进行评估。体外试验可以包括但不局限于生物试验、结合试验和酶动力学。体内试验可能包括疾病动物模型的试验（例如，表现出疾病状态或症状的模型），以评估药效学或效能测量的功能性影响。功能性评估是比较拟议产品和参比制剂，也是证明生物类似性的重要方法，可用于科学证明对动物和 / 或临床检测的选择性和靶向性。

申请人可以使用功能性试验提供生物活性的额外证据，也就是拟议产品的效能与参比制剂高度相似，证明拟议产品和参比制剂在临床意义上没有差异的结论。这些试验也可以用于提供额外证据，证明两种产品的 MOA 与参比制剂的 MOA 程度相同。功能性试验可以用于支持结构分析，调查观察到的结构化差异，并探索结构活性关系。这些试验预期是可以比较的，这样可以提供相似性证据或显示拟议产品与参比制剂相比在性能上的差异，特别是由结构变化引起的差异使用当前的分析方法不能检测的。当向 FDA 提交的结果时，FDA 也建议申请者讨论试验的局限性。这些讨论有助于评估分析数据，并可指导是否需要进行额外的分析测试以证明生物类似性。

功能性试验也可以提供动物和临床数据的信息，评估拟议产品和参比制剂之间结构次要差异的潜在临床影响。例如，基于细胞的生物活性试验可以用于检测体内引起的细胞激素释放症候群。关于这些试验的有效信息，包括敏感性、特异性和验证程度，可以确立影响生物类似性所需的额外动物或临床数据的数量和类型。

（三）动物数据

PHS 法案第 351（k）条要求申请包括证实生物类似性的信息，依据来自于动物研究的数据（包括毒理学评估），除非 FDA 确定这样的研究在 351（k）申请中是不必要的。动物研究的结果可以用于拟议产品的安全性评估，更普遍地证明拟议产品和参比制剂之间生物类似性。

1. 动物毒理学研究

作为一个科学问题，依据广泛的结构和功能特征的结果，动物毒理学数据被视为是有用的。拟议产品安全性的不确定性需要在人体临床研究开始之前解决（假设动物研究的结果可以解决不确定性）。

任何动物毒理学研究的范围和程度将取决于参比制剂的信息和拟议产品的信息以及两种产品之间已知相似性或差异的程度。正如第"九、"部分进一步描述的那样，FDA 鼓励申请人尽早与当局讨论有关生物仿制药开发计划，包括在没有做动物实验的情况下或做了动物实验的情况下实验的范围和程度的科学判断。

如果拟议产品的比较性结构和功能数据提供强力证明与参比制剂的分析相似性，限制动物毒理学数据就足以证明拟议产品的临床用途。这样的研究可以是无牺牲的，包括测量寿命参数、PD 和 PK 的终点（评估免疫原性）。

如果结构性和功能性数据有范围限制，而且对拟议产品质量的有顾虑，一般的毒理学研究可能需要包括完整的动物病理学、组织病理学、PD、PK 和免疫原性评估。实施动物毒理学研究，将有助于完成拟议产品和参比制剂的比较性研究（即比较性的桥接毒理学研究）。这些剂量、方案、持续时间和测试物种的选择研究应提供两种产品之间有意义的毒理学比较。当解释比较拟议产品和参比制剂的结果时，重要的是理解这些动物试验的局限性（例如，小样本规模、种内差异）。有关生物制品动物毒理学研究设计的详细讨论，参照 ICH 行业指南 S6（R1）《生物技术药物的临床前安全性评估》((ICH S6（R1))。

如果拟议产品的临床数据（例如，来自于美国以外的研究或销售经验）可用（具有相同的给药途径和剂型），通常不会期望从动物毒理学研究获得安全性数据，因为它能为安全使用提供充分证据，除非动物毒理学研究用于解决特定产品的质量问题。

如果没有动物种类可以提供产品的药效学相关数据（即没有种类模拟人体反应的产品生物活性），动物毒理学研究通常是没有用的。有关证实种族相关性的详细讨论，参照 ICH S6（R1）描述的标准。然而，之前没有在人类受试者中检测的拟议产品，当药效学无反应的种类（包括啮齿类）的动物数据可能有助于支持拟议产品的临床研究，例如，比较性 PK 和全身的耐受性研究。如果动物毒理学研究不是基于可接受的科学判断，应鼓励额外比较性的体外检测（在适当时，使用人体细胞或组织）。来源于人体细胞的数据可以提供拟议产品和参比制剂之间关于潜在的临床效果（参照"七、（二）"部分）重要的比较性信息，尤其是在没有动物可以用来做安全性检测的情况下。

一般而言，非临床安全药理学、生殖和发育毒性和致癌性研究并不能保证拟议产品和参比制剂已经通过广泛是高度相似的结构和功能表征和动物毒性研究（如果这样的研究进行）。

2. 动物 PK 和 PD 测试的内容

在某些情况下，使用 PK 和 PD 测量比较拟议产品和参比制剂的单剂量动物研究是支持生物类似性的完整证据。尤其是申请人可以使用动物研究的结果依据拟议产品和参比制剂的 PK 和 PD 特征证明相似性程度。PK 和 PD 测量也可以被纳入单独的动物毒理学研究。动物 PK 和 PD 评估和人体 PK 和 PD 研究都需要做。

3. 解释动物免疫原性结果

动物免疫原性评估有助于解释动物研究的结果，通常不会预测人体蛋白质产品潜在的免疫应答。然而，当拟议产品和参比制剂之间生产的差异（如杂质或赋形剂）可能导致免疫原性差异，人体反治疗蛋白质抗体应答的测量可以提供有用的信息。此外，动物免疫原性评估中观察到的差异可以反映两种产品之间潜在的结构性或功能性差异，不能通过其他分析性方法获得。

（四）临床研究——总则

申请人提交给 FDA 的文件必须包括证实"生物制品和参比制剂在产品的安全性、纯度和效能方面没有临床意义上的差异"。

临床研究的性质和范围将取决于实施结构和功能研究后其余不确定性的本质和程度。参比制剂安全性风险，其他安全性和有效性信息（例如，药效学影响和有效性之间的较小联系）的严重程度和频率，可能也会影响临床项目的设计。申请人应提供临床项目的范围和临床研究的类型（即比较性人体 PK 和 PD、临床免疫原性或临床安全性和有效性）的科学证明。

作为一个科学问题，FDA 希望申请人实施人体 PK 和 PD 的比较研究（如果有相关的 PD 测量和临床免疫原性评估）。在某些情况下，这些研究的结果可以提供足够的临床数据支持拟议的生物仿制药产品和参比制剂之间没有临床意义上的差异。然而，如果进行这些研究之后，生物类似性有其余的不确定性，需要额外的比较性临床研究进一步评估两种产品之间是否有临床意义上的差异。

1. 人体药理学数据

蛋白质产品的人体 PK 和 PD 通常不能够从功能性试验和 / 或动物研究中被预测。因此，比较拟议产品和参比制剂的人体 PK 和 PD 研究通常作为支持生物类似性证明的基础。PK 和 PD 研究（有相关的 PD 测量）通常将确立生物类似性，除非申请人可以科学地判断不需要这样的研究。即使相关的 PD 测量无法获得，也应评估敏感的 PD 终点，这样的评估可以帮助减少生物类似性的其余不确定性。

申请人应对人体 PK 和 PD 研究人群（即患者和健康受试者）和参数提供科学的判断，考虑研究人群和参数的相关性和敏感性。参比制剂许可的人群和参数研究应考虑参比制剂人体 PK 和 PD 同一对象和不同对象变化性。例如，比较性的人体 PK 和 PD 研究应当足够敏感的人群、剂量和给药途径。FDA 建议在可能的程度上，申请人选择 PD 测量：①与临床结果相关（例如，MOA 的机械通道或与有效性或安全性相关的疾病过程）；②在给药后，在充足的时间，用适当的精度确定剂量完整 PD 反应；③检测拟议产品和参比制剂之间临床意义上差异的敏感性。使用评估不同活动领域的多个 PD 措施也是有价值的。

当存在剂量 – 反应或全身的暴露 – 反应关系（PD 测量或临床终点的反应）。选择拟议产品的剂量 – 反应曲线的上升部分研究剂量是重要的。剂量 – 反应曲线的稳定部分的研究剂量不可能观察到两种产品之间临床意义上的差异。申请人在证实生物类似性的申请中，应当重新定义和证明 PK 和 PD 参数的标准。

拟议产品和参比制剂相似性（例如，随时间变化的血清浓度）的人体 PK 研究可以提供支持生物类似性证明。人体 PK 研究对临床安全性和有效性相关的研究有帮助。证实与有效性或特定安全性顾虑相关的 PD 测量的相似影响的人体 PD 研究（除了单独评估的免疫原性）更强有力地支持生物类似性。

在某些情况下，确立一个相似的临床 PK、PD 和免疫原性情况可以提供充分的临床数据证明两种产品之间没有临床意义上的差异。PK 和 PD 参数通常比临床效能终点在评估两种产品的相似性时更敏感。例如，对促甲状腺素（TSH）水平的影响程度将提供两种甲状腺产品比甲状腺功能正常的临床症状影响更敏感的。

在 PK 和 PD 结果和临床有效性之间有相关性的情况下，有效的、令人信服的 PK 和 PD 研究结果可证明药效研究是不必要的。例如，拟议产品和参比制剂在相关 PD 测量的相似剂量 – 反应曲线，结合人体 PK 情况和临床免疫原性情况，可以提供充分的证据支持非临床意义上的差异的结论。基于 PK 和 PD 的结果，仍然有生物类似性的其余不确定性。建立相似的人体 PK 和 PD 分布可以为后续临床测试选择具有针对性方法提供科学的基础。

对于半衰期短的产品的 PD 研究（如少于 5 日），快速的 PD 反应以及免疫原性的低发病率、交叉设计是合适的。对于半衰期长的产品（如超过 5 日），通常需要设计平行试验。申请人应当提供一个科学的理由选择研究剂量（如一个剂量或多个计量）和给药途径。

FDA 建议申请人考虑改变 PD 测量的持续时间以及非线性 PK 的可能性。FDA 也鼓励模拟设计比较性的人体 PK 和 PD 研究。

2. 临床免疫原性评估

临床免疫原性评估的目标是评估拟议产品和参比制剂在人体免疫应答的发生率和严重性之间的潜在差异。例如，通过减少过敏反应、促进中和抗体的开发以及内源性蛋白质对应物以改变 PK，免疫应答可能影响产品的安全性和有效性。因此，确立拟议产品和参比制剂之间免疫应答在临床意义上没有差异，对于证明生物类似性是一个关键要素。结构化、功能化和动物数据通常不足以预测人体的免疫原性。因此，当局希望至少有一个临床研究包括拟议产品和参比制剂免疫原性的比较。FDA 鼓励申请人收集任何关于临床研究的免疫原性数据，包括人体 PK 或 PD 研究。

临床免疫原性评估的程度和时间将取决于一系列因素，包括分析拟议产品和参比制剂之间的相似性，以及参比制剂免疫应答的发生率和临床结果。例如，如果临床结果是严重的（例如，当参比制剂是内源性治疗性对应物，蛋白质是关键的，非冗余的生物作用或已知的过敏性反应），将可能需要更广泛的免疫原性评估证明生物类似性。如果参比制剂的免疫应答是罕见的，上市前评估两种产品之间免疫应答的明显差异足以支持生物类似性。此外，在某些情况下，安全性风险评估可能需要通过上市后监测或研究。

全面的免疫原性评估应考虑免疫应答的本质（例如，过敏性反应、中和抗体）、临床相关性和严重性（例如，救命治疗丧失疗效和其他不良反应），以及免疫应答发生率和正在研究的群体。FDA 建议在首次治疗患者时，使用比较性平行设计（即正面研究），以评估免疫原性风险的潜在差异。然而，这取决于参比制剂和拟议产品的临床经验（考虑使用条件和患者人群），申请人可能需要评估患者提供的实质性描述，评估参比制剂和拟议生物仿制药的单独正交是否导致过敏症，免疫原性或其他反应方面的主要风险。任何评估免疫原性和免疫应答的发生率和其他参数差异的研究设计，应当在研究开始之前与 FDA 讨论。拟议产品和参比制剂之间免疫应答的差异及没有观察到的临床后遗症，可以授权进一步的评估（例如，长时间的随访评估）。

用于比较免疫原性的研究人群应由申请人证明其合理性，并由当局同意。如果申请人正在一个使用条件至其他使用条件下寻求推断免疫原性的发现，申请人应考虑使用足够灵敏地研究人群和治疗方案，预测拟议产品和参比制剂使用条件之间免疫应答的差异。这通常将成为出现免疫应答的不良结果的参比制剂的研究人群和治疗方案的开发。（例如，免疫抑制剂背景的患者与非免疫抑制的患者相比，更不大可能发生免疫应答）。

治疗性蛋白质产品（例如，抗体构造和细胞因子含量）免疫应答相关的临床免疫原点及 PD 测量的选择，应考虑使用参比制剂期间出现的免疫原性问题。申请人应预先定义临床免疫应答标准（例如，重大临床事件的定义、过敏反应），使用既定标准，每种类型的潜在免疫应答在研究之前应与 FDA 的这些标准一致。

后续评估的持续时间应依据：①免疫应答产生的时间进程（比如中和抗体,细胞介导的免疫应答的发展),和预期的临床后遗症（根据参比制剂的使用经验）；②免疫应答消失的时间进程，停止治疗的临床后遗症；③产品给药的时间长度，例如，对于慢性给药的试剂，建议后续期为 1 年，除非生物类似性的证据可以科学证明更短的持续时间。

作为一个科学问题，申请人应在临床免疫原性评估中评估以下抗体参数：

●效价，特性，相关的同型分布，发展的时间进程、持续、消失，对 PK 的影响，以及与临床后遗症的关联；

●产品活性的中和：中和所有相关作用的能力（例如，转运和催化活性、替代酶的中和治疗法）。

申请人应该开发能够灵敏检测免疫应答反应的方法，即使当存在循环药物时（拟议产品和参比制剂）。如可能的话，应该使用相同患者的血清进行拟议产品和参比制剂的测定。FDA 建议应在早期开发、验证免疫原性试验，验证应考虑拟议产品和参比制剂。申请人应在任何临床免疫原性评估之前向 FDA 咨询试验的充分性。

3. 比较性临床研究

作为一个科学问题，比较临床研究依据结构化和功能化特征，动物检测、人体 PK 和 PD 数据和临床免疫原性评估，证明拟议产品和参比制剂之间的生物类似性是否存在临床意义上差异的不确定性的生物类似性。如果认为不需要比较性的临床研究，申请人应当提供科学的证明。

以下是可能影响比较性临床研究数据类型和程度的因素：

●参比制剂的性质和复杂性，结构化和功能化特征的广泛性，比较性结构化，功能化和非临床检测的结果和局限性，包括观察到的差异程度。

●结构、功能、非临床药理学和毒理学预测临床结果的差异，结合对参比制剂的 MOA 和疾病病理的理解程度。

●人体 PK 和 PD 预测临床结果的程度（例如，已知的 PD 测量与有效性或安全性相关）。

●参比制剂及其临床经验和治疗的程度，包括安全性和风险 – 效益情况（例如，是否有潜在的靶外不良事件），适当的安全性和有效性终点和生物标记物（例如，确立的有效性，敏感的临床终点）。

●拟议产品的任何其他临床经验程度（例如，如果拟议产品在美国以外的地方上市）。

申请人应提供科学的证明，说明他打算如何使用这些因素确定需要什么类型的临床研究，以及任何必要研究的设计。例如，如果需要比较性临床研究，申请人应解释在设计研究时是如何考虑这些因素的。包括终点、群体、相似度比较方法和统计学分析。

此外，有关参比制剂特定的安全性或有效性问题及其类别（包括生产或来源相关的不良事件史）将保证更多的比较性临床数据。或者，有其他生物制品信息可以支持生物类似性的决定（有上市历史文件证实临床安全性和有效性情况没有明显差异），这些信息可能是支持临床项目的选择性和针对性的额外因素。

（1）终点

在比较临床研究中，申请人应使用可以评估拟议产品和参比制剂之间临床意义上的差异的终点。如果有科学支持，终点可能不同于参比制剂临床研究中的初级终点。如 "七、（四）1." 部分描述，某些终点（比如 PD 测量）比临床终点更敏感，因此，可以使相关的治疗性影响比较更精确。比较性临床研究中的多种 PD 测量将增加研究的敏感度。终点的充分性取决于 PD 测量与临床结果的相关程度，结构化和功能化数据支持生物类似性的程度，MOA 的理解，以及受影响结果的本质或严重性。

（2）研究人群

研究人群的选择应基于拟议产品和参比制剂之间临床意义上差异的评估。研究人群将有与许可的参比制剂相同适应证一致的特征。然而，有研究人群不同于支持参比制剂许可的临床研究的情况。例如，如果许可的参比制剂基因预测开始，可能使用有反应标记物的患者作为研究人群。

（3）样本规模和研究持续时间

比较性临床研究的样本规模和持续时间应当足以满足两种产品之间临床意义上差异的检测。如"七、（四）1."部分描述，某些终点，比如 PD 测量，可能比临床终点更敏感，并促进小型研究的有限持续时间。在这样的情况下，比较性临床研究的规模和持续时间可能不足以检测相关的安全性信号，可能需要单独安全性和免疫原性的评估。

（4）研究设计和分析

生物仿制品发展项目的比较性临床研究应基于调查拟议产品和参比制剂之间是否有临床意义上的差异设计。设计应考虑生物类似性其余不确定性的性质和程度、比较性结构化和功能化特征、动物检测、人体 PK 和 PD 研究以及临床免疫原性评估产生的数据。

FDA 通常希望临床研究设计用于确立统计学证据，拟议产品即不超过参比产品的具体界限也不低于参比产品的具体界限。通常情况下，具有对称的劣性和优越性的界限的等价设计将被使用。对称界限是合理的，例如，存在剂量毒性反应。

在某些情况下，使用较大的非对称时间间隔上限来排除优越的比用下限排除劣势更适宜。不对称的时间间隔可能是合理的，例如，如果在临床研究中使用的剂量接近剂量–反应曲线的平稳段，并且几乎没有剂量相关效应的可能性（例如毒性）。在大多数情况下，使用一个不对称的间隔通常比对称的界限所需要的样本量小。但是，如果有表现出明显优越性，然后应进一步考虑生物仿制品是否与参比制剂具有生物相似性。

在某些情况下，根据研究人群和终点，排除唯一的劣势可能足以证明拟议产品和参比制剂之间无临床意义上的差异。例如，如果参比制剂在临床剂量水平上的药代动力学靶点剂量已经公认饱和，使用低于已经批准的临床剂量是不合理的，非劣效设计可能就足够了。

申请人应该为参比制剂研究设计、研究人群、研究终点，参比制剂的估计效应和保证金（要排除多少差额）的选择提供足够的科学依据。申请人应该在启动临床比较性研究之前与 FDA 讨论他们的研究方案和全面的临床开发计划。

4. 适应证临床数据的推断

如果拟议产品符合 PHS 法案第 351（k）节下生物仿制品许可的法规要求，除了其他之外，来源于临床研究的数据足以证明适当条件下使用的安全性，纯度和效能，申请人可以参照参比制剂的许可，寻求一个或多个额外拟议产品的使用条件。然而，申请人需要提供足够的科学临床数据，以证明每个使用条件下的生物类似性。

这种科学推断应证明，例如，使用测试和推断条件的问题如下。

● 寻求许可的每个使用条件中的 MOA；这可以包括：

—产品的每种相关活性 / 功能的目标 / 受试者；
—结合，剂量 / 浓度反应，靶 / 受体结合后，分子信号的传导模式；
—产品结构和目标 / 受试者相互作用之间的关系；
—目标 / 受试者的位置和表达；

● 不同患者人群中产品的 PK 和生物分布（相关的 PD 测量也会提供 MOA 重要的信息）。

● 不同患者人群中的产品免疫原性。

● 每个使用条件和患者群体预期毒理学的差异（包括是否有预期的毒性，与产品药理学活性相关或脱靶活动）。

● 每个许可的使用条件患者人群，任何可能影响产品安全性或效能的因素。

上述有关使用条件之间差异的因素没有必要通过推断排除。需要科学完整的证据解决这些差异，证明生物类似性。

在选择研究使用条件时，允许临床数据后续推断其他使用条件，FDA 建议申请人考虑选择对临床监测足够敏感的使用条件，以便灵敏地检测两种产品之间临床意义上的差异。

拟议产品的申请人可以获得参比制剂已批准许可的使用条件。如果参比制剂的使用条件在 FD&C A 法案和 21 CFR 601E 部分（加速审评）下许可，这种使用条件尚未在上市后研究中得到验证，拟议产品的申请人应考虑研究经许可的其他使用条件，如果上市后研究没有验证使用条件下参比制剂的临床效益，应避免潜在的并发症。

八、上市后安全性监测注意事项

有力的上市后安全性监测是确保生物制品安全性和有效性的重要措施，包括生物仿制治疗性蛋白质产品。

上市后安全性监测应首先考虑与参比制剂的使用和类型相关的安全性和功效、拟议产品的发展和临床用途（如果在美国之外上市）、特殊使用条件和患者人群，以及在生物仿制药开发项目中患者的暴露。拟议产品的上市后安全性监测应有充分的机制来区分与之相关拟议产品和参比制剂的不良事件，包括之前与参比制剂无关而与拟议产品相关的不良事件、在批准前的临床检测前也许不能观察到罕见而严重的安全性风险（如免疫原性）以及因为使用的人群规模可能不足以评估罕见的事件。在特殊情况下，这种风险可能需要通过上市后监测或研究进行评估。此外，关于其他生物制品，FDA 可以采取适当的措施确保拟议产品的安全性和有效性，包括需要上市后研究或临床试验评估某些安全风险。

由于上市后安全性监测的一些方面是产品特定的，FDA 鼓励申请人咨询相关 FDA 部门，讨论申请人提出的上市后安全性监测方法。

九、咨询 FDA

许多产品特定的因素可以影响产品开发项目的成分，旨在确立与参比制剂生物类似的拟议产品。因此，FDA 通常根据具体情况开展拟议产品项目，提供案例间的反馈。此外，可能不能识别拖动开发项目的所有必要成分；在某个步骤评估一种元素（例如，结构化分析）会影响下一步后续数据的类型和数量的决定。基于这些理由，FDA 建议申请人使用逐步的方法确立支持生物类似性的全部证据。

FDA 也建议申请人按照 FDA 的要求提供生物仿制品的开发计划并确立里程碑式时间表，作为未来与当局讨论的里程碑。FDA 期望申请人与之提前讨论有关产品开发计划并提供适当的科学证明的方法将促进生物仿制药的开发。

第三节 | 治疗性蛋白质产品和参比制剂生物类似性的质量考量

Quality Considerations in Demonstrating Biosimilarity of a Therapeutic Protein Product to a Reference Product

一、简介

本指南描述了当局当前关于证实拟议的治疗性蛋白质产品（以下拟议产品或拟议的生物仿制产品）与《公共健康服务法案》（PHS 法案）第 351（a）部分许可的参比制剂高度相似时的看法，其目的是根据 PHS Act 351（k）部分提交上市申请。具体地来说，本指南旨在为提供申请人根据 PHS 法案第 351（k）部分提交拟议产品上市申请化学、生产和控制（CMC）部分的科学和技术信息建议。

2009 年，《生物制品价格竞争和创新法案》（BPCI Act）修正了 PHS Act 和其他法规，在 PHS 法案 351（k）部分，建立了生物制品许可的简略途径，所显示的生物仿制药或与 FDA 许可的生物制品参比制剂可互换的生物仿制药（见《患者保护与平价医疗法案》第 7001 至 7003 节（公法 111–148））。BPCI 法案还修订了生物制品定义，包括"蛋白质（除了任何化学合成多肽）。"拟议的生物仿制品的 351（k）部分申请必须包含证实生物类似性的信息，尽管在临床上无活性的组分中存在微小的差异，也应有基于从"分析研究"中得到的数据证明生物制品与参比制剂高度相似。

尽管 351（k）途径一般只适用于生物制品，但是本指南侧重于治疗性蛋白质产品，并提供证实拟议产品和参比制剂之间生物类似性的分析性因素的概述。

该指南是 FDA 正在制定实施的一系列 BPCI 行为准则之一。这些指导原则解决的问题范围广泛，包括：

●证实治疗性蛋白质产品和参比制剂生物类似性的质量考量；

●证实参比制剂生物类似性的科学考虑；

●生物仿制品：关于 2009 年《生物制品的价格竞争和创新法案》实施的问题与解答；

● FDA 和生物仿制品申请者或申请人之间的正式会议；

●支持参比制剂生物类似性的临床药理学数据。

当适用时，如这个指南包含了在上述指导原则中的参考信息。

二、背景

20 世纪 80 年代，FDA 开始接受生物技术衍生蛋白质产品的上市申请，其中多为自然产物重组 DNA 的衍生物。因此，FDA 建立了审批重组 DNA 衍生蛋白质产品的监管方法，联邦公报（51 FR

23302，1986 年 6 月 26 日）结合 1985 年题为《通过重组 DNA 技术考虑的新药和生物制品检测》的文件公布了监管方式。这种方法在人体试用和销售开始前，对产品提交和新药申请的批准（NDA）或生物制品许可申请（BLA）进行临床研究，完善了 FDA 的一份新药申请（IND）评估重组 DNA 技术提交的研究性进程。即使产品中的活性成分被认为是等同于天然存在的物质或先前批准的产品。这些文件中规定的部分政策均处于发展阶段，因为物理化学和功能测试对蛋白质产品的评估仍存在局限性，且蛋白产品产生与产品本身的结构和功能联系是一个显著的生物学系统。由于蛋白质产品的复杂性，已作为 FDA 的一个政策问题，一般都需要提交一份含有重组 DNA 衍生的蛋白质产物特定产品的充分安全性和有效性的 NDA（按照《联邦食品药品和化妆品法》（FD&C 法案）第 505（B））（1）或 BLA（按照 PHS 法案第 351（a）部分）的数据。然而 FDA 已经认识到，"某些情况下不要求完成新的申请"（51 FR 23309，1986 年 6 月 26 日）。

在生产过程、过程控制、材料和产品检测以及表征测试和研究的发展，已经导致蛋白质产品监管逐步演变。例如，在 1996 年，FDA 在其指南中提出了有关人类生物制品相似性的证明应包括治疗性生物技术产品，也解释了申请人怎么通过分析测试、功能分析（体外或体内）、动物中药代动力学（PK）和 / 或药效学（PD）和毒理学、临床试验（临床药理学、安全性和 / 或效力）的评估，确认该制造变化不会对纯度或 FDA 批准的产品的效能产生不利影响。

自 1996 年以来，基于质量标准、测试分析确认过程变化前和变化后的产品的相似性，FDA 已经批准许可的生物制品的许多生产过程，无需额外非临床数据和临床安全性和（或）效能研究的支持。在一些情况下，改变影响的不确定性和（和 / 或生化 / 功能）

可比性研究的结果，包括非临床和 / 或临床试验进行评估，以证明产物的可比性。这些概念在人用药品注册技术要求的国际协调会议（ICH）得到了进一步的发展，并产生 ICH 行业指南《Q5E 生物技术 / 生物制品在生产过程中变化的相似性》。

虽然 ICH Q5E 局限于由同一制造商生产过程变化前后对生物制品相似性的评估，ICH Q5E 描述的某些科学原理适用于拟议产品和参比制剂之间生物类似性的评估。然而，证实不同生产商生产的拟议产品和 FDA 许可的参比制剂之间生物类似通常会更加复杂，与产品申请人造成的生产过程改变前后评估产品的相似性相比，这可能需要更广泛和全面的数据。变更生产过程的生产商对于产品和现有过程有丰富的知识和信息，包括确立的控制和验收参数。与此相反，拟议产品的制造商很可能有不同的生产过程（例如，不同的细胞系、原材料、设备、过程、过程控制、验收标准），来源于参比制剂及其生产过程的非直接知识。

1999 年 10 月，FDA 发布了行业指南草案《505（b）(2) 节包括的申请》，FDA 可能接受通过药物产品的 FD&C 法案第 505（b）(2) 部分描述的批准途径所提交的申请，包含来自天然来源或重组 DNA 技术衍生的活性成分。例如，FDA 在 2006 年 5 月批准了后续重组 DNA 衍生的人生长激素产品的 505（b）(2) 申请。科学技术的进步和生产过程的改进，过程控制、材料和产品测试以及表征测试和研究的广泛知识，可以支持使用批准蛋白质产品的简略途径。

BPCI 法案于 2010 年 3 月 23 日颁布，作为《评价医疗法案》的一部分。BPCI 法案将建立生物制品的简略许可途径，证实与参比制剂生物类似或可互换。在 PHS 法案第 351（k）部分（42 U.S.C.262

（k））添加了 BPCI 法案部分，提出了生物仿制品申请的要求。

PHS 法案第 351（i）部分定义了生物类似性，意思是生物制品与参比制剂高度相似，尽管临床非活性成分有较小差异，并且生物制品和参比制剂在安全性、纯度和效能方面没有临床意义上的差异（见 PHS 法案第 351（i）（2）部分）。比较分析性数据提供了拟议生物仿制品的开发项目的基础，依据 PHS 法案第 351（k）部分提交。

三、范围

本文件提供了关于评估拟议产品和参比制剂是否高度相似相关的分析性研究的指南，以支持生物类似性的证明。本文件并非旨在概述 FDA 确定互换性方法，这将在单独的指导性文件加以概述。虽然本指南特别适用于治疗性蛋白质产品，一般的科学原理可以为其他蛋白质产品的开发提供信息性，如在体内蛋白质诊断产品。如果按照本指南建议的国家最先进的技术，参比制剂或拟议产品不能被充分表征，可能不能根据 PHS 法案第 351（k）部分下的提交。FDA 建议申请人向 FDA 咨询以获得适当的提交途径。

本指南介绍了与评估拟议产品和参比制剂是否高度相似的其他 CMC 信息。所有产品申请应该包含一个完整的、全面的 CMC 部分和适当的产品信息（例如：表征、外源因子安全性、过程控制和规格）以便对产品进行充分审查。本指南应作为 FDA 描述评估蛋白质产品 CMC 信息。我们鼓励申请人早与 FDA 沟通，讨论申请人的拟议产品可能出现的特定 CMC 问题。

除了比较分析性研究、评估拟议产品是否与参比制剂生物类似，通常将包括动物研究（包括毒理学评估）和临床研究（包括评估免疫原性，药效学和 / 或药代动力学）。

本指南适用于根据 PHS 法案第 351（k）部分提交的申请。然而，本指南中描述的一些科学原理可以为 FD&C 法案第 505（b）（2）部分下某些生物制品的开发提供大量信息。FD&C 法案第 505（b）（2）部分和 PHS 法案 351（k）部分是两个单独的监管方案。本指南的目的不是描述根据这些方案批准的标准之间的任何关系。

四、一般性原则

分析科学的进步（物理化学和生物）使一些蛋白质产品在其物理化学和生物特性方面具有广泛的特征属性。这些分析性程序提高了不仅是需要的产品，还有产品相关物质，产品和过程相关的杂质的识别和表征能力。制造科学、生产方法以及分析性科学的进步，可以加强证实拟议产品和参比制剂高度相似的可能性，更好地定位参比制剂的物理化学和功能性特征。此外，分析科学的进步可以检测和表征蛋白质产品之间的差异。应进一步评估这些差异，来了解对产品性能的影响。

尽管分析技术不断改进，但是基于目前的分析方法可能无法检测或表明这两种蛋白质产品之间的所有相关结构和功能差异。对每一种分析方法的局限性进行深入的了解对于申请人成功识别剩余不确定性以及后续测试的设计非常关键。此外，可能存在对产品的结构属性和它的临床表现之间关系的不充分理解。申请人应使用具有足够灵敏度和特异性的方法来检测和表征，提出拟议产品和参比制剂之间的差异。因此，FDA 鼓励广泛使用最先进的技术。除了根据 PHS 法案第 351（a）部分要求提交完整的 CMC 数据外，根据 PHS 法案第 351（a）部分提交的申请要求包括支持拟议生物仿制品和参比制剂分析类似性的数据。分析类似性评估应清楚描述特定参比制剂的已知质量属性和性能特征。

比较分析性数据为生物仿制品开发项目提供了基础，并影响支持生物类似性证明的动物和临床数据类型和数量的决定。这些分析性数据应在产品开发早期获得，并与当局更详细地讨论，因为已知的质量属性可以用于生物仿制药的开发，并证明某些开发决定是适当的。因此，除了应提交初步比较分析性的相似性数据来支持初次咨询会议，FDA 鼓励申请人在开发过程早期提交比较性分析的相似数据：药品临床试验申报前阶段；原始的药品临床试验申报提交或提交初始临床研究的数据，比如药效学和药代动力学研究。一旦当局考虑分析性相似数据，FDA 最好提供有意义的拟议生物仿制品的额外动物和临床研究的输入范围和程度。

广泛、强大的比较结构性和功能性研究（这些可以包括生物测定，结合测定和酶动力学）以评估拟议产品和参比制剂是否高度相似。拟议产品和参比制剂之间是否高度相似是一个有意义的评估，取决于现有的最先进的分析检测能力，例如，通过蛋白质分子量、蛋白质的复杂性（高级结构和翻译后修饰）、异质性程度、功能特性、杂质谱和表示稳定性的降解概况。这些分析性评估中使用的方法，以及它们的局限性，应该由申请人进行说明。结构性质和功能表征的研究应当满足建立相关质量属性，包括定义产品的本质、数量、安全性、纯度和效能。应确定产品相关的杂质、产品相关的物质和过程相关的杂质，其特征酌情量化，并与多个批次的拟议产品和参比制剂比较，以可行性和相关程度作为评估产品安全性、纯度和效能的潜在影响评估。

一些蛋白质产物的一级结构可以是高度异质的，其可以影响蛋白质产品的预期临床表现。蛋白质异质性可以在数量上出现编码蛋白质序列和氨基酸的 DNA 中的重复性错误以及在转译过程中可能发生的错误合并，虽然这些错误水平通常较低。此外，大部分的蛋白质产品经过一些翻译后修饰，可以通过附加其他生化基团，如磷酸盐、各种蛋白质功能脂质和碳水化合物；通过翻译后的蛋白水解切割；通过改变氨基酸的化学性质（例如甲酰化）或许多其他机制改变蛋白质的功能。这样的修饰可能会导致细胞培养或蛋白的刻意修饰（例如，PEG 化）期间的细胞内的活动。其他翻译后修饰可以是制造过程的操作结果；例如：发生糖基化，将产物暴露于还原糖。另外，储存条件可以引起某些降解途径如氧化、脱酰胺或聚集。所有这些产品相关的变异可能会改变重组蛋白质表达的生物学特性。因此，比较分析性的特征研究应包括这些蛋白质变异的相对水平的识别和测定。

蛋白质的三维构象是影响其生物学功能的一个重要因素。由于其大尺寸和蛋白 α 碳的旋转特性，造成蛋白质通常表现复杂的三维构象（三级结构，并且在一些情况下为四级结构），所得灵活性使蛋白质的构象随着时间的推移进行细微的动态改变，其中的一些可能是功能性活动所需的。这些旋转往往依赖于低能量的相互作用，如氢键和范德华力，这可能是因为对环境条件非常敏感。目前的分析技术是能够评估许多蛋白质的三维结构的。使用多个、相关的最先进的方法可以帮助确定三级蛋白质结构，并在不同程度上，四级结构可以添加信息来支持生物仿制品的制造。与此同时，一种蛋白质的三维构象往往难以定义精确使用的物理化学分析技术。拟议产品和参比制剂之间在高阶结构的任何差异应依据对蛋白质功能和稳定性的潜在影响来评价。因此，功能测定法也是用于评估高阶结构完整性的重要工具。

一个科学合理的表征，对拟议产品的化学、物理和生物特性提供一个全面的了解是至关重要的。知识的出现将服务于开发和产品的批准过程，支撑产品的质量和合适的控制系统的有效性性。

生产商应对拟议产品和参比制剂的适当批次进行深入的化学、物理和生物活性比较的分析（例如，效力），如适用的话，应与参考标准进行比较。关于参考标准的讨论，请参阅本指南的"五、（七）"部分。通过多个批次的参比制剂和多个批次拟议产品可以估测整个批次的产品变异性。需要了解批次数量，并估计参比制剂和拟议产品批次间的差异性，不通过案例间有所不同，应当由申请人进行科学的判断。FDA 鼓励申请人向机构咨询，以确保评估适当数量的批次。并且应提供用于分析拟议产品的特定批次相似性研究、到期日期、时间框架以及批次分析和其他类型的研究。除了评估相似性，这些信息在确定接受标准是有用的。然而，验收标准应根据分析数据的总体性，而不是简单地对参比制剂的产品属性范围进行观察。这是因为某些产品属性的组合影响产品安全性、纯度和效能；因此，评价相似性和设定的规格时应考虑它们潜在的相互作用。例如，对于一些糖蛋白，四触角和 N- 乙酰基乳糖胺重复的含量和分布可影响体内的效力，不应当独立评价。此外，获得大量非临床和临床研究的数据，以及药物产品属性和性能之间关系的相关信息（见 ICH Q8（R2））也可以用来帮助建立验收标准。

一个广泛的分析表征还可能揭示参比制剂和拟议产品之间的差异，尤其是当使用分析技术定性或定量地鉴别产品属性差异。重点应放在发展正交定量的方法来明确区分产品属性的任何差异上。根据分析研究评估功能和物理化学特性（包括：例如高阶结构、翻译后修饰、杂质及降解），申请人基于科学基础来选择适当针对性方法进行后续的动物（和／或）临床研究，以支持生物类似性。使用有意义的涵盖了大量的附加产品属性及其使用高灵敏度正交方法结合的指纹状分析算法这可能有助于比较拟议产品和参比制剂质量属性的差异是有用的。加强生产的科学性，如 ICH Q8（R2）的讨论，可以促进生产过程中更好地匹配参比制剂的质量。这种战略可以进一步量化两个分子之间的整体相似度，并为可后续的动物和／或临床研究提供更具选择性和针对性的方法。

通过分析多个生产批次的全面分析性特征观察到或设计的引入，应当清楚地描述和讨论拟议产品和参比制剂之间任何差异的种类、性质和程度。讨论应包括识别和比较产品特征的相关质量属性，因为这是评估拟议产品与参比制剂是否高度相似的重要因素。应评估观察到的两种产品之间结构和功能上的差异的潜在临床影响，必要时，由动物或临床研究支持。

一般情况下，申请人需要提供关于参比制剂和拟议产品之间的直接比较证实生物类似性的信息。在某些情况下，申请人可以在某些研究中使用非美国许可的参比产品证明拟议产品与美国许可的参比制剂生物类似。然而，作为一个科学问题，需要分析研究至少一个临床药动学研究，如果合适的话，至少有旨在支持生物类似性的 PD 研究，必须包括拟议产品与美国许可的参比制剂的直接充分比较，除非可以科学地证明不需要这个研究。如果申请人想要使用动物研究或临床研究的数据比较拟议产品和非美国许可的产品，根据 PHS 法案第 351（k）（2）（A）节的要求，申请人应提供充分的数据或信息以科学地判断这些比较性数据的相关性，并建立美国许可的参比制剂可接受桥梁。

作为一个科学问题,所需的桥接数据类型将始终包括分析研究（如结构和功能的数据，直接比较所有的三个产品（即拟议产品，美国许可的参比制剂和非美国许可的参比产品），可能还包括桥接临床 PK 和 / 或 PD 研究的数据。所有三个成对比较应符合分析性和 PK/PD 类似性预先指定的验收标准。这种做法的接受程度将根据具体情况逐案进行评估，并应事先与机构进行讨论。对于某些复杂的生物制品，可能需要修改后的方法。

在生物仿制品开发项目中使用非美国许可的参比产品，申请人需要解决非美国许可的参比产品和美国许可的参比制剂之间的科学桥接，包括比较性理化特征、生物测定 / 功能测定法、在压力条件下的降解以及比较临床 PK 和 PD 数据，在适当的时候，以解决剂型或初级包装对产品性能的影响。鼓励申请人与 FDA 在开发项目期间讨论科学证明的充分性，并连接至美国许可的参比制剂。FDA 将在 351（k）申请审查期间确定信息的充分性。

五、评估产品是否具有高度相似性的考虑因素

在评估产品是否高度相似时，制造商应考虑多项因素，包括以下内容。

（一）表现机制
治疗性蛋白质产品可在微生物细胞（原核或真核细胞）、细胞系（例如，哺乳动物、鸟类、昆虫、植物）或从动物或植物衍生的组织来获得。据预计，拟议产品的表达结构将编码相同的一级氨基酸序列作为其参比制剂。然而，较小的修改，如 N- 或 C- 末端截短（例如，单克隆抗体的 C- 末端赖氨酸的异质性）预计不会改变产品性能，可能被调整并应当由申请人解释。应仔细考虑拟

议产品和参比制剂所选择的表现机制之间的可能差异（即宿主细胞和构建体表达），因为表现机制的类型将影响过程和产品相关物质、杂质和蛋白质产品中可能出现的污染物（包括潜在外来试剂）。例如，该表现机制对于拟议产品翻译和翻译后调整的类型和程度有显著影响，可能增加拟议产品与参比制剂高度相似的额外不确定性。

缩小拟议和参比表现机制之间的差异，在某种程度上会增加产生高度相似的蛋白质产品的可能性。将在案例的基础上评估不同表现机制的使用。

（二）制造工艺

在产品开发期间，对拟议产品生产过程中所有步骤有全面理解。从产品开发过程中获得的表征测试、过程控制和规格等信息对于拟议产品和生产过程必须是特定的。加强药物开发使用的方法，以及质量风险管理和有效的质量系统一起，促进高质量产品的生产。作为一个科学问题，根据 351（a）BLAs、药物主文件（DMF）模块 2，药物中间体或药物产品不适用于 351（k）申请，因为许可证持有者期望了解生物制品生产过程的相关知识和控制生产过程。如果申请人不打算生产许可产品，可以考虑其他类型的合同生产安排。

完成初始分析性类似评估之后，或者完成临床研究之后改变生产，申请人需要证实拟议产品变化前后的相似性，并且可能需要额外的分析性研究去支持 351（k）申请。变化的性质和程度可以确定这些额外相似性研究的程度。如果生产材料的过程不同于临床研究，分析性类似研究应包括足够数量批次的拟议的生物仿制品的临床研究。

（三）理化性质评估

拟议产品和参比制剂的理化性质应考虑蛋白质产品的所有相关特征（例如，一级、二级、三级、四级结构，翻译后修饰以及功能性活动）。评估的目的是最大化地检测拟议产品和参比制剂质量属性的差异。

当设计和指导表征研究时，申请人应针对 ICH Q6B 中讨论的产品（及其变体）的概念。因此，这对于理解拟议产品和参比制剂的异质性很重要（例如，不同亚型的性质、位置和糖基化的水平）和不同种型的变化的范围，包括翻译后修饰产生的变化。

特定的分析方法学可以用于评估蛋白质的理化性质。已出版的文献中描述了这些方法学，包括科学文献、监管指南和药典纲要。一些技术文献提供了多种特征的信息。基于被表征的蛋白质的性质和对于参比制剂和拟议产品的结构和异质性的认知来选择适当的分析方法和对于产品性能至关重要的特性。

为了充分地解决全部的理化性质或生物活性，通常需要运用多种分析方法来评估相同的质量属性。使用不同的物理化学或生物学原理的方法来评估相同的属性是特别有价值的，因为它们提供了独立的数据来支持质量的该属性（例如，正交法评估聚集）。此外，利用串联互补的分析技术，如肽映射或毛细管电泳与分离的分子的质谱联用，为比较产品提供一个有意义且灵敏的方法。

不同于常规的质量控制检测，用于表征的产品测试不一定需要被验证。但是用来表征产品的测试应该科学合理，符合其预期的用途，并提供可重复的、可靠的结果。在选择这些测试时，重要的是要考虑蛋白质产品的特性，包括已知的和潜在的杂质。关于识别拟议产品和参比制剂之间相关差异的方法的能力信息，应作为比较的一部分提交。

选择检测和表征翻译后蛋白质修饰的测试应证明有适当的灵敏度和特异性以提供有意义的信息证明拟议产品和参比制剂之间是否高度相似。

（四）功能活性

功能测定在蛋白质产物的表征中具有多个目的。 这些测试作为补充物理化学分析，是蛋白质产物功能的定性测量。

根据蛋白质的结构复杂性和可用的分析技术，理化分析可能无法确认高阶结构的完整性。相反，这种结构的完整性通常可以从产品的生物活性推断。如果参比制剂的临床相关作用机制是已知的，或者可以合理地确定，功能分析应尽可能反映这些作用机制。多种功能分析一般应作为评估分析相似性的一部分来完成。作为生产过程一致性、产品纯度、效能和稳定性的生产指标，功能活性的评估也有助于产品功能的评估。

如果一个参比制剂具有多种功能活性，申请者应该完成旨在评估该产品相关活动范围的一系列检测。例如，具有多个功能性结构域的表达酶和受体介导活动的蛋白质，申请人应评估这两种活性。可以通过多个参数来测定功能活性的产品（例如酶动力学或凝血因子相互作用），评估产品的每个参数特征。

申请人应认识到某些类型的功能测定的潜在局限性，如高变异性，这可能妨碍检测拟议产品和参比制剂之间显著的差异。因为一个高度可变的测定方法可能不能提供拟议产品与参比产品是否相似的有意义的评估。鼓励申请人开发较少变化，并对产品的功能活性变化很敏感的实验。此外，体外生物活性也许不能完全反映蛋白质的临床活性。例如，这些分析通常没有预测产品的生物利用度（药代动力学和生物分布），会影响药效学和临床性能。此外，生物利用度可以通过细微差异在很大程度上改变分布和其他转译后的修改。因此，当评估支持生物类似性数据质量的强度和需要额外信息时，应考虑这些局限性，可以处理其余不确定性。最终，功能分析是重要的评估临床前和临床研究中的中和抗体方法。

（五）受体结合和免疫化学性质

当结合或免疫化学特性是蛋白质产品活性的一部分，应进行分析试验以描述拟议产品在这些特定性质方面的属性（例如，如果结合受体是固有的蛋白质功能，应测量该属性并用于比较性研究）（见 ICH Q6B 以获得更多信息）。例如表面离子共振、微量量热法或古典 Scatc 斯卡查德分析等各种方法，可以提供关于动力学和热力学的结合信息。这样的信息与拟议产品高阶结构的功能活性和特征有关。

（六）杂质

申请人应在可行的程度上描述，识别和量化拟议产品和参比制剂的杂质。应用基于风险评估方法评估拟议产品和参比制剂的生产过程杂质的不同。如果比较理化分析揭示了两种产品的相关杂质水平相似，应用药理学／毒理学研究来表征特定杂质的潜在生物效应可能是没有必要的。然而，如果用于生产拟议产品的生产过程引入了不同的杂质，或者比参比制剂中出现的杂质水平更高，额外药理学／毒理学或其他研究可能是必要的。正如 ICH 行业指南 S6（R1）"生物技术药物的临床前安全性评估"中讨论的，"依靠纯化工艺去除杂质而不是确立临床前检测项目的资格"。

评估细胞底物（例如宿主细胞 DNA 和宿主细胞蛋白）、细胞培养组分（例如抗生素和培养基组分）和下游处理步骤（例如试剂、溶剂残留、溶出、内毒素及生物负载）所产生相关过程杂质。拟议产品的过程相关杂质预计与参比制剂中观察到的杂质不匹配。然而，应同时评估拟议产品工艺过程相关杂质和参比制剂中的杂质。杂质谱的不同对于安全性的影响应该被解决并有适当的数据支持。FDA 将运用特定的方法评估拟议产品和美国许可的参比制剂之间的差异，并考虑申请人对生物仿制品这些差异潜在影响的评估。在所有情况下，所选择的分析方法应能充分检测、识别和准确量化生物学上重要的杂质水平（参照 ICH 行业指南 Q2B "验证分析性程序：方法学"）。此外，免疫学方法检测的结果依赖于宿主细胞蛋白质化验试剂和细胞基质使用。应使用产品细胞底物和正交法来验证这个试验，以确保准确性和敏感度。这应该通过两个产品的相关程度和可行程度来执行。

关于外源因子或内源性病毒污染的拟议产品以及任何生物制品的安全性，应当通过筛选关键的原材料来确保，并通过生产过程确认清除了生命力顽强的病毒并达到失活（见 ICH 行业指南 Q5A "人体或动物细胞系生物技术生产的病毒安全性评估"）。

（七）参比制剂和参考标准

参比制剂理化和生物学的全面评估是开发拟议产品的信息基础，并证明有关参比制剂的某些现有科学知识的合理性。必须在适当的时间框架内提供拟议产品与参比制剂高度相似的充分证据，在产品开发早期，选择针对性的方法。

与上市申请一起提交的相似性分析评估应支持主要的临床研究中使用的拟议产品，拟议的商业产品和参比制剂的生物类似性。生物仿制药上市申请应包括拟议产品和 FDA 之前许可的单独参比制剂之间的全面分析性比较。如"五、（二）"部分所述，在完成初步分析相似性评估后，申请人考虑制造变更或在完成旨在支持 351（k）申请的临床研究之后，可能需要额外的分析相似性研究。变化的性质和程度可以确定额外的相似性研究的程度。

如果药物成分已经从参比制剂中提取出来以评估分析相似性，则申请人应描述提取程序并提供支持程序而不改变相关产品的质量属性。这项工作应考虑所需产物、杂质以及相关产品的改变和损失，并应包括适当的控制措施，以确保参比制剂相关的产品特征不会因提取过程而发生显著变化。

如果建立并完善一个合适的、公开可用的蛋白质参考标准，拟议产品与该标准的物理化学和／或功能比较可以提供有用的信息。尽管使用这样的参考标准研究可能是有用的，但它们不满足 BPCI 法案的要求，证明拟议产品与美国许可的参比制剂的生物类似性。例如，如果效价校准的国际标准可用，应完成拟议产品相对效价和标准效价的比较。正如 ICH Q6B 的建议，内部参考标准应始终合格并用于控制生产过程和产品制造。

总之，开展分析研究以支持拟议产品的批准不应仅仅侧重于对拟议的产品进行单独的表征。相反，这些研究应该是比较广泛的，包括但不限于拟议产品、参比制剂、适用的参考标准，并考虑相关的公开信息。

（八）成品药
产品特征研究应在最适合分析性程序的最下游中间体中进行。评估的属性在任何进一步的过程中应是稳定的。基于这些理由，特征研究应在原料药中完成。然而，如果大量药物成分被重新转化和／或接触到新的成品剂型材料，应当考虑这些变化的影响。只要有可能，如果最终药物产品是最适合于特定分析的，申请人应分析最终药物产品，比较拟议成品和参比制剂成品的特征。如果分析方法能更灵敏地检测药物物质的特定属性，属性检测在药物成品制造期间是关键的和／或变化的，可能对提取的蛋白质和成品药物进行表征。

申请人应明确拟议产品不同于参比制剂中的赋形剂。拟议产品和参比制剂成品之间任何差异的类型、性质和程度的可接受性，应通过适当的数据和原理进行评估和支持。此外，拟议产品中不同的赋形剂应通过赋形剂现有的毒理学数据或拟议产品配方的额外毒理学研究来支持，并且应考虑赋形剂的相互作用以及直接毒性。蛋白质对环境十分敏感，因此，赋形剂或内包装的差异会影响产品的稳定性和／或临床性能。拟议产品和参比制剂之间配方和内包装的差异因素会影响后续临床研究是否有选择性和针对性的方法。

（九）稳定

作为适当的理化和功能性比较的一部分，拟议产品和参比制剂的稳定性情况、加速和压力稳定性研究以及强制降解研究，应当用于建立降解型材以及提供拟议产品和参比制剂的直接比较。这些比较研究应在多个压力条件下进行（例如高温、冻融、曝光和搅拌），这会导致在规定的时间周期内引起产品增量降解。这些研究结果可以揭示产品的差异，也能识别在生产和储存中使用的附加控制条件（见 ICH 行业指南 Q5C《生物技术产品的质量：生物技术／生物制品的稳定性检测和 Q1A（R2）新药和产品的稳定性检测》）。应提供拟议产品的充足时间、真实条件的稳定性数据来支持建议的保质期。

六、结论

评估和证实拟议产品及其参比制剂之间的生物类似性基础包括证实拟议产品与参比制剂高度相似的分析性研究，尽管临床非活性成分有较小的差异。拟议产品与涉及参比制剂高度相似的证明，包括参比制剂的物理化学和功能性比较性研究。这些研究中获得的信息对于整体产品评估至关重要，作为一个科学问题，对于拟议产品作为生物仿制药的开发时是至关重要的。此外，拟议产品的 351（k）申请必须包含依据来源于动物研究（包括毒理学评价）和临床研究的数据（包括免疫原性和药效学或药代动力学评估）证实生物类似性的信息，除非当局确定某种元素在特定的 351（k）申请中不是必要的。识别和理解拟议产品和参比制剂之间的相关分析性差异的影响的能力，将取决于产品的有效分析性技术和复杂性。应考虑拟议产品和参比制剂之间差异的任何信息，以确定是否符合生物类似性的监管标准。

第四节 | 生物仿制药：关于2009年生物制品价格竞争和创新法案实施的问答

Biosimilars : Questions and Answers Regarding Implementation of the Biologics Price Competition and Innovation Act of 2009

一、简介

本指南提供了一些常规问题的答案，这些问题来自那些对开发拟议生物仿制品感兴趣的申请人，生物制品许可申请的（BLA）持有人，以及关于 FDA 对 2009 年《生物制品价格竞争和创新法案》（BPCI Act）解释的其他相关方。这些问题和答案（Q&As）分为以下几类：

● 生物类似性或互换性；
● 与提交生物制品的 BLA 要求相关的规定；
● 排他性。

该 BPCI 法案修正"公共健康服务法"（PHS Act）等法规，建立了生物制品 PHS 法案第 351（k）部分的简略许可途径，表明与 FDA 许可的生物参比制剂生物类似或可互换（参照《患者保护和平价医疗法案》（Pub.L.111-148）7001 至 7003 部分）。在 2010 年

11 月 2 日和 3 日，FDA 举办了公众听证会，并确立了一个公共诉讼事件表，其中有 BPCI 法案实施过程中的具体问题和挑战（参照第 FDA–2010–N–0477 号文档）。本指南描述了 FDA 对 BPCI 法案添加的一些法定要求的现行解释，反映了那些已提交至公共诉讼事件表的要求的评论注意事项。

本指南是 FDA 正在制定的一系列指南中的一个，用于实施 BPCI 法案。指南涉及极广泛的问题，包括：

● 证实治疗性蛋白质产品和参比制剂生物类似性的质量考量；

● 证实参比制剂生物类似性的科学考虑；

● 生物仿制药：关于 2009 年实施的《生物制品价格竞争和创新法案》问题与解答；

● FDA 和生物仿制品申请人或申请人之间的正式会议。

适当时，本指南中包含的参考信息应包含在 Q&A 指南中。

通过在开发早期阶段解决可能出现的问题，Q&A 格式旨在提升透明度，并促进拟议生物仿制品的开发项目。此外，这些 Q&As 回答了当局从预期的 BLA 和新药申请（NDA）申请人处以及某些受管理产品的适当的监管部门收到的问题。FDA 打算更新该指南，包括适当的附加 Q&As。表 4–1 描述了版本 1 指南草案提供的 Q&As "生物仿制药：关于 2009 年《生物制品价格竞争和创新法案》实施的问答" 的地位，该指南也包括最终指导问答。FDA 在 2012 年 2 月指南草案中包含了使用的 Q&As 的原始编号。尚未定稿的 Q&As 将在版本 1 的指南草案中出现，最终指南中遗漏的 Q&As 会在有限的 Q&As 之间间断地标记几个星号。

表 4-1 Q&As 草案指南和最终 Q&As 指南评估的地位

Q&A 类型	Q&A 序号	Q&As 评估草案指南的颁布日期	评论时期	最终 Q&As 指南的颁布日期
第一部分：生物相似药或互换性	1.1~1.8			
	1.11~1.12	2/15/12	2/15/12~4/16/12	2015 年 4 月
	1.15			
	1.13~1.14	2/15/12	2/15/12~4/16/12	
第二部分：与提交生物制品的申请许可要求相关的条款	1.9~1.10（经过修订的）	（临近）	（临近）	
	2.1~2.2	2/15/12	2/15/12~4/16/12	2015 年 4 月
第三部分：排他性	3.1（经过修订的）	（临近）	（临近）	
	3.2	2/15/12	2/15/12~4/16/12	2015 年 4 月

二、背景

BPCI 法案是作为 2010 年 3 月 23 日颁布的《平价医疗法案》的一部分。BPCI 法案建立了生物制品的简略许可途径，表明与 FDA 许可的生物参比制剂生物相似性或可替换性。BPCI 法案的对象在概念上与 1984 年的《药物价格竞争和专利项恢复法案》（Pub. L.98-417）（通常被称为"哈奇－维克斯曼法"）相似，根据《联邦食品药品和化妆品法案》（FD&C Act）建立了药物批准的简略途径。鉴于生物制品不断有更大、更复杂结构，以及这些产品的生产过程带来的科学技术复杂性，生物制品简略许可途径的实施也面临着一系列挑战。大多数生物制品在生命系统中生产，比如微生物、植物或动物细胞，小分子药物通常用化学合成方法制造。

PHS 法案第 351（k）节（42 U.S.C.262（k））增加了 BPCI 法案，提出了拟议对生物仿制品申请的要求，以及拟议的可替换产品的申请或补充。351（i）节定义了生物类似性，意味着"生物制品与参比制剂高度相似，尽管临床非活性成分有较小的差异"以及"生物制品与参比制剂之间在安全性、纯度、效能方面没有临床意义上的差异"（见 PHS 法案第 351（i）（2）节）。351（k）申请必须包含依据来源于分析性研究、动物研究、临床研究的数据证实生物制品与参比制剂生物类似的信息，除非 FDA 确定 351（k）申请不需要某些研究（见 PHS 法案 351（k）（2）部分）。为了符合"可互换性"的额外标准，申请人必须提供充分的信息证实生物类似性，也要证实生物制品与参比制剂对特定的患者可以产生相同的临床结果，如果生物制品监管不止一次一个人，生物制品和参比制剂使用之间的改变或转换在安全性或降低疗效方面的风险，并没有高于使用参比制剂时无这些变化或转换的风险（见PHS 法案 351（k）（4）部分）。可互换的产品也许适用于没有处方医疗服务提供者介入的参比制剂（见 PHS 法案 351(i）（3）部分）。

BPCI 法案也包括其他条款：

●参比制剂第一次许可日期后的 12 年排他性时期，在此期间，引用该产品的 351（k）申请可能无效（见 PHS 法案 351（k）（7）部分）；

●参比制剂第一次许可日期后的 4 年排他性时期，在此期间，引用该产品的 351（k）申请不能提交（见 PHS 法案 351（k）（7）部分）；

●生物制品首次确定与参比制剂使用条件可互换的排他性时期，生物制品第二次或之后确定的与参比制剂可互换（见 PHS 法案

351（k）（6）部分）；

●某些生物制品的排他性时期，根据书面请求指导儿科研究（见 PHS 法案 351（m）部分）；

●生物制品的过渡条款已经或将会在 2020 年 3 月 23 日前由 FD&C 法案（21 U.S.C. 355）第 505 条批准（见《平价医疗法案》第 7002 条）。

●说明生物仿制品第 351（k）节申请的规定包含"新的活性成分"，基于《儿科研究平等法案》（PERA）的目的（见 FD&C 法案第 505B（n）节）。

BPCI 法案也建立了鉴定和解决专利纠纷的程序，包括 PHS 法案第 351（k）节提交的申请。

三、问题和回答

（一）生物相似性或可替代性

1. 关于拟议的生物仿制药开发项目的问题，申请人应该与谁联系？

如果拟议的生物仿制品的参比制剂由药品审评与研究中心（CDER）监管，则可联系其新药办公室治疗性生物制品和生物仿制药小组（TBBT），号码 301-796-0700。

如果拟议的生物仿制品的参比制剂由生物制品审评与研究中心（CBER）监管，则可拨打其对外信息、外联与发展办公室（OCOD）电话 800-835-4709 或 240-402-7800 或发送邮件至 ocod@fda.

hhs.gov.。

关于 FDA 实施 BPCI 法案的一般问题，联系 CDER 医疗政策办公室 Sandra Benton，号码 301-796-2500。

2. 申请人何时应与 FDA 讨论拟议的生物仿制药开发项目？
申请人需要向 FDA 提供什么数据或信息来作为此次讨论的基础？

申请人可以在开发项目中的任何时间进行会议讨论。FDA 建议申请人参考行业指南草案《FDA 与生物仿制品发起者或申请人之间的正式会议》，进而确定合适的会议类型。该指南草案描述了不同的会议类型，旨在根据 2012 年的生物仿制药付费法案（BsUFA）和标准来支持请求。最终采取的会议类型将取决于产品开发的阶段以及会议中提出的信息是否符合会议类型的标准。

见 FDA 的行业指南草案《FDA 与生物仿制品发起者或申请人之间的正式会议》（http：//www.fda.gov/downloads/Drugs/GuidanceComplianceRegulatoryInformation/Guidances/UCM345649.pdf）。

见 FDA 的 BsUFA 网站：http：//www.fda.gov/ForIndustry/UserFees/BiosimilarUserFeeActBsUFA/default.htm。

3. 拟议的生物仿制品的配方可以与参比制剂不同吗？

可以。拟议的生物仿制品的配方与参比制剂配方不同是可接受的。351（k）申请必须包含能够证实生物制品与参比制剂高度相似的信息，即使在临床非活性成分上有较小差异。此外，申请人需要证实生物制品与参比制剂之间在安全性、纯度和效价方面没有临床意义上的差异。例如，对于不含人血红蛋白的拟议制剂，可能需要证明其与含人血红蛋白的参比制剂间的生物相似性。更多有关 FDA 对当前生物相似性法定标准的解释，请参照 FDA 行业指南草案《治疗性蛋白产品与参比制剂生物类似性的质量考量及科学思考》。

4. 拟议生物仿制品的给药装置和容器封闭系统可以与参比制剂不同吗？

可以。拟议生物仿制品采用的一些给药装置或容器封闭系统，在设计上与参比制剂存在差异是可以接受的。

然而，当在设计上与参比制剂存在差异的给药装置或容器封闭系统导致下述情况时，拟议生物仿制药申请将不会获得 351（k）部分的许可：

● 拟议产品和参比制剂在安全性、纯度和效价方面有临床实质性的差异；

● 给药途径或剂型的不同；

● 使用某方面（如适应证、给药方案）未经批准的参比制剂；

或其他不符合生物相似性的标准。

此外，考虑申请拟议的可替代产品。例如，在审查拟议的可替代产品的申请时，FDA 可以考虑其与参比制剂的差异是否显著改变了关键的设计属性、产品性能或操作原理；或者是否需要向医护人员或患者提供的额外说明。这其中可能也需要有关给药装置的额外性能数据。

在某些情况下，当拟议的生物仿制品在给药装置方面被视为结合产品时，要求装置进行单独申请。

5. 对于少于已获批注射参比制剂的所有给药途径的情况，申请人是否也能获得该拟议生物仿制品的许可？

是的，对于少于已获批注射参比制剂的所有给药途径的情况，申请人也能获得该拟议生物仿制品的许可。申请人必须证实在产品的安全性、纯度和效价方面，其与参比制剂之间没有临床实质性巨大差异。在数量有限的情况下，当使用无需批准的给药途径时，可能需要一个或多个研究来提供更多信息（例如，通过皮下注射可以给参比制剂和拟议生物仿制品的免疫原性提供更敏感的比较性评估，即使拟议生物仿制品的获批只需要静脉注射给药即可）。

6. 申请的拟议生物仿制品是否可以少于已获批参比制剂的所有特性（例如活力、给药途径或容器密闭系统）？

是的，不要求申请人获得已获批参比制剂的所有特性。但是，如果申请人希望其也能够用于已获批的参比制剂特定适应证或其他条件时，则还需要获得特定特征的批准（见 4. 和 5. 的问答）。

7. 生物仿制药申请人是否可以获得少于已获批参比制剂的使用条件？

是的，通常允许生物仿制药申请人获得少于已获批参比制剂的使用条件。351（k）部分的申请必须包括能够证明拟议生物仿制品在已获批的参比制剂标签中规定、推荐或建议的使用条件的信息（PHS Act 351（k）（2）（A）（i）（Ⅲ））。

8. 申请人可以使用未在美国获批产品的对比动物或临床数据来支持拟议制品与参比制剂的生物相似性吗?

可以，申请人可以在具体的研究中使用未在美国获批产品的对比动物或临床数据来支持拟议制品与参比制剂的生物相似性。但是，如果合适的话，至少需要一个临床药代动力学研究（PK）、一个药效学（PD）研究及数据来为生物相似性提供支持，必须包括该生物仿制药与在美国获批参比制剂间的充分比较，除非可以科学地证明无需这样的研究。

如果申请人试图根据 PHS Act 351（k）（2）（A）部分的要求，通过动物研究或临床研究数据将拟议生物仿制品与未在美国获批的产品进行比较，那么应提供充分的数据或信息，以科学地证明这些对比数据的相关性，从而对生物相似性进行评估并建立起与美国已获批参比制剂的可接受桥梁。科学的来说，所需桥接数据的类型包括分析研究数据（如结构和功能数据），能够直接比较这三种制品（即，该生物仿制品、美国已获批参比制剂、未在美国获批对照品）；同时，所需桥接数据的类型很可能还包括三种制品的临床 PK / PD 研究数据。三者间的两两比较数据应符合预先规定的分析标准和 PK / PD 相似性。这种方法只有通过具体分析的基础上进行评估，并应事先与机构进行商讨，才具有可接受性。对于某些复杂的生物制品，还需要对方法进行改进。有关科学证明和桥接的充分性将在审查申请期间作出最终决定。

申请人可能需要在生物仿制品开发过程中使用未在美国获批的对照品，但不限于以下几点：

● 用临床项目设计的相关性来支持其与美国获批参比制剂的生物相似性，包括使用条件和患者人群；

● 未在美国获批的对照品许可持有者和美国获批参比制剂的 BLA 持有者之间的关系；

● 未在美国获批的对照品是否在监管机构的许可、检验合格的设备下生产的，这些监管机构与 FDA 一样具有类似的科学标准和监管标准（例如，国际协调会议（ICH）组织）；

● 未在美国获批的对照品是否经过像 FDA 这种具有科学标准和监管标准的监管机构许可（例如，ICH），以及已上市产品的持续时间和程度；

● 未在美国获批的对照品和美国获批的参比制剂间的科学桥接，包括在压力条件下进行比较的理化表征、生物分析 / 功能试验、降解产物、临床 PK、PD 数据。适当情况下，其可以解决产品试验过程中配方和内包装差异的影响。

申请人也应解决其他任何可能会影响未在美国获批的对照品与美国获批的参比制剂之间的相关性的因素，从而评估美国获批参比制剂间的生物相似性。

申请人可以一并提交关于未在美国获批的对照品的可用信息，以证明所需的比较性数据的范围，建立与美国获批参比制剂间的桥梁。产品的复杂性，特别是对于高级结构、翻译后修饰（例如，糖基化）以及与产品相关的异质性程度，可能会影响桥接数据范围的科学证明。FDA 考虑桥接数据范围的其他因素包括不限于以下的情形：

● 美国获批参比制剂与未在美国获批对照品的配方、剂型和活性是否相同；

●美国获批参比制剂与未在美国获批对照品的给药途径；

●物理化学和生物/功能评估的设计、多个正交方法的使用能够灵敏地检测产品间的差异；

●选择未在美国获批的对照批次，其用于建立科学联系以及如何选择非临床和临床研究材料时应进行科学证明。科学联系应包括足够数量的未在美国获批对照品批次。

建议申请人与 FDA 在开发项目期间关于其与美国获批参比制剂间的科学证明和连接充分性进行讨论。FDA 在审查 351（k）申请期间将作出关于科学证明和连接的最终决定。

此时，未在美国获批制品的临床比较不能作为支持额外标准的充分基础，即美国获批参比制剂可互换决定的基础。

9. 申请人能否利用推断临床数据作为支持某一使用条件下生物相似性的证明，用这些证明来支持拟议生物仿制品在获批参比制剂中的一个或多个使用情况下的许可？

是的。如果参比制剂符合 PHS Act 351（k）部分生物仿制品许可的监管要求，且临床研究数据能够充分证实其在适当使用情况下的安全性、纯度和效价，则申请人能够获得同参比制剂在一种或多种使用下的许可。但是，申请人需要提供推断临床数据充分科学的依据，使得在每种使用情况下的生物相似性得到证明。

外推的科学性应予以考虑，例如，以下检测和推断使用条件的问题。

● 寻求批准的每个使用条件的作用机制；这可能包括：

—产品的每个相关活动 / 功能的目标 / 受体；
—目标 / 受体结合后的结合、剂量 / 浓度反应和分子模式；
—产品结构与目标 / 受体之间相互作用的关系；
—目标 / 受体的位置和表达。

● 不同患者人群中产品的 PK 和生物分布（有关的 PD 措施也可提供相关作用机制的重要信息）。

● 产品在不同患者人群中的免疫原性。

● 在各使用条件下和患者人群中预期毒性的差异（包括预期的毒性是否与产品的药理活性或"脱离靶标"活性）。

● 任何其他在使用条件和患者群体中可能影响产品安全性或有效性的因素。

使用条件与上述因素之间的差异并不完全能够排除外推。应采用科学证明来解决整体背景下的这些生物相似性之间的差异。

考虑何种使用条件允许后续临床数据外推到其他使用条件时，FDA 建议申请人考虑选择能足够灵敏地检测出两种产品之间临床差异的使用条件。

拟议产品的申请人只能在已获批参比制剂中的一种使用条件下获

得批准。如果参比制剂有 FD&C Act 506（c）部分和 21 CFR 601E（加速审评）部分下许可的使用环境，并且参比制剂在该使用条件下的临床效益在上市后试验中没有经过验证，则拟议产品的申请人应考虑另一种使用环境，即获批的参比制剂避免潜在并发症，上市后试验不能验证参比制剂使用条件的临床效益。

10. 申请人如何证明拟议的注射用生物仿制品与参比制剂具有相同的"活力"？

根据 PHS Act 351（k）（2）（A）（i）（Ⅳ）部分，申请人必须证实拟议的生物仿制品的"活力"与参比制剂相同。这可能需要考虑决定生物制品不同类型"活力"的各种因素和方法。

一般情况下，根据 PHS Act 351（k）（2）（A）（i）（Ⅳ）部分，期望注射用生物制品与参比制剂具有相同的总药物含量（单包装容器中的总活性或单位活性）相同的药物浓度（单位体积中的总活性或单位活性）以及相同的"强度"。然而，对于某些复杂的生物制品，则需要采取改进的方法。

药物总含量通常应当使用与参比制剂相同的量度表示。例如，当参比制剂的强度用密闭容器中每毫克（mg）/ 总体积表示，例如 mg/5ml，则拟议生物仿制品通常也用 mg/5ml 而不是每 5ml 一单位表示。当药物的总含量用单位活性 [例如，国际单位（IU）或密闭容器中单位总容量] 表示，则拟议生物仿制品的单位也应当与参比制剂相同。

药物浓度（单位体积中的总活性或单位活性）通常使用与参比制剂相同的量度表示。应当由实验确定计算蛋白质浓度的吸光度，同时需要提供实验方法来证明。如果拟议的生物仿制品为现配溶液或重配溶液的干燥固体（如冻干），那么351（k）申请应包含必要的信息来证明拟议生物仿制品的浓度与参比制剂相同。

351（k）申请要求包含能够证实拟议产品与参比制剂在生物仿制药和可替代药品方面具有相同"强度"的信息。

11. 拟议的生物仿制品一定要有《儿科研究公平法案》（PREA）中的儿科评估吗？

根据《儿科研究公平法案》（PREA）（FD&C Act 505B部分），针对新活性成分、新适应证、新剂型、新给药方案或新给药途径的所有申请人，要求包含儿科评估来支持药品要求适应证的剂量、安全性和有效性，除非该要求不需要、被推迟或不适用。

FD&C Act 505B（n）增加了《平价医疗法案》7002（d）（2）部分指出：当没有确定的能够代替参比制剂的生物仿制品时，其应视为PERA下的"新活性成分"，同时需要进行儿科评估，除非其不需要或被推迟。根据法规，可替代产品不视为PREA下的"新活性成分"。因此，如果具有能够代替参比制剂的生物仿制品时，则无需引用PREA，同时也不要求进行儿科评估。但是，如果申请人首次申报的拟议产品为非替代生物仿制品时，而又希望其能够作为可替代制品获批，则申请人必须满足PREA的要求。

FDA建议此后的生物仿制药申请人在产品开发期间尽早提交儿科研究计划。如果拟议产品没有有效的IND，同时申请人希望对照临床研究作为其研发计划的一部分，那么最初的儿科研究计划（PSP）应作为预期IND申请提交。此时，FDA建议申请人在最初提交PSP前与FDA就研发项目的细节进行讨论。申请人需要在开始生物仿制药研发项目的对照临床研究之前提交起始PSP。更多信息见生物仿制药 FDA 行业指南草案（版本 1）问答 I.17：关于实施 2009 年的《生物制品价格竞争和创新法案》的额外问答，其代表当局目前对这一问题的思考。同时也可以参照行业指南草案《儿科研究计划：初始儿科研究计划提交及其修订的内容和过程》（http：//www.fda.gov/downloads/drugs/guidancecomplianceregulatoryin formation/guidances/ucm360507.pdf）

（二）有关提交"生物制品"BLA 要求的条款

1. 针对 PHS Act 351（i）（1）部分中修订的"生物制品"定义，FDA 如何解释"蛋白质（化学合成多肽除外）"？

BPCI Act 修订了 PHS Act 351（i）（1）部分中"生物制品"的定义，包括了"蛋白质（化学合成多肽除外）"，并按照 PHS Act 351 必须提交有关《平价医疗法案》7002（e）描述的生物制品申请，有 10 年过渡期，截止于 2020 年 3 月 23 日。

FDA 确定了下述"蛋白质"和"化学合成多肽"的定义，期以能够实施修订的"生物产品"的定义，同时提供给申请者明确的法定权限。

"蛋白质"一词是指任何 α - 氨基酸按特定的定向序列结合，并且氨基酸个数超过 40。

该定义指出：分子的大小基于氨基酸的总数量，而不受限于连续序列中氨基酸的数量。然而，需要对超过 40 个氨基酸的化合物进行审查，以确定它们与较短的天然肽的关系，如果具有某种联系，还需考虑额外的氨基酸是否会引起相关产品的风险 / 收益。

"化学合成多肽"一词是指：①完全由化学合成制得的 α – 氨基酸聚合物；②氨基酸数量超过 100。

按照其定义，化学合成多肽不是"生物制品"。除了符合"生物制品"的法定定义的多肽，其将根据 FD&C Act 作为药物进行管理。

该定义指出：分子的大小基于氨基酸的总数量，而不受限于连续序列中氨基酸的数量。然而，需要对超过 99 个氨基酸的化学合成物进行审查，以确定它们与较短的天然肽的关系，如果具有某种联系，还需考虑额外的氨基酸是否会引起相关产品的风险 / 收益。

FDA 对这些词的解释由以下几个因素构成的。科学文献将"蛋白质"描述成由多肽连接的定向排列的 α – 氨基酸聚合物，通常排除"蛋白质"中的"肽"类。"肽"一般是指更小的，试验功能更少的聚合物，包含没有三维结构的、不太可能进行翻译后修饰的聚合物，因此肽通常比蛋白质更容易表征其特性。和科学文献一样，FDA 决定不将肽列入生物制品中"蛋白质"的法定定义。为了提高管理透明度、减少管理的复杂性，FDA 决定仅从大小上区分蛋白质和肽（例如：氨基酸的数量）。

在没有明确的科学标准时，根据构成蛋白质的氨基酸链的具体大小来区分蛋白质和肽，FDA 查阅相关文献，得出肽上限数量边界为 40 的氨基酸阈值结论。因此，FDA 认为任何由不超过 40 个氨基酸组成的聚合物是肽，而不是蛋白质。所以，如果肽符合"生物制品"的法定定义（例如，一种肽疫苗），那么就不会根据 FD&C Act 将其作为药物进行监管。

"蛋白质"的法定类型不包括"任何化学合成多肽"。科学文献中对"多肽"有几个定义。有些定义比较广泛（例如，多肽指任何氨基酸），而有些定义比较窄（例如，多肽指任何由少于 100 个氨基酸组成的氨基酸聚合物）。关于这点，FDA 认为狭义的多肽定义是最合适的，因为对于大多数范畴的蛋白质，其避免了额外的描述。因此，FDA 在法定释义中去除了"化学合成多肽"，其是指任何完全通过化学合成制得的，数量至多为 99 个的氨基酸聚合物。根据 FD&C Act，这种分子将作为药物进行管理，除非化学合成多肽额外符合"生物产品"的法定定义。

当拟议药物是组合物，或同时满足"给药"和"生物制品"的法定定义时，可能会进行额外的考虑。希望申请人与 FDA 就具体产品的更多信息进行讨论。

2. 如何定义"产品类别"以确定生物制品的申请能够在 FD&C Act 50 部分规定的过渡期间能够提交？

根据《平价医疗法案》7002（e）（2）部分的规定，如果是由相同基因序列（例如，INS 基因胰岛素和甘精胰岛素）编码并增加额外新侧翼序列（包括其他基因序列）的两种同源产品，则拟议的生物制品可视为与此前根据 FD&C Act 505 部分批准的或在 2010 年 3 月 23 日前批准的蛋白质产品具有相同的"产品类别"。即使制品的药物动力学结果有所改变，基因编码序列上有任何变化或在翻译后修饰上有任何变化的产品仍然等同于此前批准的产品。对于那些由未知序列和特定基因相连接的天然衍生蛋白质产品，在 2010 年 3 月 23 日前将根据 FD&C Act 505 部分进行审批，如果拟议的生物制品与天然衍生蛋白质具有共同的起始生物活性（例如，第四酶学委员会代码的酶活性），那么这两个产品属于相同的产品类别。

然而，对于任何一种蛋白质产品（无论是自然衍生或其他的蛋白质产品），若拟议产品和根据 FD&C Act 505 部分批准的蛋白质之间存在不同的生物靶标或效果，那么根据《平价医疗法案》7002（e）（2）的规定，这两种产品不属于同一产品类别。

（三）排他性

1. 生物仿制药申请人如何确定针对某一适应证获批的参比制剂是否为未到期的孤儿药？

获批的孤儿药信息可在 FDA 网站中的数据库上查询，其每月更新一次（http：//www.accessdata.FDA.gov/scripts/opdlisting/oopd/index. cfm）。除 FD&C Act 和 21 CFR 316 中另有的规定外，在 7 年的孤儿药保护期间，FDA 不会批准仿制的"同种药物"就同一适应证的申请。

本书缩略语表

A

ACC/AHA：American Heart Association/American College of Cardiology
美国心脏病 / 美国心脏协会

ACIP：Advisory Committee on Immunization Practices 免疫接种咨询委员会

AE：Adverse effect 不良事件

AMH：Assistant Minister of Health 卫生部助理部长

B

BLA：Biologics License Application [美] 生物制品上市许可申请

BLS：BLA 补充

BMI：body mass index 身体质量指数

BPCA：The Best Pharmaceuticala for ChildrenAct [美] 儿童最佳药品法案

BPCI：Price Competition and Innovation Act for Biological Products
生物制品价格竞争和创新法案

BPR：Batch Process Record 批生产记录

C

CBER：Center for Biologics Evaluation and Reserch
[美] 生物制品审评与研究中心

CDC：Centers for Disease Control [美] 疾病预防控制中心

CDER：Center for Drug Evaluation and Reserch [美] 药品审评和研究中心

CDR：complementarity-determining region 互补决定区

CDRH：Center for Devices and Radiological Health
[美] 医疗器械与放射健康中心

CFR：Code ofFederal Regulation［美］《联邦法规汇编》

cGMP：Current Good Manufacture Practices 现行生产质量管理规范

CGT：Cell and gene therapy 细胞和基因治疗

CHMP：Committees for Human Medicinal Products

［欧］人用医药产品委员会

CI：Confidence interval 置信区间

CMC：Chemistry，Manufacturing and Controls 化学、生产和控制

D

DHSS：Department of Health and Social Service［英］卫生和社会事务部

DLT：dose-limiting toxicities 剂量限制性毒性

DMF：Drug Master File 药物主控文件

E

EA：Environmental Assessment 环境评估

EKG：Electrocardiogram 心电图

ELISA：Enzyme-Linked Immunosorbent Assay 竞争酶联免疫吸附测定试验

EMA：European Medicines Agency［欧］欧洲医药产品局

EPC：End of Production Cells 最终生产细胞

EU：EuropeanUnion 欧盟

F

FDA：Food and Drug Administration［美］食品药品管理局

FDAMA：Food and Drug Administration Modernization Act

［美］食品药品管理局现代化法案

FDCA：Food, Drug, and Cocmetic Act［美］联邦食品药品和化妆品法案

FR：framework region 抗体构架区

G

GC：Gas chromatography 气相色谱法

GMT：Geometric mean titer 几何平均滴度／效价

H

HA：Hemagglutinin 血凝素

HI：Hemagglutination inhibits antibodies 血凝抑制抗体

HLA：Human leukocyte antigen 人类白细胞抗原分型

HPLC：High performance liquid chromatography 高效液相色谱法

HRSA：Health Resources and Services Authority 卫生资源和服务管理局

HVAC：Air Conditioning System 空调系统

HYPO 分值：Hypoglycemic score 降糖分值

I

IDE：Research instrument exemption 研究性器械豁免

IMGT：International Immunogenetics Information System
国际免疫遗传学信息系统

IND：New drug research application 新药临床研究申请

IRBS：Institutional Review Board 机构审查委员会

L

LC：Liquid chromatography 液相色谱法

M

MAP： Multiple Antigen Peptide 多聚抗原肽

MCB：Main cell library 主细胞库

MMWR：Morbidity and mortality weekly 发病率和死亡率周报

MTD：Maximum tolerance dose 最大耐受量

N

NA：Neuraminidase 神经氨酸酶

NCVIA：National Child Vaccine Injury Act 国家儿童疫苗伤害法案

O

OBRR：office of Blood Research and Review Service 血液研究和审查处

OCTGT：Organization and Gene Therapy Office 组织和基因治疗办公室

P

PHSA：Public Health Service Act《公共健康服务法案》

PREA：Pediatric Research Equity Act / Pediatric Research Equality Act
儿科研究权益法案 / 儿科研究平等法

R

RAST：Radiation Allergen Adsorption Test 放射过敏原吸附试验

RCDAD：传染性疾病的病原体或疾病

RP：Relative potency 相对效价

RPMB：Regulatory Project Management Office 监管项目管理处

S

SDS-PAGE：Polyacrylamide gel electrophoresis 聚丙烯酰胺凝胶电泳

SOP：Standard operating procedures 标准操作程序

SPA：Special assessment agreement 特殊方案评估

SPECT：Single photon emission computed tomography scanning
单光子发射计算机断层显像扫描

STEMI：ST segment elevation myocardial infarctionST 段抬高心肌梗死

T

TNC：Number of nucleus cells 总核细胞数

U

USAN：United States Adopted Names 美国选定药名

V

VAERS：Vaccine adverse event reporting system 疫苗不良事件报告系统

VIT：Vaccine injury table 疫苗伤害表

W

WCB：Working Cell Bank 工作细胞库

WHO：World Health Organization 世界卫生组织

名词术语总表

A

ADUFA：Animal Drug User Fee Act,《兽药使用者付费法案》

AGDUFA：Animal Generic Drug User Fee Act,《动物仿制药使用者付费法案》

AMQP：Animal Model Qualification Program，动物模型认证项目

ANDA：Abbreviated New Drug Application，仿制药申请

APEC：Asia-Pacific Economic Cooperation，亚太经合组织

API：Active Pharmaceutical Ingredient，药用活性成分，原料药

B

BARDA：the Biomedical Advanced Research and Development Authority，
生物医学高级研究和发展管理局

BE Test：Biological Equivalence Test，生物等效性试验

BIMO：Bioresearch Monitoring，生物研究监测

BLA：Biologics License Applications，生物制品上市许可申请

BPCA：Best Pharmaceuticals for Children Act,《最佳儿童药品法案》

BPD：Biosimilar Biological Product Development，生物类似物产品开发

BsUFA：Biosimilar User Fee Act,《生物类似物使用者付费法案》

C

CBER：Center for Biologics Evaluation and Research，
生物制品审评与研究中心

CDC：Centers for Disease Control and Prevention，疾病控制与预防中心

CDER：Center for Drug Evaluation and Research，药品审评与研究中心

CDRH: Center for Devices and Radiological Health，器械与放射卫生中心

CDTL: Cross Discipline Team Leader，跨学科审查组长

CEO: Chief Executive Officer，首席执行官

CFDA: China Food and Drug Administration，国家食品药品监督管理总局

CFR: Code of Federal Regulation，《美国联邦法规汇编》

CFSAN: Center for Food Safety and Applied Nutrition，
食品安全和应用营养中心

COTR: Contracting Officer's Technical Representative，
合同缔约人员技术代表

CPI: Consumer Price Index，消费价格指数

CPMS : Chief Project Management Staff，首席项目管理人员

CR: Complete Response Letter，完整回复函

CTECS: Counter-Terrorism and Emergency Coordination Staff，
反恐和紧急协调人员

CVM: Center for Veterinary Medicine，兽药中心

D

DACCM: Division of Advisory Committee and Consultant Management，
咨询委员会和顾问管理部门

DARRTS: Document Archiving, Reporting and Regulatory Tracking System，
文件归档、报告和管理跟踪系统

DCCE: Division of Clinical Compliance Evaluation，临床依从性评价部

DD: Division Director，部门主任

DDI: Division of Drug Information，药品信息部门

DECRS: the Drug Establishment Current Registration Site，
当前药品登记地点

DEPS：Division of Enforcement and Post-marketing Safety，
药品上市后安全与执行部门

DHC：Division of Health Communications，卫生通讯部门

DMF：Drug Master File，药品主文件

DMPQ：Division of Manufacturing and Product Quality，生产及产品质量部

DNP：Division of Neurological Products，神经类产品部门

DNPDHF：Division of Non-Prescription Drugs and Health Fraud，
非处方药及反卫生欺诈部门

DOC：Division of Online Communications，在线通讯事业部

DoD：the Department of Defense，美国国防部

DPD：Division of Prescription Drugs，处方药部门

DRISK：Division of Risk Management，风险管理部门

DSB：Drug Safety Oversight Board，药品安全监督委员会

DSS：Drug Shortage Staff，药品短缺工作人员

DTL：Discipline Team Leader，专业组组长

DVA：Department of Veterans Affairs，退伍军人事务部

E

eCTD：Electronic Common Technical Document，电子通用技术文件

EDR：Electronic Document Room，电子文档室

eDRLS：electronic Drug Registration and Listing，
药品电子注册和上市系统

EMA：European Medicines Agency，欧洲药品管理局

EON IMS：Emergency Operations Network Incident Management System，
紧急行动网络事件管理系统

EOP I Meeting: End-of-Phase I Meeting，I 期临床试验结束后会议

EOP II Meeting: End-of-Phase II Meeting，II 期临床试验结束后会议

EUA: Emergency Use Authorization，紧急使用授权

F

FDA: Food and Drug Administration，美国食品药品监督管理局

FDAA: Food and Drug Administration Act,《食品药品管理法案》

FDAAA: Food and Drug Administration Amendments，
《食品药品管理法修正案》

FDAMA : Food and Drug Administration Modernization Act,
《食品药品管理现代化法案》

FDASIA: Food and Drug Administration Safety and Innovation Act,
《FDA 安全及创新法案》

FD&C Act: Federal Food, Drug and Cosmetic Act,
《联邦食品药品和化妆品法案》

FDF: Finished Dosage Form，最终剂型

FSA : Federal Security Agency，美国联邦安全署

FSMA: Food Safety Modernization Act,《食品安全现代化法案》

FTE: Full-Time Employee/Full-Time Equivalence，全职雇员

FY: Fiscal Year，财政年度，会计年度

G

GCP: Good Clinical Practice，药物临床试验质量管理规范

GDUFA: Generic Drug User Fee Act,《仿制药使用者付费法案》

GLP: Good Laboratory Practice，药物非临床研究质量管理规范

GMP: Good Manufacturing Practice，药品生产质量管理规范

GO：Office of Global Regulatory Operations and Policy，
全球监管运营及政策司
GRP：Good Review Practice，药品审评质量管理规范
GSP：Good Supply Practice，药品经营质量管理规范

H
HEW：Department of Health, Education, and Welfare，
美国卫生、教育和福利部，HHS前身
HHS：Department of Health & Human Services，美国卫生及公共服务部
HPUS：Homoeopathic Pharmacopoeia of the United States，
美国顺势疗法药典
HSP：Human Subject Protection，人体受试者保护
HUDP：the Humanitarian Use Device Program，人道主义器械使用计划

I
IHGT：Institute of Human Gene Therapy，人类基因治疗研究所
IND：Investigational New Drug，新药临床研究，试验性新药
IRB：Institutional Review Boards，伦理审查委员会
IRs：Information Requests，信息请求

M
MAPPs：Manual of Policies and Procedures，政策及程序指南
MCM：Medical countermeasures，医疗措施
MDUFMA：Medical Device User Fee and Modernization Act，
《医疗器械使用者付费和现代化法案》

N

NCE: New Chemical Entity, 新化学实体

NCTR: National Center for Toxicological Research, 国家毒理研究中心

NDA: New Drug Application, 新药上市申请

NDC: the National Drug Code, 美国国家药品代码

NF: National Formulary, 美国国家处方集

NIH: National Institutes of Health, 美国国立卫生研究院

NIMS: the National Incident Management System,

美国国家突发事件管理系统

NME: New Molecular Entity, 新分子实体

NLEA: Nutrition Labeling And Education Act,《营养标识和教育法案》

O

OC: Office of Compliance, 合规办公室

OCC: Office of the Chief Counsel, 首席顾问办公室

OCC: Office of Counselor to the Commissioner, 局长顾问办公室

OCET: Office of Counterterrorism and Emerging Threats,

反恐怖和新威胁办公室

OCM: Office of Crisis Management, 危机管理办公室

OCOMM: Office of Communication, 通讯办公室

OCP: Office of Combination Products, 组合产品办公室

OCS: Office of the Chief Scientist, 首席科学家办公室

OD: Office Director, 办公室主任

ODSIR: Office of Drug Security, Integrity, and Response,

药品安全、完整和响应办公室

OEA: Office of External Affairs，对外事务办公室

OES: Office of Executive Secretariat，行政秘书处办公室

OFBA: Office of Finance, Budget and Acquisitions，

财政、预算和采购办公室

OFEMSS: Office of Facilities, Engineering and Mission Support Services，

设备、工程和任务支持服务办公室

OFVM: Office of Food and Veterinary Medicine，食品及兽药监管司

OGCP: Office of Good Clinical Practice，GCP 办公室

OGD: Office of Generic Drug，仿制药办公室

OHR: Office of Human Resources，人力资源办公室

OIP: Office of International Programs，国际项目办公室

OMB: Office of Management and Budget，美国行政管理与预算局

OMH: Office of Minority Health，少数族裔卫生办公室

OMPQ: Office of Manufacturing and Product Quality，

生产及产品质量办公室

OMPT: Office of Medical Products and Tobacco，医疗产品及烟草监管司

OMQ: Office of Manufacturing Quality，生产质量办公室

OO: Office of Operation，运营司

OOPD: Office of Orphan Products Development，孤儿药开发办公室

OPDP: Office of Prescription Drug Promotion，处方药推广办公室

OPPLA: Office of Policy, Planning, Legislation and Analysis，

政策、规划、立法及分析司

OPRO: Office of Program and Regulatory Operations，

计划和监管运营办公室

OPT: Office of Pediatric Therapeutics，儿科治疗学办公室

ORA：Office of Regulatory Affair，监管事务办公室

ORSI：Office of Regulatory Science and Innovation，
监管科学和创新办公室

OSE：Office of Surveillance and Epidemiology，
药品监测及流行病学办公室

OSI：Office of Scientific Investigations，科学调查办公室

OSPD：Office of Scientific Professional Development，
科学专业发展办公室

OSSI：Office of Security and Strategic Information，
安全和战略情报办公室

OUDLC：Office of Unapproved Drugs and Labeling Compliance，
未批准药品和标签合规办公室

OWH：Office of Women's Health，妇女健康办公室

P

PASE：Professional Affairs and Stakeholder Engagement，
专业事务和利益相关者参与

PASs：Prior Approval Supplements，事先批准补充申请

PC&B：Personal Compensation and Benefits，个人薪酬及福利

PDP：Product Development Protocol，产品开发方案

PDUFA：Prescription Drug User Fee Act，《处方药使用者付费法案》

PMA：Premarket Approval Application，上市前批准申请

PMDA：Pharmaceuticals and Medical Devices Agency，
日本药品及医疗器械综合机构

PMR：Premarket Report，上市前报告

PR: Priority Review, 优先审评

PR: Primary Reviewer, 主审评员

PRA: the Paperwork Reduction Act, 文书削减法案

PREA: Pediatric Research Equity Act,《儿科研究公平法案》

R

REMS: Risk Evaluation and Mitigation Strategies, 风险评估及缓解策略

RLD: Reference Listed Drug, 参比制剂

RPM: Regulatory Project Manager, 法规项目经理

S

SEC: The Securities and Exchange Commission, 美国证券交易委员会

SPA: Special Protocol Assessments, 特殊方案评估

SR: Standard Review, 标准审评

T

TL: Team Leader, 审评组长

U

USP: U.S. Pharmacopeia,《美国药典》

V

VP: Vice President, 副总裁

W

WTO: World Trade Organization, 世界贸易组织